A Donzela
€
A Rainha

Nancy Goldstone

A História Secreta
de
Joana d'Arc

Tradução
GILSON CÉSAR CARDOSO DE SOUSA

Título original: *The Maid and the Queen.*

Copyright © 2012 Nancy Goldstone.

Copyright da edição brasileira © 2013 Editora Pensamento-Cultrix Ltda.

Texto de acordo com as novas regras ortográficas da língua portuguesa.

1ª edição 2013.

Todos os direitos reservados. Nenhuma parte desta obra pode ser reproduzida ou usada de qualquer forma ou por qualquer meio, eletrônico ou mecânico, inclusive fotocópias, gravações ou sistema de armazenamento em banco de dados, sem permissão por escrito, exceto nos casos de trechos curtos citados em resenhas críticas ou artigos de revistas.

A Editora Seoman não se responsabiliza por eventuais mudanças ocorridas nos endereços convencionais ou eletrônicos citados neste livro.

Os créditos das ilustrações estão nas pp. 307-08.

Editor: Adilson Silva Ramachandra
Editora de textos: Denise de C. Rocha Delela
Coordenação editorial: Roseli de S. Ferraz
Produção editorial: Indiara Faria Kayo
Assistente de produção editorial: Estela A. Minas
Editoração eletrônica: Join Bureau
Revisão: Maria Aparecida A. Salmeron e Vivian Miwa Matsushita

CIP-Brasil Catalogação na Publicação
Sindicato Nacional dos Editores de Livros, RJ

G535d

Goldstone, Nancy Bazelon
    A donzela e a rainha: a história secreta de Joana d'Arc / Nancy Goldstone; tradução Gilson César Cardoso de Sousa. – 1. ed. – São Paulo: Seoman, 2013.
    312 p.: il.; 23 cm.

    Tradução de: The Maid and the Queen.
    Inclui bibliografia
    Epílogo
    ISBN 978-85-98903-69-9

    1. Joana d'Arc, Santa, 1412-1431. 2. Iolanda de Aragão, Rainha, consorte de Luís II, Rei de Nápoles, -1442. 3. Luís II, Duque de Anjou, 1377-1471. 4. Santos cristãos – França – Biografia. 5. Nobreza – França – Biografia. 6. França – História – Carlos VII, 1422-1461. I. Título.

13-06176	CDD: 944.04
	CDU: 94(44)'1337/1453'

Seoman é um selo editorial da Pensamento-Cultrix.

Direitos de tradução para o Brasil adquiridos com exclusividade pela
EDITORA PENSAMENTO-CULTRIX LTDA., que se reserva a
propriedade literária desta tradução.
Rua Dr. Mário Vicente, 368 – 04270-000 – São Paulo – SP
Fone: (11) 2066-9000 – Fax: (11) 2066-9008
http://www.editoraseoman.com.br
E-mail: atendimento@editoraseoman.com.br
Foi feito o depósito legal.

Para Larry, sempre

Sumário

Lista de Mapas 9
Lista de Ilustrações 11
Nota sobre as Fontes... 13
Introdução 15

Parte I

Antes de Joana

Capítulo 1   O Reino da Gaia Ciência............................... 25
Capítulo 2   Ser Rainha... 38
Capítulo 3   O Rei Louco da França................................. 51
Capítulo 4   Guerra Civil... 66
Capítulo 5   Um Novo Delfim 82

Parte II

Joana d'Arc

Capítulo 6   Infância em Domrémy................................. 101
Capítulo 7   Os Anjos Falam com Joana......................... 118

Capítulo 8	Joana Encontra o Delfim	136
Capítulo 9	A Donzela de Orléans	149
Capítulo 10	Joana É Capturada em Compiègne	172
Capítulo 11	O Julgamento de Joana d'Arc	188

Parte III

Depois de Joana

Capítulo 12	Sobre Política e Prisioneiros	211
Capítulo 13	A Rainha Assume o Controle	225
Capítulo 14	A Estrada para Ruão	241
Capítulo 15	A Reabilitação de Joana d'Arc	259

Epílogo	271
Genealogia: As Ramificações da Casa Real da França nos séculos XIV e XV	274
Agradecimentos	277
Notas	281
Bibliografia Selecionada	301
Créditos das Ilustrações	307

Mapas

Europa Ocidental, *c.* 1400 26

França e Ducados Vizinhos, *c.* 1430 54-55

Orléans sob Assédio e Cercada pelas *Bastilles* Inglesas, 1429 151

Ilustrações

Joana d'Arc, a Donzela de Orléans	19
Uma rainha concede favores na corte	23
Raimundino quebra seu voto e espia Melusina num sábado	35
Retrato de Luís I de Anjou e sua esposa, Maria de Blois, a voluntariosa sogra de Iolanda de Aragão	46
Carlos VI sofre a primeira crise psicótica, atacando seus próprios homens	60
Iolanda de Aragão e seu marido, Luís II, escoltam Carlos, de 10 anos, para fora de Paris	72
A batalha de Azincourt	80
Os borguinhões massacram os Armagnacs em Paris	93
A mais antiga imagem que nos resta de Joana d'Arc, desenhada na margem de um manuscrito	99
Retrato do homem que Joana d'Arc chamou de delfim, o futuro Carlos VII	111
Joana se dirige a Carlos na corte	143
Joana levanta o cerco de Orléans	159
A coroação de Carlos VII em Reims	170
A captura de Joana d'Arc em Compiègne	184
A execução de Joana d'Arc	207
Os franceses derrotam os ingleses nas fases finais da Guerra dos Cem Anos	209

Renato em seu castelo, trabalhando num livro de cavalaria 217

Retrato de Filipe, o Bom 230

Carlos VII entra triunfalmente em Paris 239

Vitral de Iolanda de Aragão na catedral de Le Mans 253

Joana d'Arc em sua época 269

Nota sobre as Fontes

AS PESSOAS NÃO VERSADAS no estudo da história medieval podem se perguntar como é possível escrever com algum grau de certeza sobre acontecimentos tão antigos. Felizmente, o século XV produziu uma enorme quantidade de fontes primárias que subsistiram até os dias de hoje. Temos, por exemplo, os extensos depoimentos da própria Joana e de seus inquisidores perante o Tribunal de Condenação, bem como as declarações das inúmeras testemunhas oculares que conheceram a Donzela e tomaram parte ativa nos episódios da Guerra dos Cem Anos (tudo isso foi registrado nas atas judiciais de sua reabilitação). Chegaram até nós também várias obras de cronistas da época e um considerável acervo de relatórios governamentais, cartas, proclamações reais e narrativas. Os interessados poderão recorrer às notas detalhadas e à bibliografia no final do livro.

Em suma: por mais provocativo e mesmo espantoso que possa às vezes parecer, o que se lerá aqui realmente aconteceu.

Introdução

Cidade de Blois, às margens do Loire, cerca de quarenta quilômetros a sudoeste de Orléans, abril de 1429 – As ruas estreitas dessa cidadezinha provinciana, quase sempre muito tranquila, de repente ficaram congestionadas. Carretas repletas de mantimentos e outras provisões disputavam espaço com fidalgos a cavalo ou plebeus vergados ao peso de fardos de trigo. Bois, carneiros e outros animais, alguns atrelados a carros, outros levados às pressas para currais improvisados, espalhavam-se pelos campos ao redor, enchendo a cidade e as cercanias com o clamor de seus balidos e mugidos. No interior das muralhas, um exército se reunia: os infantes e besteiros retardatários se apressavam para juntar-se ao comboio de suprimentos, à espera de ordens.

O reino da França – representado pelo delfim, herdeiro do trono – fora invadido pelos ingleses. A posição do delfim era extremamente precária. Nos últimos anos, o exército francês sofrera derrotas tão devastadoras que o inimigo ocupava agora boa parte da região noroeste do reino, inclusive a capital, Paris. As tropas do delfim, ao contrário, tinham sido repelidas e se concentravam principalmente no território ao sul do Loire. Sempre na defensiva, as forças francesas, dos comandantes aos soldados rasos, estavam exaustas e desmoralizadas. Um clima de desesperança envolvia a corte do príncipe como um traje de luto.

Resolvidos a tirar vantagem da situação e destruir o que restara do ânimo guerreiro dos adversários, os ingleses solicitaram reforços de seu país e recrutaram um exército de apoio para lançar uma nova e poderosa ofensiva. O ataque se dirigiu contra o centro da resistência do delfim: a cidade murada de Orléans. Para os ingleses, tomar Orléans significava romper a barreira do Loire e penetrar fundo na região sul, que isolava a corte francesa da linha de frente. Após a queda de Orléans, não restaria nada nem ninguém para impedir os ingleses de cercar o delfim e seu governo, precipitando sua rendição ou captura. Para os franceses, perder Orléans era, com toda a certeza, perder a França.

Sensíveis à gravidade do perigo, os leais habitantes daquela cidade-chave sustentaram por seis meses, heroicamente, o terrível cerco imposto pelo inimigo. Depois de um bombardeio inicial, os generais ingleses, concluindo ser impossível escalar as muralhas ou romper as defesas de Orléans, decidiram simplesmente cercar seu alvo, entrincheirar-se e esperar que os sitiados se submetessem ou morressem de fome.

A fim de imortalizar a luta e legar uma descrição minuciosa dos eventos à posteridade, o povo manteve uma crônica diária de suas provações, conhecida como *Jornal do Sítio de Orléans*. "No domingo..."[1] as bombardas e os grandes canhões do inimigo arremessaram por seis vezes, contra a cidade, saraivadas de quatro pedras, das quais uma pesava cinquenta quilos", diz o registro de 17 de outubro de 1428. "Nesta mesma semana, os canhões inimigos danificaram ou destruíram doze moinhos... No domingo seguinte ao vigésimo quarto dia de outubro, os ingleses atacaram e tomaram a extremidade da ponte... Não houve resistência porque ninguém ousava permanecer no local", informam os relatórios seguintes.

Com o correr dos meses e o sucessivo bloqueio das rotas de acesso à cidade, o estoque de provisões começou a baixar perigosamente. Só alguns grupos de cavaleiros, seis ou sete de cada vez, conseguiam introduzir clandestinamente algum alimento em Orléans no auge daquele inverno inclemente. Em desespero, os habitantes fizeram uma surtida arrojada para se apossar de uma remessa de suprimentos destinada a seus algozes, mas, embora mais numerosos, os regimentos franceses foram batidos. A derrota humilhante ficou registrada no jornal oficial como o célebre "dia dos arenques",[2] numa alusão à qualidade inferior das rações do inimigo – arenques salgados em barris –, pelas quais a cidade lutara inutilmente. Em castigo por essa ousadia, os ingleses apertaram o cerco de tal modo que, na primavera, o povo de Orléans "se viu em tamanha[3] necessidade por causa dos inimigos que o assediavam que não sabiam mais onde buscar recursos, exceto em Deus."

Agora, perto de Blois, os soldados remanescentes do exército francês se preparavam estoicamente para uma cartada final na longa luta contra os ingleses, que pareciam invencíveis. Resistiriam ou, pelo menos, ganhariam tempo. Os currais barulhentos, as carretas cheias de trigo, os soldados com seus fardos, tudo indicava uma operação de salvamento organizada para reabastecer Orléans e afastar o espectro da fome generalizada. Quem estava por trás dessa iniciativa era uma mulher, membro proeminente da aristocracia francesa, um dos conselheiros mais antigos e mais confiáveis do delfim. Veterana de duas décadas de política partidária e guerra civil, chefe de fato do partido legalista, essa distinta conselheira trabalhara incansavelmente durante meses para reunir não só as provisões necessárias, mas também os guerreiros mais experientes da França a fim de enfrentar os ingleses e libertar Orléans.

Somente uma criatura tão poderosa, descendente da realeza e dotada de considerável habilidade administrativa, diplomática e logística, teria esperanças de realizar uma tarefa tão difícil. Embora a influência dessa verdadeira estadista sobre os acontecimentos da época fosse sem paralelo, ninguém jamais reconheceu suas conquistas e sua autoridade. Até seu nome foi esquecido. Era Iolanda de Aragão, rainha da Sicília e sogra do delfim.

Talvez a personalidade política mais sagaz de seu tempo, Iolanda de Aragão fora um dos primeiros membros do conselho real a perceber o perigo representado pela presença dos ingleses em Orléans e a necessidade de um contra-ataque. Decidida a salvar o reino de seu genro, que incluía terras e propriedades dela própria, mobilizou todas as armas de seu pródigo arsenal – dinheiro, espiões, coerção e persuasão – a fim de convencer o resto do governo francês a apoiá-la. Só o delfim, temendo mais uma derrota arrasadora, não se deixara convencer. Para fazê-lo mudar de ideia, Iolanda recorrera a um expediente muito pouco ortodoxo, cuja repercussão atravessaria os séculos e acabaria mudando o curso da história.

À frente dessa missão de salvamento não estava nem duque, nem general nem capitão de cavalaria endurecido pela guerra, mas uma jovem de 17 anos revestida de armadura e empunhando um estandarte e uma espada – Joana d'Arc, a Donzela de Orléans.

O ENIGMA DE JOANA D'ARC, a corajosa camponesinha que ouvia vozes de anjos e restaurou o delfim no trono da França, como era de justiça, continua tão intrigante hoje quanto há cerca de seiscentos anos. Como pôde a Donzela, uma mulher do povo, ser recebida em audiência na corte? Como explicar que essa jovem analfabeta, de uma aldeia minúscula nos confins do reino, soubesse tanto sobre a situação política da França e conseguisse mesmo penetrar nos mais íntimos recessos do coração de seu soberano? Que misterioso sinal fez Joana ao delfim para convencê-lo de sua sinceridade e inspirá-lo a seguir seu conselho? Como uma mulher de 17 anos, sem experiência militar, conseguiu vencer o temível exército inglês, levantar o cerco de Orléans e coroar o rei em Reims – façanhas que nenhum dos experimentados comandantes franceses, com o dobro de sua idade, logrou realizar?

As respostas a essas perguntas permaneceram ocultas, não porque o mistério em torno de Joana fosse impenetrável, mas porque estava inextricavelmente ligado à vida de outra mulher, Iolanda de Aragão, rainha da Sicília. Vista pelo prisma das experiências e da perspectiva de Iolanda, a história de Joana começa subitamente a fazer sentido, como o fragmento arrancado de uma página de livro que é depois redescoberto e posto em seu devido lugar. Desvenda os segredos da Rainha e os da Donzela serão revelados.

Esta é, pois, a saga não de uma, mas de duas mulheres extraordinárias. É uma narrativa repleta de coragem, intriga, loucura e misticismo, que cobre um período de mais de meio século. Melhor ainda, embora seja uma obra de história, em seu âmago está um romance francês clássico, que testemunha o poder duradouro da literatura. Como a vida de Iolanda foi mais longa e tumultuada que a de Joana, curta e dramática, várias décadas e muitos capítulos se passam antes que a Donzela finalmente apareça. Mas esta é a única maneira de revelar, em definitivo, aquilo que foi deliberadamente suprimido durante tantos séculos: desenredando, com paciência, a trama cerrada das idas e vindas que ocorreram antes e que, por fim, levaram à surpreendente recepção de Joana na corte.

Seis séculos são muito tempo para se obter respostas a um mistério tão notável. A quem, depois de ler estas páginas, perguntar como foi possível que as provas do envolvimento de Iolanda na história de Joana d'Arc nunca tenham sido adequadamente investigadas, só posso dar esta resposta: na história, não há camuflagem mais eficaz do que nascer mulher.

Joana d'Arc, a Donzela de Orléans.

For full fayne[1] I wold do that might you please,
yff connyng I had in it to procede;
To me wold it be grete plesaunce and ease,
yff aught here might fourge to youre wyl in dede.

(Com muito gosto faria aquilo que vos agradasse
Se tivesse habilidade para prosseguir.
Grande satisfação e conforto iria sentir
Se, aqui, me ocorresse algo que vos contentasse.)
– *O Romance de Melusina*
(da tradução inglesa do século XV)

Considerem-se o efeito[2] e o conteúdo da chamada ciência [poesia], a que uns dão o nome de... Alegre ou Gaia Ciência e outros, de Ciência da Invenção; aquela que, brilhando com a mais pura, honrosa e fidalga eloquência, civiliza os brutos, anima os indolentes, suaviza os grosseiros, seduz os eruditos... [e] que, *revelando o oculto, aclara as coisas obscuras.*

– Édito de João I, rei de Aragão, criando o festival da Gaia Ciência, publicado em Valência, a 20 de fevereiro de 1393

segredo *s* (14c) **1 a:** algo que permanece escondido ou que não foi explicado: MISTÉRIO.

– *Merriam-Webster's Collegiate Dictionary*, 11ª edição

Parte I
Antes de Joana

Uma rainha concede favores na corte.

CAPÍTULO 1

O Reino da Gaia Ciência

A HISTÓRIA SECRETA DE JOANA D'ARC começa com circunstâncias e eventos ocorridos muito antes de sua juventude. Na Idade Média, a Antiguidade invadia o presente, exigindo em altos brados ser ouvida. As façanhas de Alexandre, o Grande, César e Carlos Magno não eram feitos para ser admirados a distância, mas exemplos tangíveis a ser seguidos. Os milagres, oficialmente sancionados pela Igreja, participavam do cotidiano, eliminando a distinção entre realidade e fantasia. Portanto, é lícito que a história de Joana se inicie, não com seu próprio nascimento em 1412, mas três décadas antes, com o de sua notável protetora, Iolanda de Aragão.

Iolanda era tudo o que Joana não podia ser: da mais alta nobreza, em contraste com as origens humildes de Joana; cercada de riqueza e privilégios, em oposição à pobreza da Donzela; culta, enquanto a jovem camponesa não sabia ler e primava pela simplicidade. Nasceu em Barcelona, no dia 11 de agosto de 1381.[1] Seu pai, João,* era o filho mais velho e herdeiro de um dos

---

* É mais conhecido como Joan, pronúncia catalã de Juan. (N. A.) [Aqui, o nome foi aportuguesado, – como é convenção, sempre que possível, para nomes históricos. N. T.]

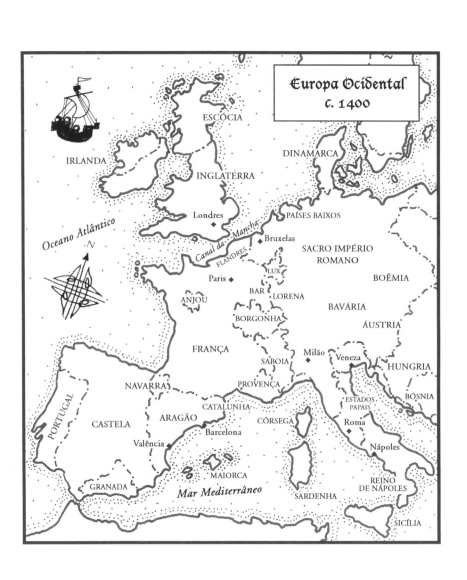

mais respeitados e temidos monarcas da época, Pedro IV, rei de Aragão. Graças a um misto de rudeza e belicosidade, excepcionais até pelos padrões da Idade Média, Pedro conquistara um império que se estendia dos Pireneus até o Mediterrâneo, incluindo Aragão, Valência, Barcelona, Catalunha, Maiorca, Sardenha, Sicília e Malta. Reinava havia 45 anos quando sua neta nasceu e não dava ainda sinais de cansaço; acabara mesmo de concluir a redação de suas memórias, modestamente intituladas *O livro que contém[2] todos os grandes feitos ocorridos em Nossa casa ao tempo de Nossa vida, começando por Nosso nascimento.*

Descender de alguém tão forte e bem-sucedido nem sempre é uma bênção perfeita e João, evidentemente, sentia o peso das expectativas paternas. A rebelião assumiu diversas formas. O príncipe preferiu o distanciamento, trocando as disputas territoriais e as intrigas políticas pelas atividades cavalheirescas da caça, da dança e dos banquetes. Gostava de aventuras românticas, não de guerras. Quando sua primeira noiva adoeceu mortalmente a caminho das núpcias, João, desesperado, foi ao seu encontro para segurar-lhe a mão no leito de morte, embora nunca a tivesse visto antes. Numa sociedade que identificava a virilidade do monarca com suas proezas militares, o reino de Aragão exibia um príncipe herdeiro fascinado por moda, música e literatura (João lia e escrevia em várias línguas), tendo desenvolvido um gosto acentuado pela poesia, o que certamente não agradava em nada a seus patrícios.

Era também um admirador entusiasta dos franceses. Suas duas primeiras esposas vieram da França e, quando a segunda faleceu de repente em 1378, desafiou o pai, que desejava vê-lo casado com uma princesa da Sicília, e escolheu outra francesa, Iolanda de Bar.*

Foi um casamento por amor, algo incomum no período, uma união baseada na harmonia de interesses e temperamentos, não uma aliança estratégica ou com vistas a ganhos materiais. À semelhança de João, Iolanda fora educada numa atmosfera de requinte, cultura e *glamour*, pois descendia diretamente da realeza. Sua mãe, Maria de França, era a irmã predileta de Carlos V, o rei francês; o pai era Roberto I, duque de Bar.

O ducado de Bar tinha imensa importância estratégica para os franceses. Devido à sua localização na fronteira oriental do país, estava sob a constante

---

* Não confundir com Iolanda de Aragão, personagem desta biografia. Iolanda de Bar era mãe de Iolanda de Aragão. Muitas vezes, na Idade Média, os filhos recebiam o nome dos pais.

ameaça de um vizinho, o duque de Lorena, vassalo do Sacro Império Romano. A rivalidade daí resultante dividiu em duas a identidade política de Bar. Quase todos os habitantes que viviam a oeste do rio Mosa, cujo curso atravessava o centro do ducado, consideravam-se franceses, enquanto os demais se identificavam com o império. Preservar a lealdade de Bar era vital e por isso Maria, princesa da França, fora dada em casamento a seu duque.

Maria tinha duas paixões na vida: a caça e os livros. Lia vorazmente,[3] não apenas contos e romances, mas também obras de teologia, história e poesia. Fato ainda mais significativo, proporcionou aos filhos (e filhas) a mesma educação superior que ela, como membro da família real francesa, recebera.[4]

Maria teve onze filhos, sendo Iolanda de Bar a primogênita. Iolanda também gostava de caçar e, sobretudo, de ler. Sua admiração por trovadores, canções e poemas tocava as raias da veneração. Quando se casou com João de Aragão, em outubro de 1379, aos 14 anos de idade (ele tinha 29), era uma adolescente alegre e encantadora. Conseguiu mesmo conquistar o sogro, que só com muita relutância dera sua permissão numa carta agressiva[5] na qual censurava o filho por desperdiçar, repelindo a herdeira siciliana, a oportunidade de obter um reino glorioso.

De todos os filhos que seus pais tiveram, Iolanda de Aragão, a mais velha e que tanto influenciaria a vida de Joana d'Arc, foi a única que sobreviveu. Seus sete irmãos e irmãs mais novos morreram ainda no berço ou no começo da infância. Talvez para amenizar a dor terrível[6] provocada por essas mortes, a vida na corte era animada. "Mas com tamanho exagero que o tempo[7] todo era gasto em danças e reuniões de senhoras", escreveu um cronista rabugento do período.

Em 1387, quando a princesa Iolanda tinha 6 anos, seu avô finalmente faleceu e seu pai, João, herdou o trono. Para comemorar o evento, uma nova iniciativa cultural foi lançada: tornar Aragão célebre em toda a Europa como principal centro de estudo e prática da arte dos trovadores, a "Gaia Ciência". Surgiram tantas escolas públicas dedicadas ao ensino da poesia que, aos olhos desaprovadores da nobreza local, "um exercício outrora[8] bastante respeitável, alívio dos trabalhos da guerra no qual tantos excelentes cavaleiros se destacavam [...] degenerou a tal ponto que quase todos os homens parecem ser menestréis". Instituiu-se um grande festival anual, em que altos funcionários do governo serviam de juízes, sendo os melhores poemas premiados com joias preciosas.

Crescer, como sucedeu a Iolanda de Aragão, nessa atmosfera tipicamente artística era uma experiência única na Cristandade. Outras cortes europeias patrocinavam trovadores e protegiam as artes literárias, é certo, mas não a tal ponto. O que se almejava não era apenas aprender a ler, escrever e compor versos, contos ou canções, mas incorporar a arte ao cotidiano – *viver* a poesia.

Havia, sem dúvida, precedentes para essa atitude. Durante a Idade Média, histórias de paixão e cavalheirismo, narradas em canções e poemas, costumavam ser rotineiramente imitadas na vida real. Não era raro, por exemplo, o cavaleiro tentar impressionar a dama metendo-se numa aventura em seu nome. Tribunais de amor, onde mulheres atuavam como juízes, deliberavam sobre disputas entre namorados, impondo castigos ou recompensas de acordo com o veredicto proferido.

A diferença em Aragão, durante a infância e adolescência da princesa Iolanda, era apenas de grau. As noções que seus pais tinham do ideal poético afetavam não apenas a realidade da vida diária, mas também a esfera espiritual mais comumente associada ao culto e à teologia. ("Todas as coisas terrenas são movidas por ela,[9] que influencia até mesmo o curso dos corpos celestes", escreveu seu pai sobre a Gaia Ciência.) Um dos resultados dessa educação foi o gosto pela literatura que acompanharia Iolanda até a idade adulta. Ela passou a vida rodeada de livros e chegou a montar uma rica biblioteca. Após a morte do velho duque de Berry em 1416, ela comprou uma das obras mais famosas de sua coleção, as *Belas Horas*, um manuscrito magnificamente ilustrado feito sob encomenda para o fidalgo.* (Nessa transação, Iolanda revelou não apenas amor pelos belos volumes, mas também familiaridade com a esperteza dos livreiros. Os executores do testamento do duque estabeleceram o preço de 700 libras parisienses para o tomo, mas, "depois de ficar por muito tempo olhando[10] e examinando essas *Horas*, [Iolanda] engambelou-os e pagou-lhes apenas 300 libras de Tours".) Quando o duque de Orléans foi capturado pelos ingleses durante a batalha de Azincourt, em 1415, Iolanda transferiu toda a sua biblioteca[11] para o castelo que possuía em Saumur, temendo que esta caísse nas mãos do inimigo.

---

* O exemplar das *Belles Heures* está hoje na coleção do Cloisters Museum, em Nova York, onde fica permanentemente exposto ao público.

Mas seu fascínio pela ficção ia além da ânsia de ler e possuir livros. Certa vez, mergulhou num êxtase tão profundo durante uma apresentação de menestréis que só ao final do espetáculo descobriu ter sido roubada por um ladrão particularmente ousado:[12] perdeu não apenas a bolsa como o sinete pessoal, onde estavam gravados seu nome e seu brasão. Também a tendência a encarar a religião em termos de parábolas sobreviveu à infância. Essa credulidade é exemplificada por um episódio que o cronista Jehan de Bourdigné tornou famoso. Cavalgando certa feita com uma numerosa comitiva, que incluía suas damas de honra, outros membros da casa e quatro ou cinco serviçais, os cães de caça farejaram alguma coisa, começaram a latir e precipitaram-se para uns arbustos logo adiante. Súbito, desentocaram um coelho que pulou em seu colo para se salvar. Iolanda ordenou imediatamente o fim da caçada, chamou de volta os cães e, com o animalzinho nos braços, pediu que os servos explorassem a área. Eles descobriram uma grande pedra junto à toca do coelho cuja forma, segundo o parecer de todos, lembrava muito uma imagem do menino Jesus no colo da Virgem Maria – tal qual o coelho no de Iolanda. Certa de que o incidente era de natureza miraculosa,[13] ela mandou erguer uma capela no local, a fim de perpetuar sua lembrança.

Mas um livro, em particular, estava destinado a exercer um efeito tão profundo em Iolanda de Aragão que acabaria influenciando o futuro da própria França. Era o *Romance de Melusina*, escrito por João de Arras em 1393, quando Iolanda tinha 12 anos de idade. O fato mais interessante com relação a esse romance é que se tratava de uma obra de ficção encomendada e composta especialmente para resolver uma controvérsia política.

JOÃO DE ARRAS era secretário do duque de Berry, irmão de Carlos V, rei da França, e da avó de Iolanda, Maria, duquesa de Bar, portanto um dos fidalgos mais poderosos do país. Como membro de destaque da família real, o duque de Berry fora encarregado de administrar a região do sul da França que incluía o Poitou, cuja capital era Poitiers. Tinha fama de homem ambicioso, que se apropriava de bens alheios para seu próprio uso. Nos anos 1380, achou que precisava de uma residência mais pomposa onde se instalar, quando deixasse Paris para percorrer seus domínios meridionais. Assim, apossou-se de um castelo antigo e imponente que pertencia de longa data a uma família local, os Lusignan, e para lá se mudou depois que seus soldados expulsaram os donos.

Mas o duque não contara com a força política dos espoliados. Os Lusignan pertenciam a um poderoso clã de aristocratas, os condes de La Marche, que dominavam aquele território havia muito tempo. Seus ancestrais eram ilustres: no século anterior, um Lusignan desposara uma rainha da Inglaterra e outro governara Chipre. Não gostaram nada de ver seu castelo tomado, como se eles fossem um bando de servos. Organizaram uma vigorosa oposição aos desmandos do duque, e tais eram o peso de seu nome e a estima de que sua família gozava na região que a revolta ameaçou se espalhar, abalando a autoridade francesa em toda a área.

O duque de Berry se viu numa enrascada. Recuar e devolver o castelo aos legítimos donos seria uma mostra de fraqueza que poderia abrir um precedente para futuros atos de insubordinação. Além disso, o castelo lhe agradava muito. Era o melhor das vizinhanças e, como sua condição e sua autoridade o punham bem acima dos Lusignan, que afinal não passavam de seus súditos, o duque concluiu ter o direito de conservá-lo. Por outro lado, não queria saber de disputas. Precisaria apresentar uma boa razão para o que fizera. Felizmente, a família Lusignan tinha um histórico de sedições, pois várias vezes conspirara com a Inglaterra contra a França em séculos anteriores. Se, de algum modo, essa família pudesse ser agora vinculada aos ingleses, o roubo sumário de seu castelo não pareceria usurpação, mas devolução legítima de propriedade à coroa francesa. Em 1387, o duque de Berry encarregou seu secretário, João de Arras, de levar adiante essa delicada tarefa de propaganda – e o surpreendente resultado foi o *Romance de Melusina*.

A obra, situada num passado não muito distante, contava a história de Raimundino, filho mais novo do conde da Floresta. O conde, um aristocrata pobretão que pusera no mundo uma prole numerosa, por isso mesmo deu ouvidos à proposta de seu primo Aimery, que se dispunha a adotar Raimundino. Aimery, conde de Poitiers, homem rico e culto, era versado em direito civil e canônico, ciência e principalmente astrologia. Também gostava muito de caçar.

Assim, Raimundino foi viver com Aimery em Poitiers, respeitando-o e servindo-o da melhor maneira possível. Em troca, era tratado como um filho querido. Tudo correu bem até que, um belo dia, cinco ou seis anos depois,

Aimery e um numeroso grupo de cavaleiros, inclusive Raimundino, foram caçar na floresta.

Uma vez lá, o grupo se deparou com um javali selvagem e a partida começou. No ardor da perseguição, Aimery e Raimundino ultrapassaram os outros e logo se viram separados do grupo. O javali atraía-os cada vez mais para o coração da floresta. E, ao cair da noite, perceberam que estavam perdidos.

Enquanto procuravam um caminho para sair da floresta, Aimery consultou as estrelas, que refulgiam intensamente, e ficou impressionado com o que elas lhe disseram. Explicou então a Raimundino que os céus haviam proferido um estranho augúrio: "É este:[14] se, agora, um súdito matasse seu senhor, tornar-se-ia o mais rico, poderoso e prestigiado de sua linhagem; dele sairia uma descendência tão nobre que sua fama chegaria até o fim do mundo". Impressionado com esse prodígio (e por boas razões, conforme depois se viu), Aimery fitou Raimundino e exclamou: "Deus meu![15] Como pode a fortuna deixar que um homem prospere fazendo o mal?"

Em vez de responder, Raimundino, para acalmar o conde, desceu do cavalo e fez uma pequena fogueira, de modo que pudessem repousar mais confortavelmente. Enquanto se aqueciam diante das chamas, o javali selvagem que antes haviam perseguido irrompeu do mato e atacou-os. O corajoso Aimery adiantou-se para liquidar o animal com a espada, mas errou o golpe. Raimundino também errou, mas com resultados desastrosos: a lâmina, deslizando sobre as costas da fera, atingiu Aimery, que caiu ao chão. O javali atacou novamente, mas Raimundino, arrancando a espada do corpo de Aimery, abateu-o. Enfim salvo, voltou-se para o conde e achou-o morto pelo golpe de sua arma.

Desesperado, Raimundino pensou a princípio em suicídio, mas, lembrando-se de que esse ato era pecaminoso aos olhos de Deus, saltou para a sela e galopou às cegas pela floresta. Por fim, o cavalo o conduziu até uma fonte onde, segundo se dizia, as fadas iam se banhar. Foi ali que Raimundino encontrou Melusina.

Essa entidade aparecia sob a forma de uma linda mulher. Metade humana, metade espírito, provinha de uma linhagem real. O pai era o rei da Albânia (nome medieval da Escócia) e a mãe, Presina, era uma fada. Quando tinha 15 anos, Melusina castigou o pai por ter traído a mãe e esta, de seu lado, castigou-a por não respeitar suficientemente o pai (as fadas, já se vê, levavam muito a sério seus deveres familiares) lançando um feitiço que, todos os sábados, transformava Melusina em serpente da cintura para baixo. Mas, quando Raimundino a conheceu, não era sábado e ele não pôde saber que ela era uma fada. A seus olhos, era apenas uma mulher bem-vestida, muitíssimo atraente e sem dúvida de berço aristocrático.

A princípio Raimundino, cego de dor, nem sequer a notou; mas Melusina logo atraiu sua atenção chamando-o pelo nome e mencionando a causa de seu sofrimento, o que o deixou assombrado. Depois, numa fala extraordinária pelo conteúdo profético, ofereceu-lhe ajuda:

"Eu sou, Raimundino,[16] depois de Deus, a única pessoa que pode fazê-lo ir longe no mundo dos mortais, protegendo-o de toda adversidade... Sei bem que me considera um fantasma ou criatura diabólica em atos e palavras; mas asseguro-lhe que aqui estou por ordem divina ... Sou uma verdadeira católica... Deve entender também que, sem mim e meu auxílio, não alcançará seus objetivos... pois farei de você o mais nobre, o mais eminente e o mais grandioso de toda a sua estirpe, e o mortal de maior poder na Terra".

A profunda compreensão que Melusina revelava de sua desgraça, a insistência com que se dizia mensageira de Deus e filha fiel da Igreja, mas sobretudo a confiança que por fim lhe inspirou, persuadiram Raimundino de sua sinceridade. Ele consentiu em desposá-la, aceitando a condição que a jovem lhe impôs de nunca, enquanto vivessem, ficar a seu lado nos sábados, mas deixá-la sozinha em seu quarto. Após o casamento, conforme Melusina prometera, Raimundino se tornou, graças à esposa, um dos maiores senhores da época. O primeiro ato de Melusina, como mulher casada, foi construir um imenso castelo de altas torres e fortes muralhas, ao qual denominou "Lusignan", inspirado nas sílabas finais do próprio nome. Isso foi o começo de inúmeras cidades, burgos e castelos no Poitou, inclusive Parthenay e La Rochelle, que Melusina fundou e deu de presente ao marido. Graças à ajuda de Melusina e conforme a profecia das estrelas, Raimundino por fim se apossou de todas as terras e bens de seu primo Aimery, tornando-se um senhor ainda mais rico e poderoso que o antigo conde de Poitiers.

Também conforme o prometido, Melusina deu a Raimundino muitos filhos, dez ao todo, garantindo assim para ele uma descendência ininterrupta. Eram fortes, bem conformados e saudáveis; mas, correndo-lhes nas veias sangue de fadas, nasceram com estranhos defeitos. O mais velho exibia "uma boca enorme e narinas escancaradas";[17] outro tinha a pele cor de fogo; outro, ainda, possuía um olho só ("embora enxergasse melhor[18] do que quem tinha dois, por mais aguçados que fossem"). O sexto, Godofredo, tinha um dente enorme, enquanto o oitavo, Horrível, nascera com três olhos e (o que é compreensível) revelava franca disposição para o mal. Essas anormalidades de modo algum impediram os filhos de Melusina de prosperar no mundo; muitos deles realizaram façanhas de grande coragem em batalha, desposaram belas princesas e se tornaram reis ilustres, aumentando ainda mais o prestígio de Raimundino. Só Godofredo, o do dente grande, e Horrível, o dos três olhos, envergonharam os pais: Godofredo por incendiar uma abadia cheia de monges, um dos quais era seu irmão na Ordem; e Horrível por ter um temperamento tão perverso que Melusina se sentiu obrigada a aconselhar o marido a matá-lo, do contrário o monstro continuaria espalhando sementes de guerra e fome entre os súditos de Raimundino.

Mas nem um nem outro foram a causa da ruína da família: essa responsabilidade coube a Raimundino. Pois, a despeito de tudo quanto Melusina fizera por ele, houve um sábado em que, instigado pelo pai, o conde da Floresta, não resistiu à curiosidade de espiá-la. Perfurou um buraco na porta de seu quarto com a ponta da espada, olhou para dentro e, surpreendendo a esposa no banho, descobriu que era uma enorme serpente da cintura para baixo. Quando, furioso, foi tirar satisfações com ela, chamando-a de cobra, Melusina gritou:

"Em má hora[19] e má estação descubro sua perfídia e falsidade! Sua linguagem desenfreada me condenou ao sofrimento eterno... Se mantivesse a palavra, eu seria mulher o tempo todo e, ao morrer, o Rei da Glória levaria minha alma, podendo meu corpo ser sepultado com grandes honras. Mas ai! Agora, só me resta padecer... Que Deus o perdoe por ser a causa dos meus tormentos!"

Assim traída de maneira tão trágica, Melusina assumiu a forma de serpente e girou em torno do castelo de Lusignan, que lembrava seu nome, como advertência a outros violadores de juramentos solenes. "Melusina deu três vezes a volta[20] ao castelo de Lusignan, gemendo tristemente com sua voz de mulher. Na fortaleza e na cidade, embaixo, as pessoas observavam, perplexas; não sabiam o que pensar, pois viam uma serpente, mas escutavam uma voz feminina que vinha dela." Significativamente, antes de partir, Melusina prometeu voltar no futuro, "se não nos ares,[21] então na terra ou ao lado desta fonte", sempre que a posse do castelo mudasse de mãos, como garantia dos direitos legítimos do novo proprietário.

Com esse artifício, o autor, João de Arras, astutamente cumpriu a tarefa encomendada pelo duque. Pois, no fim do *Romance de Melusina*, a fada reaparece no quarto do castelo de Lusignan, como serpente e mulher formosa, "para dizer ao último morador inglês... [22] que o entregasse ao sitiante, o duque de Berry", justificando assim a reivindicação do ambicioso nobre.

Raimundino quebra seu voto e espia Melusina num sábado.

O livro de João de Arras não era uma obra inteiramente original. A lenda da fada Melusina já existia, sob várias roupagens, havia décadas. O autor, na verdade, baseou até certo ponto sua história em alguns escritos antigos encontrados no castelo de Lusignan pelo duque de Berry quando se mudou para lá, e que narravam as aventuras da fada. Mas o que João fez, e com brilho, foi entretecer habilmente fato e ficção, passado e presente, com o objetivo expresso de mobilizar o apoio público a uma trapaça facciosa. "É em João de Arras,[23] talvez pela primeira vez na literatura vernácula europeia, que encontramos o universo mágico associado ao mundo contemporâneo e político com a finalidade de criar uma alegoria política", observa o professor Stephen G. Nichols, especialista em história e literatura francesa medieval.

O *Romance de Melusina*, escrito em latim mas imediatamente traduzido pelo próprio autor para o francês, fez imenso sucesso. Devido à sua enorme popularidade, versões do livro apareceram na Inglaterra, na Espanha e na Alemanha. Cerca de um século depois, foi um dos primeiros volumes (depois da Bíblia) impressos em Gênova, em 1478,[24] com os tipos móveis havia pouco inventados por Gutenberg. Na França, a obra de João de Arras conquistou tantos leitores entusiastas e fiéis que era praticamente impossível, a uma pessoa culta, não conhecê-la. Durante os festivais, distribuíam-na como mostra de favor especial. Fato significativo, em 1444, a corte da Lorena[25] ordenou que se produzisse um belo exemplar encadernado como presente para o rei francês Carlos VII. Após o advento da imprensa, o *Romance de Melusina* teve vinte edições na França, apenas no século XV.

A força dessa obra estava no fato de conseguir lisonjear as duas partes em conflito. A história reconhecia e exaltava os grandes homens, as grandes façanhas dos Lusignan, imortalizando a família ao atribuir-lhe uma genealogia que remontava à realeza – tática com a qual, ao mesmo tempo, valorizava o feito do duque de Berry ao tomar-lhe o castelo. Além disso, associando o ocupante anterior da fortaleza com os ingleses, João de Arras envolveu os atos egoístas de seu patrão com a aura comovente do nacionalismo francês. Todos quantos leram o *Romance de Melusina* na época em que foi escrito perceberam suas implicações políticas e o apoio à posição do usurpador aumentou na mesma medida. O duque ficou muito satisfeito com seu secretário.

Esse livro, tão admirado em toda a Europa, teve maior importância ainda para a princesa Iolanda de Aragão e sua família. Pois, embora houvesse escrito o romance a pedido do duque de Berry, o autor o dedicara à irmã deste, Maria, duquesa de Bar. "E, para gáudio[26] de meu mui ilustre e poderoso senhor João, filho do rei da França, duque de Berry [...] cuja história [de Melusina] encetei com base nas crônicas verdadeiras que dele obtive [...] e porque sua nobre irmã, Maria, irmã do rei da França e duquesa de Bar, pedira ao meu senhor a composição dessa história", escreveu João de Arras na página de rosto de seu livro. Na verdade, segundo estudos franceses, o *Romance de Melusina* foi redigido não apenas para "diversão de Maria da França",[27] mas também como subsídio à "educação política dos filhos"[28] da duquesa de Bar.* João de Arras inspirou-se mesmo,[29] para criar duas das personagens do livro, na filha mais velha de Maria, a rainha de Aragão, e em seu marido, o rei João. Todas as pessoas ligadas a Maria – amigos e parentes – receberam exemplares.

O fato de ter sido dedicada à sua avó e de seus pais serem uma das fontes de inspiração do romancista só aumentou o valor da obra aos olhos da princesa Iolanda. Era o livro da família.

Assim, décadas mais tarde, quando Joana d'Arc, dizendo-se mensageira de Deus, apareceu na corte de Chinon e dirigiu-se ao delfim com as palavras "Nobre príncipe,[30] vim mandada por Deus a fim de prestar ajuda ao senhor e ao reino", a semelhança com Melusina deve ter sido imediata e gritante. Em consequência, Joana não precisou fazer nenhum esforço para convencer Iolanda da autenticidade de sua missão.

Ao contrário: Iolanda estava à sua espera.

---

* Quase todos os incidentes descritos no *Romance de Melusina* – as aventuras dos filhos da personagem, por exemplo – se referem a episódios reais da história francesa, muitos deles associados ao ducado de Bar. Por isso a obra foi considerada útil na educação das crianças.

CAPÍTULO 2

Ser Rainha

PESAR DO ENTUSIASMO dos pais pela cultura trovadoresca, a educação da princesa Iolanda não se limitou a poesia, livros e música. Ela também adquiriu os fundamentos das leis e do governo por observação direta do que acontecia na corte. Quando subiu ao trono, seu pai herdou um vasto império que exigia um alto grau de habilidade política no trato com as diversas assembleias de representantes conhecidas como as *cortes* da Catalunha, Valência e Maiorca, além da de Aragão.

Administrar um território tão extenso era tarefa exaustiva para a qual João, frequentemente enfermo – parece que sofria de uma forma de mal epiléptico –, não era talhado. A fim de compensar as deficiências do marido, sua esposa passou a se imiscuir agressivamente nas questões de governo. Em 1388, quando o monarca, irritado, ameaçou[1] encerrar uma reunião particularmente tumultuada da assembleia geral, a rainha Iolanda entrou na sala e, com muita diplomacia, conseguiu harmonizar os interesses da coroa e de seus legados regionais. Ela participava também dos conselhos da corte e acompanhava o marido em visitas oficiais por todo o reino. "Interessava-se muito pelos assuntos administrativos[2] e insistia em estar sempre ao lado dele [do rei], valendo-se dos talentos de mulher que sabe ser amada pelo esposo", escreveu o erudito espanhol Rafael Tasis i Marca. O papel ativo de Iolanda de Bar, que indispunha contra ela muitos dos funcionários da corte do marido, influenciou profundamente a maneira como sua filha encarava as responsabilidades dos governantes.

Mas, sem dúvida, o principal dever cívico de qualquer princesa medieval, sobretudo de um reino prestigioso como o aragonês, era atrair a atenção de um pretendente igualmente ilustre para, assim, selar um matrimônio que trouxesse honra, riqueza e território, ou pelo menos uma combinação aceitável dessas três coisas, ao país. Esse dever Iolanda conseguiu cumprir ainda criança. Pois, tão logo seu pai subiu ao trono em 1387, dois embaixadores de alto nível, representando o rei da Sicília, apareceram na corte para pedir formalmente a mão da princesa. Como o rei siciliano fosse apenas dez anos mais velho que ela na época, os embaixadores tinham sido na verdade enviados por sua mãe, a formidável Maria de Blois. Se os conselheiros da corte de Aragão consideravam Iolanda de Bar uma pessoa ambiciosa, que se intrometia demais nos assuntos de Estado, de Maria de Blois eles logo receberiam boas lições sobre o que uma mulher resoluta e infatigável podia conseguir na arena política quando tivesse algum projeto em mente.

MARIA DE BLOIS era viúva de Luís I, duque de Anjou, conde da Provença e (embora francês de coração) rei da Sicília. Sendo um dos muitos filhos de Carlos V, era também irmão da duquesa de Bar.* Na complicada genealogia da família real francesa, isso fazia dele tio da rainha de Aragão, de sorte que Maria de Blois era tia de Iolanda de Bar.

Até quase o fim de sua vida, o reino da Sicília, que no século XIV abrangia a maior parte da Itália ao sul de Roma, pouco mais significava para Luís I que um traçado num mapa. Mas em 1381, sua distante prima Joana I, rainha de Nápoles, Jerusalém e Sicília, então às voltas com uma ameaça de invasão e carente de aliados, prometeu tornar Luís seu herdeiro caso ele viesse em seu socorro. Essa proposta parecia tentadora demais para ser recusada e no ano

---

* Carlos V, rei da França, tinha três irmãos – Luís I, duque de Anjou; João, duque de Berry, e Filipe, o Ousado, duque da Borgonha – e três irmãs –, Joana, rainha da Navarra; Maria, duquesa de Bar, e Isabel, duquesa de Milão.

seguinte Luís, acrescentando a seu título a prestigiosa denominação "Rei da Sicília", reuniu um formidável exército e cruzou para a Itália. Mas exércitos grandes andam devagar e, quando ele chegou a Nápoles, Joana I estava morta e o reino caíra nas mãos de uma milícia rival. Luís tentou se apossar à força do legado prometido, mas suas tropas haviam sido dizimadas pela doença e a fome durante a longa marcha para o sul: não conseguiram alcançar a vitória. Recusando-se a deixar escapar uma herança pela qual arriscara tudo, recuou para a costa oriental da Itália e pediu reforços a seu país. A persistência de Luís era admirável, mas não sua sorte: morreu logo depois, vítima de uma gripe que contraíra num castelo insalubre, antes que os reforços solicitados tivessem tempo de chegar.

Por quaisquer padrões de sensatez, o sonho imperialista de Luís I deveria morrer com ele. A família real francesa não tinha experiência política no sul da Itália, não conhecia os costumes locais nem o caráter tortuoso das várias alianças familiares e aristocráticas que seriam necessárias para conservar o poder. Os franceses ignoravam até mesmo a geografia do país. Nada disso, porém, impediu a viúva de Luís, Maria de Blois, de perseguir incansavelmente aquilo que considerava um direito inquestionável de sua família. Era uma mulher de meia-idade dotada de sólido senso prático e devia saber que não tinha grandes chances de sucesso numa tarefa tão ambiciosa. Mas tinha dois filhos, dos quais o mais velho, Luís II, tinha apenas 7 anos quando o pai morrera – e oportunidades de anexar vastos e ricos territórios não aparecem todos os dias. Maria não tencionava de modo algum perder aquele sem luta.

O primeiro passo foi conseguir o reconhecimento oficial do pequeno Luís II como conde da Provença. Isso, por si só, já era uma tarefa difícil, pois várias cidades do condado, ao saber da morte de Luís I, se revoltaram. Para alcançar seu objetivo, Maria teria de obrigar os barões provençais rebeldes, homens feitos, a se pôr de joelhos e render homenagem a uma criança.

E assim, aos 40 anos de idade, Maria vendeu todos os seus pertences, até as baixelas de ouro e prata, e comprou um exército. Um exército pequeno – apenas "quatrocentas lanças",[3] o que significava por volta de 1500 homens –, mas Maria calculou que era suficiente para calar a oposição. Em seguida, com o filho ao lado e o restante do dinheiro da transação, em moedas de prata, cuidadosamente escondido num alforje preso à sela do cavalo, conduziu suas forças para a Provença.

Foi parando de aldeia em aldeia a fim de apresentar Luís II aos administradores e nobres locais, ouvindo com paciência suas queixas e, mais importante ainda, distribuindo privilégios e favores. Graças a esses presentes e aos soldados temíveis que a rodeavam o tempo todo, revelou-se um verdadeiro luminar na arte do porrete e da cenoura. A reputação de Maria aumentava à medida que cidade após cidade, barão após barão tomavam seu partido e rendiam homenagem a seu filho. "Sem dúvida, essa senhora[4] tinha muita habilidade para identificar quem poderia ajudá-la e servi-la [...] pela magnanimidade e coragem, superava muitos dos príncipes da época, sendo por esse motivo grandemente temida, louvada e estimada", observou Jehan de Bourdigné. A rebelião se evaporou diante da férrea determinação de Maria, de seu encanto pessoal, de suas fartas distribuições de dinheiro. No outono de 1387, a autoridade de Luís II estava firmemente estabelecida e, com apenas 10 anos de idade, entrou em Aix, capital do feudo, onde lhe foram concedidos todos os direitos, dignidades e rendas devidos ao legítimo conde da Provença.

Uma vez assegurada a herança do filho, Maria cuidou também de garantir seu futuro. Mal o viu formalmente investido do título, entrou em contato com a corte aragonesa, enviando dois cavaleiros provençais de alta estirpe ao rei João a fim de pedir a princesa Iolanda em casamento para Luís. João mandou seu próprio representante à Provença para discutir os detalhes de uma aliança na qual parecia estar suficientemente interessado.

Chegada a esse ponto, Maria continuou a trabalhar sem descanso em prol dos interesses do filho, tendo em mira, sobretudo, seu reconhecimento como rei legítimo da Sicília. A essa altura, Carlos V morrera e fora substituído no trono da França por seu filho, Carlos VI, que estimava muito aquele jovem primo e reforçou a autoridade da causa de Maria, primeiro sagrando Luís II cavaleiro numa pomposa solenidade[5] em Saint-Denis, depois prometendo comparecer à coroação do jovem em Avinhão, na época sede da corte papal.

Finalmente, no Dia de Todos os Santos (1º de novembro de 1389), em cerimônia grandiosa presenciada por uma augusta assembleia, tendo à frente o rei da França e seu séquito, o papa coroou Luís II, então com 20 anos, rei[6] da Sicília, Nápoles e Jerusalém.* O apoio declarado do monarca francês era uma ajuda bem mais concreta e, no mês de agosto seguinte, Maria teve a satis-

---

* Na França, usava-se mais comumente o título de "Rei da Sicília" – o resto ficava subentendido.

fação de ver seu filho, acompanhado por um legado pontifício, abrir velas do porto de Marselha no comando de uma frota de guerra com destino a Nápoles, para conquistar aquele reino.

Não o veria de novo por nove anos.

AS NEGOCIAÇÕES ENTRE Maria de Blois e a corte aragonesa em torno do casamento de seu filho com a princesa Iolanda prosseguiram durante todo o período que precedeu o embarque de Luís II para a Itália. A aliança com o rei João era vital para o sucesso dos planos de Maria. A coroa aragonesa controlava boa parte do Mediterrâneo, inclusive a própria ilha da Sicília. Maria não poderia assumir o risco de ver a poderosa Aragão contestar os direitos do filho a seu reino adotivo mandando contra ele um exército. Devia haver um modo de neutralizar as ambições aragonesas na Itália meridional. E a solução perfeita para acomodar os interesses de ambos os lados parecia ser o casamento de Luís II com Iolanda de Aragão.

Mas, embora esse acerto fosse sem dúvida muito desejado por Maria de Blois e sua família, a vantagem para Aragão não era tão óbvia assim; além disso, os tios de Luís II, os duques de Berry e da Borgonha, exigiam um dote de pelo menos 200 mil francos. Era um preço alto demais por um rei de 13 anos que nem reino tinha ainda. Iolanda não passava de uma criança, aliás muito bonita, e seus pais estavam convencidos de que a estirpe real, as poderosas ligações e os consideráveis encantos pessoais da filha mereciam um pretendente à altura. As negociações matrimoniais com a Provença foram interrompidas. A fim de isentar a coroa aragonesa[7] de quaisquer dificuldades jurídicas oriundas das garantias verbais dadas no passado, quando tinha 11 anos, Iolanda assinou um documento repudiando todos os compromissos assumidos por ela ou seus embaixadores, com base no fato de que na época ainda não tinha 13 anos, a idade mínima exigida para dar esse tipo de consentimento.

Assim se abria caminho para algum pretendente rival, que não tardou a aparecer. Em 1395, quando Iolanda completou 14 anos, emissários do rei Ricardo II da Inglaterra, que enviuvara recentemente, apresentaram-se no castelo favorito dos pais da princesa em Saragoça, a fim de solicitar sua mão. Para os reis de Aragão, um acordo nupcial com Ricardo, de 28 anos, que governava de fato seu reino e possuía os recursos financeiros, diplomáticos e militares dos quais talvez viessem a necessitar no futuro, combinava melhor com a visão que tinham das prendas de Iolanda – e eles imediatamente aceitaram negociar.

Esse casamento, que implicava a possibilidade de uma aliança no mais alto nível entre a Inglaterra, inimiga perpétua da França, e o poderoso reino de Aragão era suficientemente alarmante para provocar uma resposta enérgica do monarca francês. Carlos VI apressou-se a oferecer a mão de sua própria filha,[8] Isabel, com um generoso dote de 500 mil francos, a Ricardo.

Apesar da tenra idade da princesa – tinha apenas 6 anos –, a proposta de Carlos VI foi aceita pelos ingleses. Isabel e um adiantamento de 200 mil francos sobre o dote foram levados para Londres, onde a jovem aguardaria até atingir a venerável idade de 13 ou 14 anos. Então, seu paciente marido de meia-idade poderia, de acordo com a lei, consumar o casamento e receber os 300 mil francos restantes.*

Todas as esperanças de ver aparecer um terceiro pretendente real se dissiparam no ano seguinte, quando o rei João, durante mais uma de suas caçadas – esporte pouco recomendável para um epiléptico –, foi arremessado do cavalo (ou, mais provavelmente, caiu) e morreu. Iolanda de Bar fez o que pôde para reter a propriedade tanto da coroa quanto do castelo real de Saragoça, chegando a alegar que estava grávida do herdeiro póstumo do marido. Mas, depois de alguns meses, esse truque foi inevitavelmente descoberto e a rainha se viu forçada a ceder seu posto ao novo rei de Aragão, Martinho, irmão de João.

A responsabilidade de escolher o futuro marido da princesa Iolanda cabia agora a seu tio e o caso foi imediatamente reaberto quando outro embaixador, este representante da corte francesa, se apresentou em Saragoça. A infatigável Maria de Blois convencera o rei da França a promover a união de sua casa com a de Aragão e, a fim de satisfazê-la, Carlos VI enviou um de seus mais fiéis cavaleiros para combinar o casamento de Iolanda com Luís II. O novo rei aragonês, com uma jovem solteira de 16 anos em mãos, mostrou-se receptivo à ideia, mas também essas negociações foram interrompidas, agora porque a própria noiva opunha-se ao enlace. Sua objeção a Luís II não parecia de ordem pessoal – pois nunca vira aquele homem – e sim política. Iolanda, criada em Aragão, identificava-se com sua terra natal. Os interesses de Luís II

---

* Três anos depois, quando sua noiva francesa tinha apenas 9 anos, Ricardo, sem herdeiros, seria sumariamente deposto por seu primo Henrique IV. Foi um dos pretendentes de Iolanda.

na Sicília se opunham aos do reino aragonês e, se ela o desposasse, teria de apoiar as ambições dele na Itália contra as de Aragão – o que de modo algum queria fazer.

A insistência de Iolanda em se opor àquele casamento e em tentar exercer algum controle sobre o próprio futuro revelava ao mesmo tempo um ânimo forte e uma compreensão sofisticada do cenário político. Mas, contra uma batalhadora veterana como Maria de Blois, ela não tinha armas. Com a volta de Luís II, agora com 22 anos e ainda solteiro, à Provença em julho de 1399 – fato notável, suas forças haviam conseguido manter a capital, Nápoles, por nove anos até ser superadas por um adversário mais habilidoso –, Maria despachou de novo seus embaixadores a Aragão em nome do filho e, dessa vez, obteve êxito. Percebendo que a sobrinha ia chegando rapidamente a uma idade em que não mais seria desejável como noiva, o rei Martinho fez um acordo com os emissários provençais. Seu alívio ao ver o caso encerrado pode ser medido pela presteza com que concordou em pagar um dote de 200 mil francos. A princesa Iolanda foi obrigada a se retratar publicamente das objeções que fizera ao casamento.

As bodas, que deviam acontecer em Arles, estavam programadas para o mês de dezembro seguinte. A noiva, em companhia de um séquito esplêndido, deixou Saragoça no outono de 1400 e iniciou a longa jornada para a Provença. O rei Martinho, com assuntos mais urgentes a resolver, não atendeu ao convite para assistir à cerimônia e mandou um primo em seu lugar.

A fama da beleza de Iolanda de Aragão precedeu-a. O Monge de Saint--Denis, escrevendo sobre ela na época de seu casamento, gabou-a assim na crônica oficial do mosteiro: "A princesa cativou todos os olhares[9] com sua excepcional formosura, o encanto de seu rosto e a dignidade de seu porte. Era, em suma, um tesouro genuíno de graças. Os sábios disseram que a Natureza se esmerara em criá-la, cobrindo-a de todas as perfeições, exceto a imortalidade. Não tentarei descrever sua beleza; sustentarei apenas que estava além de qualquer comparação". Era "uma das mais lindas criaturas[10] que alguém possa ter visto", corroborou o cronista Jean Juvenal des Ursins, que a conheceu.

Ansioso para pôr os olhos em tão admirável modelo de encanto feminino (ou, talvez, receando que os elogios fossem efusivos demais para ser verdadeiros), o impaciente noivo não quis permanecer em Arles à espera de Iolanda, conforme o protocolo exigia. Correu a Montpellier, por onde ela deveria passar. Ali, disfarçado, misturou-se à multidão que se reunira para admirar o cortejo real em toda a sua magnificência. A princesa de Aragão e seu séquito chegaram como planejado. Luís pôde examinar detidamente a noiva sem ser visto e, reconhecendo (sem dúvida com grande alívio) que não houvera exageros, voltou a galope para a Provença de coração leve, a tempo de não faltar à recepção oficial.

Iolanda de Aragão chegou a Arles no dia 1º de dezembro de 1400. Fez uma entrada triunfal na cidade, com quatro pajens sustentando sobre sua cabeça um dossel, tecido com fios de ouro, onde haviam sido bordados seu brasão e o do futuro esposo. Receberam-na o noivo e a futura sogra, "com todas as mostras de júbilo e reverência".[11] A cerimônia de casamento, no outro dia, foi oficiada por um cardeal, diante de um público que contava com vários membros da elite da Igreja e da aristocracia da Provença. Depois, os recém--casados partiram para seu castelo, a fim de receber a homenagem dos fidalgos locais, e os dias seguintes foram reservados a festas e folguedos para ressaltar a importância e a natureza gloriosa da ocasião.

Maria de Blois conseguira a nora que desejava. Mal sabia que, com isso, também salvara a França.

PARA UM CASAMENTO que começara com a esposa recusando obstinadamente o marido, Iolanda de Aragão e Luís II se entenderam muito bem. Ficaram juntos por dezessete anos, sem nunca dar motivo a escândalos ou boatos de infidelidade. Parece que se amavam de verdade.

Certamente, a presteza com que Iolanda e Luís II travaram uma harmoniosa relação conjugal pode ser atribuída, pelo menos no começo, a seu estilo de vida opulento, alegre e muitíssimo agradável. O produto das rendas e impostos oriundos das propriedades de Luís em Anjou, Maine e Provença era substancial, de sorte que esses rendimentos, somados ao dote considerável de Iolanda, alçavam os jovens esposos à esfera dos extremamente ricos. Tinham tantos castelos que mal sabiam o que fazer com eles, castelos situados tão a propósito que todos os anos os dois podiam passar os meses mais quentes em Anjou, ao norte, e os mais frios na tépida e ensolarada Provença, ao sul. O castelo de Luís em Angers, capital de Anjou, era uma das maiores e mais importantes fortalezas da França. Podia abrigar um exército inteiro e tinha dezessete

*Retrato de Luís I de Anjou e sua esposa,
Maria de Blois, a voluntariosa sogra de Iolanda de Aragão.*

torres maciças de pedra, cada qual com mais de trinta metros de altura. A área cercada pelas muralhas externas era tão vasta que o pai de Luís II, Luís I, erguera ali um luxuoso palácio – um castelo dentro de um castelo –, decorando o saguão principal com uma tapeçaria de 25 metros de comprimento que ilustrava a Revelação de São João Evangelista. Luís II e Iolanda possuíam também um bonito castelo em Saumur, cujas ameias e aparência geral de conto de fadas podem ser vistas numa famosa iluminura das *Mui Ricas Horas do Duque de Berry*. Além disso, tinham vários castelos na Provença, inclusive a fortaleza estrategicamente situada de Tarascon e uma cidadela mais elegante em Aix.

Manter todas essas propriedades exigia, é óbvio, grandes gastos. Sem dúvida para aumentar ainda mais a felicidade de ambos, Luís II generosamente concedeu à esposa um estipêndio anual de 10 mil francos-ouro, uma soma imensa. Com esse dinheiro, Iolanda mantinha uma numerosa criadagem: camareiras, criadas, cozinheiras, hortelãs, cavalariços, guardas, tratadores de cães de caça, costureiras, peleteiros, sapateiros, capelão e secretário. Tinha também dez damas de honra e três damas de companhia, escolhidas nas famílias mais aristocráticas de suas respectivas províncias. Para se adequar às rigorosas exigências do início da vida matrimonial, Iolanda se vestia de acordo com a condição real do marido. As roupas e atavios da nova rainha da Sicília eram de tirar o fôlego – sedas e veludos em tons brilhantes de rubi, azul, esmeralda e violeta; alvas peles de arminho entretecidas de fios de ouro; tiaras e broches incrustados de pérolas, diamantes e safiras; e, nas cerimônias oficiais de Estado, uma coroa de ouro. Chapéus extravagantes em forma de cone, chamados "torres", e mangas exageradamente largas eram a última moda no século XV – e não havia "torres" mais altas nem mangas mais largas que as de Iolanda de Aragão. Seu guarda-roupa era tão magnífico que provocou inúmeros sermões indignados no púlpito sobre os males da vaidade humana.

Muitos casamentos igualmente felizes na Idade Média naufragaram porque a esposa não conseguiu gerar um herdeiro com a necessária rapidez; mas, também nisso, o rei e a rainha da Sicília foram abençoados. O primeiro filho de Iolanda, nascido em 1403, era um menino, Luís III, logo seguido por uma menina, Maria, em 1404. O segundo filho, Renato, que herdou a paixão da mãe pela literatura, nasceu em 1409; depois veio outra menina, Iolanda, em 1412; e finalmente um terceiro menino, Carlos, em 1414. Embora perdesse uma terceira menina ainda na infância, em geral Iolanda foi poupada das terríveis provações da mãe, pois seus cinco filhos sobreviventes chegaram todos à idade adulta. Não é de espantar, pois, que o rei e a rainha da Sicília, rodeados de riqueza e privilégios, com uma descendência firmemente estabelecida, fossem admirados por seu afetuoso relacionamento. E tanto que, segundo o cronista Jehan de Bourdigné, "dava gosto ver[12] o amor intenso e fervoroso desses dois jovens".

Mas tais vantagens implicavam grandes responsabilidades. Presumia-se que a principal tarefa de Luís II fosse reunir um exército, voltar a Nápoles e retomar o reino da Sicília. Apesar de todos os títulos, roupas, joias, vastas propriedades e homenagens, um rei que não conseguia controlar seu reino não era verdadeiramente um rei. Luís II estava, pois, decidido a submeter o sul da Itália ao seu domínio.

Isso significava que a administração de suas outras propriedades – os grandes ducados franceses de Anjou e Maine, ao norte, e o condado independente da Provença, ao sul – deveria ficar em mãos de sua esposa. Coube a

Iolanda não apenas recolher taxas e tributos, mas também presidir conselhos políticos, arbitrar disputas entre os nobres, decidir sobre aumentos ou diminuições de impostos (medidas sujeitas à aprovação do trono francês no caso de Anjou e Maine), manter a paz e garantir a lealdade dos súditos do marido durante suas muitas ausências. E tinha de fazer tudo isso para territórios imensos, separados por mais de seiscentos quilômetros, jornada que o correio mais rápido, a cavalo, não conseguia cobrir em menos de duas semanas. E a família levava ainda mais tempo nesse trajeto: sempre que faziam o caminho de ida ou volta entre Anjou e a Provença, Iolanda e Luís evitavam as rotas terrestres, preferindo descer e subir o Loire e o Ródano (dependendo de seu destino) num grande barco onde iam também pertences, parentes e criados. Esses cruzeiros podiam demorar oito semanas. Iolanda se encarregou também de ajudar Luís II a recrutar e aparelhar as tropas invasoras; depois, de aprovisioná-las a partir do porto de Marselha, além de conseguir navios e soldados adicionais para o caso de dificuldades imprevistas.

Emocional e intelectualmente, a educação de Iolanda foi de grande valia para o cumprimento desses inúmeros deveres. Mais importante ainda, não chegou ao altar como uma criança despreparada de 13 ou 14 anos e sim como uma jovem segura e confiante de 19 anos, que conhecia a natureza do poder.

Mas uma coisa é compreender, por observação, como o poder funciona de um modo geral e bem outra dominar os detalhes, sobretudo em regiões tão diversas cultural, econômica e politicamente como Anjou e a Provença. Os habitantes dos territórios que Luís II possuía no norte sequer usavam o mesmo calendário de seus súditos provençais.* Os costumes feudais eram diferentes e os privilégios concedidos à nobreza variavam de região para região, às vezes de cidade para cidade. Na Provença, as exportações do sal extraído das minas de Hyères constituíam uma importante fonte de renda e precisavam ser fiscalizadas; em Anjou, arrendamentos de terra tinham de ser coletados. Era necessário selecionar e nomear funcionários competentes para garantir o bom funcionamento dos governos locais; as propostas e queixas dos diversos conselhos provinciais deviam ser meticulosamente registradas e consideradas.

---

* Em Anjou, usava-se o calendário francês, pelo qual o ano-novo começava na Páscoa; na Provença, o calendário italiano, que fazia o ano-novo incidir em 1º de janeiro.

Tarefa difícil para qualquer mulher jovem, mas, também nesse caso, o caminho de Iolanda foi aplainado pela assessoria de uma mentora das mais competentes: Maria de Blois, mãe de Luís. Durante os quatro primeiros anos de seu casamento, Maria foi presença constante na vida do jovem casal – e a nora se beneficiou grandemente dos conhecimentos e contatos da sogra. Não havia questão de governo que Maria desconhecesse e sua proficiência em finanças chegava a impressionar. "Perto dos 22 anos,[13] ela de fato administrou com tamanho escrúpulo e prudência as rendas oriundas da Provença, Anjou e Maine que pôde sustentar, em nome do filho mais velho, Luís, a guerra de Nápoles iniciada pelo pai dele, além de garantir o necessário à manutenção de sua condição real", confirmou o cronista oficial do mosteiro de Saint-Denis. "Seus principais conselheiros asseguram que ela amealhou, com a renda desses domínios, um tesouro privado de 200 mil escudos de ouro." Até no leito de morte, a sogra de Iolanda deu ao jovem casal um exemplo lúcido (e profético) de sua incrível habilidade em antecipar e compensar adversidades futuras. "Quando sua hora derradeira se aproximou,[14] ela recebeu devotamente os sacramentos finais da Igreja; em seguida, chamou o filho e revelou-lhe o segredo", escreveu o Monge de Saint-Denis, aludindo às vultosas economias de Maria. "O príncipe, compreensivelmente surpreso, perguntou-lhe com gentileza por que, tendo ele estado havia pouco em grandes apuros, ela não o acudira. Maria respondeu que sempre temera vê-lo cair prisioneiro e por isso reservara dinheiro a fim de poupar-lhe a vergonha de ter de recorrer, para seu resgate, a estranhos."

A questão do resgate era importantíssima no século XV. Como o recrutamento e a manutenção de exércitos exigiam gastos enormes, uma das maneiras favoritas para abater as despesas era capturar um adversário de sangue real e exigir uma soma considerável por sua liberdade. Como sempre, Maria entendera perfeitamente a situação: não poderia confiar nem mesmo em seus amigos ou aliados mais fiéis caso precisasse de dinheiro para uma emergência dessa natureza; apenas parentes próximos aceitariam ir à falência a fim de resgatar um ente querido. A condição real de seu filho fazia com que a ameaça de captura e resgate o perseguisse sempre que tentasse reivindicar seus direitos ao sul da Itália. Portanto, advertia-o, e consequentemente a Iolanda, de que precisavam estar preparados para semelhante eventualidade. Esse último conselho de sua sogra não seria esquecido por Iolanda de Aragão.

Maria morreu tranquilamente em junho de 1404. Foi bom para Iolanda receber aquele conselho de uma mulher tão notável. Pois nem mesmo Maria de Blois poderia prever a escuridão horrível, a violência incontrolável, a destruição pavorosa e o derramamento de sangue inaudito que assolariam o outrora poderoso reino da França nas décadas seguintes. Uma tormenta de proporções épicas estava se formando, provocada em partes iguais pela insanidade, a ambição e a cobiça – e essa tormenta só cessaria quando Joana d'Arc, uma obscura jovem camponesa de coragem extraordinária, surgisse de repente das sombras para detê-la.

Capítulo 3

O Rei Louco da França

HISTÓRIA É COMUMENTE descrita como uma rede de causa e efeito, intenção e destino, tão intricada que não se pode isolar nenhum elemento decisivo para o progresso dos assuntos humanos. Esse, porém, não foi o caso da França durante as duas primeiras décadas do século XV, em que quase todos os distúrbios no cenário político podem ser atribuídos a um fator determinante: a loucura de Carlos VI. Essa loucura se revelou tão difusa, tão desestabilizadora que afetou não apenas um rei, mas um reino inteiro.

Talvez o aspecto mais impressionante do caso tenha sido o potencial que Carlos VI demonstrou no início de seu reinado. Herdou o trono em 1380, quando tinha apenas 11 anos e seu irmão mais novo, Luís, mais tarde duque de Orléans, 8. O velho monarca, Carlos V, conseguira recuperar praticamente todo o território perdido para a Inglaterra na primeira metade da Guerra dos Cem Anos, de sorte que pôde deixar para o filho mais velho um país relativamente forte e em paz. O fantasma da conquista inglesa, que assombrara a França em meados do século, desaparecera; depositava-se muita esperança no vigor juvenil do rei menino.

Carlos VI era um maroto encantador, jovial, divertido e sociável. Cristina de Pizan, que o conheceu, descreve-o como um rapaz alto, robusto e atraente apesar do nariz comprido. (Tanto Carlos quanto seu irmão mais novo, Luís, duque de Orléans, herdaram do pai esse nariz característico.) Ao contrário de Carlos V, homem doentio que preferia os livros e o convívio dos eruditos às atividades físicas, Carlos VI era um atleta para quem não havia nada melhor que um bom torneio, traço que poderia ser muito útil caso precisasse proteger seu reino em tempos difíceis. Também sua personalidade não lembrava em nada a de Carlos V e logo à primeira vista traía o mal de que mais tarde iria padecer: era quixotesco e impetuoso, enquanto o pai era frio e calculista.

Como o novo rei fosse ainda muito jovem, até que atingisse a maioridade a França foi governada por seus tios, os duques de Berry e da Borgonha, na qualidade de regentes. Mas, infelizmente, eles se aproveitaram da fase de transição para acumular o máximo de dinheiro, poder e território que lhes foi possível. Foi durante esse período, por exemplo, que o duque de Berry se apossou do castelo de Lusignan.

O duque de Berry podia ser ambicioso, mas ocultava certa timidez. Assim, não era páreo para seu irmão, o duque da Borgonha, que não tinha essa fraqueza. "O duque da Borgonha",[1] declarou o cronista Jean Froissart, "era a personagem de maior destaque na França depois do rei." Conhecido como Filipe, o Ousado, por sua política predatória, o duque da Borgonha se ocupou, durante a minoridade de Carlos VI, em estender sua influência pelo norte e o leste da França. Casara-se com a condessa de Flandres, herdeira de uma das províncias mais ricas da Europa, de modo que passou a se interessar não apenas pelos domínios dela, mas também pela Bélgica e pela Holanda. Perto de seu feudo no leste da França, a Borgonha, procurou a aliança de um vizinho, o duque da Baviera, com a intenção de cercar o território francês pela fronteira externa. À medida que seu poder aumentava, ia aos poucos se aproximando das terras do sobrinho.

De início, a juventude e a inexperiência de Carlos VI permitiram que Filipe, o Ousado, o manipulasse à vontade. Quando, em 1382, os cidadãos de Flandres se rebelaram, Filipe aconselhou Carlos a atacar Ghent para reduzi-los à obediência. Carlos, com 14 anos, achou que essa era uma ótima ideia. Sua iniciação na guerra! Uma batalha de verdade! Com os tios e um forte contingente de soldados, deslocou-se para o norte, para Flandres, onde os cavaleiros reais, munidos de cotas de malha, clavas e lanças com pontas de ferro, não tiveram muito trabalho em derrotar os rebeldes, simples burgueses cuja única proteção eram capacetes metálicos. "O ruído que contra os elmos faziam[2] as achas de armas e as clavas pesadas era tão alto que nada mais se podia ouvir", relatou o cronista Froissart. Após essa vitória estrondosa, a maioria das cidades vizinhas se rendeu ou pagou a Carlos um resgate exorbitante para que ele se fosse.

Depois de impor sua autoridade no norte, Filipe, o Ousado, decidiu usar o sobrinho para fazer o mesmo no leste. Aqui, valeu-se do último pedido do rei anterior. Moribundo, Carlos V chamara para junto do leito os duques de Berry e da Borgonha. "Sinto que não vou viver muito mais.[3] Procurem, na Alemanha, uma aliança para meu querido filho Carlos, estreitando assim nossos laços com aquele país." De novo, a fortuna sorriu a Filipe, o Ousado: o duque da Baviera tinha uma filha, Isabel, dois anos mais nova que Carlos VI e, segundo se dizia, muito bonita.

O único problema era que o pai de Isabel era contra o casamento, alegando haver uma enorme diferença de condição entre sua filha e o rei da França. A corte da Baviera, onde Isabel fora criada, era remota e modesta – aconchegante, mas não ostentosa. A jovem não estava preparada para assumir as responsabilidades de manter um séquito real e não saberia se movimentar com desenvoltura no meio político do reino mais poderoso da Europa. O duque preferia que Isabel desposasse um de seus próprios fidalgos e permanecesse perto dele – uma aliança menos brilhante, sem dúvida, porém, de um modo geral, mais conveniente.

Mas a relutância do pai da jovem não impediu o duque da Borgonha de insistir na união, embora, para tanto, precisasse recorrer a inúmeros subterfúgios. Nisso, foi ajudado pela duquesa de Brabante, parente do duque da Baviera, que via em Filipe um possível aliado militar. A duquesa convenceu o pai de Isabel a enviar-lhe a jovem para uma curta visita e depois para um encontro com outra conhecida respeitável, a duquesa de Hainaut. A fim de atrair Isabel, as duas mulheres prometeram acompanhá-la à feira de Amiens e em seguida, o que não seria tão divertido, ao santuário próximo de São João. Diante de um convite tão lisonjeiro, o duque da Baviera concordou com o pedido da prima. Permitiu até que se pintasse um quadro de Isabel para ela.

A jovem viajou para Bruxelas no começo do verão de 1385. Tinha 14 anos. Ficou três dias com a duquesa de Brabante e a seguir foi visitar a duquesa

França e
Ducados Vizinhos
c. 1430

de Hainaut, com quem passou três semanas. Durante esse período, a duquesa de Hainaut, mulher de sociedade, empenhou-se em transformar Isabel, ao menos por fora, de uma garota tímida e provinciana numa visão de beleza, elegância e sofisticação ao gosto da época. Saíram de cena as simplórias roupas bávaras da jovem e entraram elegantes vestidos, chapéus e joias parisienses, tudo digno de uma princesa. Por três semanas Isabel foi treinada em maneiras e comportamento, inclusive como se sentar, se levantar, caminhar, dançar e cumprimentar. Como a jovem não soubesse uma palavra de francês, a duquesa de Hainaut não precisou polir seu sotaque e seus ditos espirituosos: simplesmente pediu que não abrisse a boca.

Mostraram então a Carlos VI, agora com 16 anos e bastante interessado em garotas, os retratos de Isabel e das duquesas da Lorena (outro território que o duque da Borgonha cobiçava) e da Áustria, perguntando-lhe qual delas preferia desposar. Ao que tudo indica, as rivais de Isabel pelo afeto do rei não eram grande coisa em termos de aparência, pois ele imediatamente se decidiu pela jovem bávara. Informado de que ela e seus parentes compareceriam à feira de Amiens, providenciou para também estar lá no mesmo dia, enviando dois de seus cavaleiros mais íntimos às duquesas de Hainaut e Brabante a fim de arranjar um encontro.

Este aconteceu numa sexta-feira, em presença de um público numeroso. As duquesas de Brabante e Hainaut levaram horas arrumando Isabel, mas por fim ela apareceu nos aposentos do rei vestida e embelezada tão esplendidamente quanto a arte e o dinheiro podiam conseguir. Carlos, que passara uma noite de adolescente – longa e inquieta – pensando no retrato da jovem, estava naquele estado de ansiedade que por si só garante o êxito de um empreendimento. Isabel abriu caminho graciosamente por entre a multidão de cortesãos antes de se postar (em silêncio) diante do rei. Carlos ficou completamente enfeitiçado. Mais tarde, naquela noite, instruiu seus emissários antes de se deitar: "Digam a meu tio, o duque da Borgonha,[4] que se apresse a concluir o negócio". Tão impaciente estava pela noite de núpcias que recusou a ideia de se casar em Arras, como seu tio desejava, e em vez disso entregou ali mesmo a Isabel uma belíssima coroa de ouro. Os dois se casaram três dias depois na catedral de Amiens, sem contrato nupcial nem dote, coisa de que nunca se ouvira falar numa aliança real.

Assim, uma garota provinciana de 14 anos, que muito provavelmente não sabia ler nem escrever, e nunca presenciara os atos de um grande governo, muito menos as intrigas e desavenças políticas daquela que era sem dúvida a corte mais sofisticada e cosmopolita da Europa, tornou-se rainha da França. Isabel também não se beneficiou, como Iolanda de Aragão, do auxílio de uma mulher mais velha e experiente que a aconselhasse e orientasse no labirinto de costumes e relacionamentos da rígida estrutura de poder dentro da qual agora viveria. A mãe de Carlos morrera e logo depois do casamento as duquesas de Brabante e Hainaut voltaram para casa, satisfeitas com o resultado de seus esforços. Ao menos parte da culpa pelas tribulações que logo sobreviriam deve ser imputada a essas duas mulheres cínicas, que ensinaram a nova rainha da França a se pentear, mas não a governar.

No começo, porém, como não se exigisse de Isabel muito mais que comprar roupas caras, parecer imponente e divertir-se, sua inexperiência não lhe fez mal algum. Era um casamento feliz. O temperamento de Isabel combinava com o do marido; ambos gostavam de banquetes, bailes e noitadas com boa companhia e bom vinho; davam-se muito bem, igualmente, na predileção por trajes elegantes e divertimentos faustosos, às vezes barulhentos. Para sua coroação, Carlos promoveu uma festança extravagante de três dias em Saint-Denis, com fontes de onde jorrava vinho adoçado com mel, um grande coro de crianças vestidas de anjos e um espetáculo popular onde os atores, a caráter, reencenaram a batalha dos cruzados contra o rei Saladino.

Carlos reagiu bem ao casamento e amadureceu muito nos anos que se seguiram imediatamente à boda. Em 1388, quando ainda tinha apenas 19 anos, pôde dispensar a regência exercida por seus tios. Foi uma medida popular, pois a França se metera numa campanha desastrosa (e cara) contra a Inglaterra depois da vitória inicial em Flandres, pela qual os duques de Berry e da Borgonha foram amplamente responsabilizados. A pedido de seu irmão mais novo, Luís, rapaz de 16 anos bastante precoce, o rei devolveu os tios, extremamente desapontados, às suas províncias, com cortesia mas firmeza, "agradecendo-lhes muito[5] pelos aborrecimentos e tribulações que haviam tido com ele e o reino". Carlos imediatamente se cercou dos antigos conselheiros do pai, todos homens experientes e sensatos que desempenharam suas funções, se não com sabedoria, ao menos com moderação, de sorte que pelos quatro anos seguintes a França esteve em paz.

Veio então o verão de 1392.

$$\bullet \quad \bullet \quad \bullet$$

IRONICAMENTE, o ano começara bem para Carlos; em retrospecto, pode até ser considerado o ápice de seu reinado. Ele tinha pleno controle do governo, era querido pelo povo e, no dia 6 de fevereiro, levara a termo a tarefa mais importante de uma monarquia: a rainha finalmente dera à luz um filho que sobreviveu à infância. "Os sinos dobravam[6] para anunciar à França inteira o novo e jubiloso acontecimento que ocorrera na cidade, enquanto estafetas disparavam em todas as direções, encarregados, em nome do rei, de espalhar pelo país a feliz notícia do nascimento do príncipe", registrou na crônica oficial o Monge de Saint-Denis.

Por essa época, Carlos tinha 23 anos e acompanhava a administração de seu governo "com muita diligência".[7] Mas a diligência exigia viagens constantes por longas distâncias, sob más condições sanitárias, e em março, quando foi a Amiens em missão diplomática, ele e vários membros de sua comitiva caíram doentes com o que parece ter sido febre tifoide. Carlos estava tão fraco que precisou ser conduzido de liteira para o sul, até Beauvais, onde levou quase dois meses para se recuperar. Só voltou a Paris no final de maio.

Logo depois de seu regresso, quando estava ainda muito fraco, um episódio inquietante ocorreu na capital. Seu camareiro, Pedro de Craon, tinha sido havia pouco dispensado do cargo, o que atribuiu a intrigas do condestável da França, favorito de Carlos. Ruminando seu ódio, Pedro, com a ajuda de alguns asseclas, emboscou o camareiro quando ele voltava de um jantar com o rei na noite de 13 de junho. Queriam matá-lo, mas só conseguiram feri-lo. Carlos já se despia para dormir quando vieram informá-lo, erroneamente, de que seu condestável fora assassinado; ficou tão fora de si que, seminu como estava, apenas lançou sobre os ombros um manto e saiu para investigar o ocorrido. Encontrou a vítima numa padaria próxima, para onde fora levada após a agressão. O condestável, que recebera vários golpes, estava coberto de sangue. Carlos o conhecera na infância; aquele homem velara por ele zelosamente desde que subira ao trono. Ao ver seu protetor de toda uma vida, a quem considerava um verdadeiro pai, em tão lamentável estado, ficou profundamente comovido.

"As primeiras palavras do Rei foram:[8] 'Condestável, como está?' 'Caro senhor', respondeu ele, 'mais ou menos; e muito fraco.' 'E quem o feriu?'

'Pedro de Craon e seus cúmplices me atacaram traiçoeiramente, sem que eu de nada desconfiasse'. 'Condestável', prosseguiu o Rei, 'nenhum crime será mais severamente punido do que este... Pagarão por ele como se o houvessem cometido contra mim'."

Carlos ordenou que o agressor fosse preso, mas Pedro já fugira da cidade. Soube-se depois que buscara refúgio junto ao duque da Bretanha, o qual, entretanto, negou o fato. Enfurecido, Carlos fez preparativos para invadir a Bretanha e capturar o criminoso. Saiu de Paris à frente de um exército, mas só o conduziu até Le Mans. Ali, ficou tão doente que não conseguia montar. "Passou todo o verão[9] fraco de corpo e alma, mal comendo e bebendo, com ataques de febre quase diários, aos quais era naturalmente propenso e que se agravavam quando ficava nervoso ou cansado", observou Froissart. Pior ainda, segundo o Monge de Saint-Denis, em Le Mans o rei às vezes dizia coisas sem sentido e se comportava de uma maneira "não condizente com a dos reis".[10] A despeito de sua óbvia fraqueza, ao final de três semanas e contrariando as recomendações dos médicos, Carlos insistiu em prosseguir na expedição e de novo montou a cavalo para levar suas tropas à Bretanha.

Estava-se então em agosto e fazia muito calor. Carlos vestia sua armadura completa. Ao deixar Le Mans, o exército passou perto de um leprosário local e um louco se pôs a seguir o rei por quase meia hora, gritando-lhe: "Não prossiga, grande senhor,[11] pois logo vão traí-lo!", até ser escorraçado pela guarda real. O exército continuou seu caminho, primeiro por uma floresta, depois por uma vasta extensão de terra seca; e, como os cavalos levantassem muita poeira, o rei e dois pajens se adiantaram alguns passos para evitar esse desconforto. Os pajens eram jovens e um deles, esforçando-se para não cochilar devido ao calor, deixou cair a lança que levava. Esta bateu na armadura do outro pajem, assustando o rei.

Inesperadamente, Carlos brandiu a espada e voltou-se para os rapazes. "Detenham estes traidores!",[12] gritou. Os pajens, aterrados, esporearam as montarias para afastar-se, mas o rei, alucinado e julgando que o atacavam, continuou a golpear quem estivesse por perto, inclusive seu irmão, o duque de Orléans, que a custo escapou. Outros não tiveram a mesma sorte. Carlos matou cinco de seus próprios homens até sua espada se partir e um cavaleiro o arrancar da sela.

A tropa deu meia-volta e reconduziu-o a Le Mans, onde ficou completamente alheio a tudo por dois dias, olhando estupefato para seus tios e incapaz de responder quando eles lhe perguntavam alguma coisa. Só no terceiro dia recuperou a consciência e se deu conta do que fizera. Foi levado para o sul, a fim de descansar. Voltou a Paris apenas em outubro.

Carlos VI sofre a primeira crise psicótica, atacando seus próprios homens.

ESSE FOI O COMEÇO DA LUTA que Carlos VI travou por trinta anos contra o que os médicos, hoje, provavelmente diagnosticariam como esquizofrenia. Nas fases mais agudas, que ocorriam todos os anos e às vezes duravam meses,

Carlos perdia todo o senso de realidade. Não sabia quem era e negava que fosse rei. Ao ver seu brasão ou o da rainha, ensaiava alguns movimentos bizarros de dança e tentava apagá-los. Insistia em que seu nome era Jorge e que tinha um brasão totalmente diferente. Quando nesse estado, ficava muitas vezes fora de controle, vagando às cegas pelo palácio, em busca de uma saída, e bradando que seus inimigos o perseguiam. Por fim, foi necessário bloquear todas as portas para que ele não chegasse à rua naquelas condições. Durante os piores acessos de loucura, Carlos se recusava a tomar banho ou a mudar de roupa, às vezes por nada menos que cinco meses. Tinha de ser enganado ou ameaçado para se trocar; quando isso acontecia, os criados encontravam seu corpo coberto de pústulas e manchado pelos próprios excrementos. Não raro, atirava suas roupas ao fogo, urinava nelas, fazia gestos obscenos ou balbuciava de maneira incoerente.

Embora reconhecesse com frequência os criados, quase nunca reconhecia a mulher e os filhos. Isabel, em particular, perturbava-o; não a tolerava por perto. Segundo o Monge de Saint-Denis, "quando... [Isabel] vinha visitá-lo,[13] o rei a repelia, resmungando para a criadagem: 'Quem é esta mulher que obstrui minha visão? Perguntem-lhe o que deseja e impeçam-na de, doravante, me aborrecer, se puderem'". Para acalmá-lo, arranjaram-lhe uma amante, com quem vivia em sua residência parisiense favorita, o Hôtel Saint-Pol, e que acabou lhe dando um filho.

No entanto, às vezes depois de dias, mas quase sempre depois de semanas ou meses de insanidade, as alucinações desapareciam tão depressa quanto tinham vindo. Carlos então se lembrava perfeitamente de quem era, e procurava a mulher e os filhos. Também reassumia o governo – para infelicidade da França. Pois, embora parecesse são nessas ocasiões, o rei na verdade nunca estava livre da doença, de sorte que suas dúvidas e incertezas, particularmente a respeito do que acontecera no reino durante os intervalos de loucura, tornavam-no altamente suscetível às sugestões e à persuasão. Era como uma dessas personagens de conto de fadas que, picada por uma seta de Cupido, salpicada com pó mágico ou posta sob o encanto de uma feiticeira, se apaixona pela primeira pessoa que vê ao despertar. Seus parentes não tardaram a perceber que, tão logo o rei se recuperava de um acesso de loucura, quem conseguia chegar à sua presença obtinha dele tudo o que desejava.

QUANDO FICOU CLARO que Carlos era mentalmente incapaz, seus tios, sobretudo o duque da Borgonha, tomaram providências para reassumir o controle do reino. Mas, ao contrário do que acontecera durante a minoridade do rei, agora não eram mais abertamente chamados de regentes: como Carlos às vezes ficava em condições de administrar, não foi removido do poder e seus súditos ainda o consideravam o legítimo governante da França. Em consequência, toda medida tomada por seus tios ou outra pessoa tinha de sê-lo em nome do rei, quer ele estivesse cônscio ou não do que se passava. Carlos podia também revogar qualquer providência, quando lúcido o bastante para isso. Além disso, toda ordem que dava, mesmo contrariando francamente outra anterior, era de imediato aceita como lei.

Esse confuso estado de coisas foi exacerbado ainda mais pelo aparecimento de um poderoso rival do duque da Borgonha. O irmão mais novo do rei, Luís, duque de Orléans, casado e com família para cuidar, já estava em idade de defender ciosamente suas prerrogativas. Luís ambicionava não só o poder, mas também a riqueza, e queria a todo custo igualar – ou superar – a dos tios. Em 1401, com o duque da Borgonha ausente da corte, convenceu o rei a ceder-lhe duas importantes propriedades que Filipe, o Ousado, cobiçava. Furioso, o duque respondeu marchando contra Paris à frente de um exército. A guerra civil só foi evitada no último minuto, graças à arbitragem da rainha, pois na ocasião Carlos estava trancado no Hôtel Saint-Pol, delirando.

Essa foi a primeira incursão importante da rainha na política e, diante do resultado, ela evidentemente concluiu que era melhor tomar o poder do que ficar à mercê de exércitos alheios. Com efeito, no ano seguinte, quando o rei despertou de seu período de loucura anual, Isabel providenciou para que *ela* fosse a primeira pessoa a ser vista. Assim, em 1402, Carlos decretou que, no caso de desavença futura entre as duas personagens reais, a rainha ficava autorizada, caso ele não estivesse em condições de fazê-lo, a resolver a disputa conforme achasse melhor. Também poderia, na ausência do rei, tomar a frente de qualquer negócio ligado ao governo do reino. Para ajudá-la nessas novas responsabilidades, Isabel tinha permissão de consultar tantos príncipes reais ou membros do conselho quantos quisesse. Em virtude desses decretos, a rainha se tornava, praticamente, a governante da França.

Mas a avareza de Isabel toldou seu discernimento, transformando-a num alvo fácil para seus inimigos. Surrupiou ou extorquiu do marido o máximo de dinheiro que pôde. Gostava muito do irmão e defendeu seus interesses abertamente, para grande desgosto dos súditos, que não queriam ver seus impostos penosamente pagos encher a bolsa de uma bávara. Foi também descrita pela história como mulher de comportamento sexual condenável, que tinha encontros amorosos com seu cunhado,[14] o duque de Orléans, durante os períodos de insanidade do marido. Embora a erudição moderna sugira que essas alegações foram feitas bem mais tarde, como parte de um esforço deliberado dos ingleses para pôr em dúvida a legitimidade do delfim, não se discute que Isabel buscava aliados e viu no irmão do marido o homem em quem podia confiar. Os dois trabalharam juntos para salvaguardar os próprios interesses, não raro em prejuízo das economias de seus súditos. "Eles [Isabel e o duque de Orléans] podem ser censurados[15] também por insultar a miséria do povo gastando desbragadamente o dinheiro alheio. Pouco se importando com a segurança do reino, punham toda a sua vaidade na riqueza, toda a sua alegria nos prazeres da carne. Em suma, esqueceram a tal ponto as regras e os deveres da realeza que se tornaram objeto de escândalo para a França", queixou-se o Monge de Saint-Denis.

Obviamente, os tios do rei não gostavam nada de ver a rainha (e, por implicação, o duque de Orléans) no controle do governo. Isabel, sem dúvida, não se saiu muito bem no passo seguinte, pois, em 1403, após uma conversa particular com os duques de Berry e da Borgonha, o rei alterou seu decreto anterior estabelecendo que, na eventualidade de sua ausência da corte, a rainha *e* seus tios ficavam responsáveis pela administração do reino. E mais: havendo desentendimento, a decisão caberia à maioria e à "parte mais sensata"[16] do conselho real – em outras palavras, ao duque da Borgonha.

E assim foi, com idas e vindas, altos e baixos. Ora predominava o duque da Borgonha, ora a rainha, ora o duque de Orléans. Uma ordem cancelava outra. Por exemplo, numa declaração real posterior (também de 1403), com a cláusula bastante clara de que não podia ser invalidada, o duque de Orléans era nomeado regente caso Carlos falecesse, enquanto seu herdeiro fosse muito novo para reinar. Quatro dias depois, na presença do duque da Borgonha... o monarca revogou o decreto.

Então, a 27 de abril de 1404, Filipe, o Ousado, morreu e a balança do poder pendeu decisivamente em favor do duque de Orléans. Passadas seis semanas, Carlos concordou em dar sua filha viúva Isabel (cujo marido, Ricardo II da Inglaterra, fora deposto e muito provavelmente assassinado pelo sucessor, Henrique IV), bem como um imenso dote de 500 mil francos, ao filho mais velho de Luís. Este se viu nomeado também senhor de Pisa, título que implicava um prêmio especial de 40 mil francos, e recebeu várias cidades francesas, doações que Filipe, o Ousado, sem dúvida impugnaria com todas as suas forças caso estivesse vivo. No ano seguinte, o duque de Orléans lucrou ainda mais, acrescentando à sua fortuna perto de 400 mil francos saídos do tesouro real, dos quais ele gastou 20 mil com uma bela joia de que gostara muito.[17]

Essa ostentação e essa ascensão rápidas não passaram despercebidas ao resto do reino. Houve um protesto veemente quando o enriquecimento do duque de Orléans exigiu um aumento de impostos para reforçar o tesouro esgotado. Parte da cólera do povo dirigida contra o irmão do rei atingiu também Isabel, sobretudo quando se soube que ela escondera uma fortuna em ouro num comboio logo depois enviado para a Baviera. A insatisfação pública, cada vez maior, com a rainha e o duque de Orléans permitiu que um recém-chegado se alçasse ao poder: o filho de Filipe, o Ousado, João Sem Medo, o novo duque da Borgonha.

João Sem Medo tinha 33 anos. Era tão enérgico, capaz e seguro quanto o pai, porém mais objetivo e impaciente. Em sua própria opinião, ainda não se beneficiara o bastante do grau de poder e influência que possuía, e isso o levava a cometer excessos políticos. Parecia o ator substituto que, depois de anos de observação nos bastidores, conhece de cor o papel, mas cujo desempenho no palco não tem a mesma graça exibida pelo experiente ator principal.

João começou, com o beneplácito de grande parte da população, por exigir uma auditoria nas finanças do reino. Para barrar essa ameaça, Isabel e Luís se uniram contra ele e conseguiram levar a melhor. Pelos próximos dois anos, João Sem Medo lutou sem nenhum sucesso para despojar o duque de Orléans da autoridade que exercia na França. Tentou uma reforma do tesouro; Luís o impediu substituindo os membros do conselho real leais a João por seus próprios partidários. João foi autorizado pelo rei a negociar uma paz geral com a Inglaterra; Luís minou seus esforços ordenando ao almirante da frota francesa que atacasse navios ingleses no Canal. Pior ainda, fundos que o rei prometera pagar ao duque da Borgonha nunca chegaram às suas mãos, falha administrativa que João atribuiu, não sem base, à influência do duque de Orléans.

Não se sabe ao certo quando, exatamente, o duque da Borgonha resolveu tomar um atalho para o poder, mas, sem dúvida, no outono de 1407 ele já renunciara aos caminhos convencionais para tentar uma abordagem mais direta. A 23 de novembro de 1407, o duque de Orléans jantou e passou o começo da noite com a rainha em sua residência privada do Hôtel Barbette, em Paris. Duas semanas antes, Isabel dera à luz um filho que morrera quase imediatamente, ficando tão abalada pelo episódio[18] que não saíra da cama. Luís estava lá para consolá-la da perda. Após o jantar, foram interrompidos por um mensageiro supostamente enviado pelo rei, segundo o qual este convocava o duque com urgência. Luís se despediu de Isabel e deixou o apartamento em companhia de um pequeno séquito composto por seis criados que empunhavam tochas a fim de iluminar o caminho, um pajem alemão e dois jovens cavaleiros em treinamento que, montados ambos num cavalo, iam à frente. Quando esse pequeno grupo virou uma esquina e os guardas passaram adiante, dezessete homens armados saíram da sombra e atacaram Luís. Pensando que os agressores não soubessem quem ele era, gritou, tentando se salvar: "Sou o duque de Orléans!";[19] "É você mesmo que queremos", foi a fria resposta. Seguiu-se um corpo a corpo. Os dois jovens cavaleiros estavam longe demais para poder ajudar; quando viraram o cavalo, já era tarde. Em poucos minutos um príncipe de sangue real e seu pajem alemão tinham sido feridos de morte; seus corpos agora jaziam imóveis numa rua de Paris. Para confundir possíveis perseguidores, os assassinos deitaram fogo a um edifício próximo e desapareceram nas trevas daquela noite de inverno.

Capítulo 4

Guerra Civil

 NOTÍCIA DO ASSASSINATO do duque de Orléans espalhou-se rapidamente por Paris. Horrorizados com o crime, membros do conselho real se reuniram dois dias depois, a 25 de novembro, para determinar uma investigação em regra. Entre eles estava o marido de Iolanda de Aragão, Luís II, rei da Sicília.

Desde seu casamento, Luís II se mostrara ativo na política francesa. Talvez porque suas ambições territoriais se voltassem para a Itália e não para a França, o rei da Sicília conseguira manter relações cordiais com todas as facções em luta no reino. Ajudara muito Isabel a amenizar a hostilidade entre Filipe, o Ousado, e o duque de Orléans e era tratado como um membro querido da família por Carlos VI. Dois meses antes da morte do duque de Orléans, João Sem Medo, à procura de aliados, prometera a mão de sua filha Catarina ao filho mais velho de Luís, Luís III, então com 4 anos de idade. João dotara a jovem com nada menos que 150 mil escudos, dos quais 30 mil foram pagos imediatamente – dinheiro muito bem-vindo ao tesouro de guerra de Luís II, que se preparava para invadir Nápoles.

Foi, pois, um choque para Luís quando, durante a reunião do conselho real, João Sem Medo de repente o chamou à parte, junto com o duque de Berry, e confessou ter ordenado o assassinato. A súbita franqueza do duque pode ter sido motivada em parte pela consciência, mas em parte também pela necessidade. Os conselheiros reais acabavam de decidir caçar os assassinos casa por casa, a começar pelas suas próprias. E, aparentemente, alguns dos criminosos, inclusive seu chefe, haviam se escondido no Hôtel d'Artois, a principal residência de João Sem Medo em Paris.

Luís II era um homem pragmático, mas não fleumático. A confissão do duque da Borgonha, à qual teria respondido "Ah, primo,[1] você cometeu um ato ignóbil!", deixou-o vagando pela sala sem saber o que fazer. Os outros, porém, não hesitaram em condenar João Sem Medo e pedir sua detenção. O rei se achava indisposto – e o duque da Borgonha, que não era nenhum tolo, decidira eliminar seu rival enquanto Carlos estivesse fora de si. Diante das circunstâncias, João Sem Medo concluiu que Paris talvez não fosse o melhor lugar para discutir o assunto e, no dia seguinte, escapou para Flandres, onde começou a recrutar um forte exército.

A perspectiva de novas violências induziu Luís II e o duque de Berry a adotar uma política de apaziguamento. Combinaram encontrar João em Amiens, onde prometeram interceder junto ao rei se ele pelo menos mostrasse algum remorso pedindo desculpas à viúva e aos filhos do duque de Orléans. Mas o sentimento de culpa endurecera a alma de João, que preferiu justificar seu erro a admiti-lo. Para desânimo dos dois embaixadores, ele apareceu no encontro de Amiens à frente de trezentos homens, repeliu todas as propostas deles e prosseguiu na marcha para Paris, onde chegou em março de 1408.

Ali, o duque da Borgonha foi bafejado pela sorte. Tão logo se instalou com suas tropas na capital (ninguém se dispusera a detê-lo), o rei começou aos poucos a recuperar a consciência. Era uma simples questão de saber quem o veria primeiro. No dia 9 de março, antes mesmo que Carlos estivesse completamente bom, o exército borguinhão tomou providências para que quem o visse primeiro fosse João Sem Medo.

A entrevista se deu à noite, no quarto do rei. Embora Luís II e o duque de Berry também estivessem presentes, como outros nobres de destaque, João e seus advogados monopolizaram a conversa. O duque da Borgonha postou-se ao lado da cama de Carlos e informou ao rei da França, com a maior desenvoltura, que fora obrigado a eliminar Luís; soubera que o duque de Orléans planejava matar o rei e todos os seus herdeiros, não havendo, pois, outro meio de salvar a monarquia. Como essa extraordinária explicação combinava perfeitamente com suas fantasias paranoicas, o rei aceitou-a sem fazer perguntas. Não apenas assinou ali mesmo um documento perdoando João como determinou que se fizesse outro édito pelo qual o duque da Borgonha ficava autorizado a punir quem quer que tentasse manchar-lhe a honra espalhando boatos ou acusações contra ele.

Assim, um dos assassinatos mais comentados e desprezíveis da história da França permaneceu impune. A indignação provocada por esse ato cruel agitou o país, dividindo-o como se houvesse sido, literalmente, cortado em dois por um golpe de espada. Logo, a ruptura entre os cidadãos que apoiavam João Sem Medo e aqueles que continuavam fiéis à memória do finado duque de Orléans e seus herdeiros se transformaria em guerra civil.

A VIOLÊNCIA E A RUÍNA assolaram o reino nos anos que se seguiram ao perdão concedido a João Sem Medo. Em 1410, seis dos nobres mais proeminentes da França – os duques de Berry, Bretanha e Orléans (o filho mais velho de Luís, que herdara os títulos e as propriedades do pai assassinado), além dos condes de Armagnac, Alençon e Clermont – assinaram um pacto pelo qual se comprometiam a recrutar um exército e ir à guerra contra seus inimigos (isto é, os borguinhões). Os membros dessa facção ficaram conhecidos como Armagnacs porque o novo duque de Orléans se casara com a filha do conde de Armagnac, o qual, em vista de sua maior experiência militar e política, era visto por todos como o chefe da aliança.

Fiéis à palavra empenhada, naquele verão os seis confederados convocaram seus homens e rumaram para a capital, onde o duque da Borgonha apressadamente reuniu os *dele* para enfrentá-los. "No fim de agosto,[2] cada qual concentrou tantas tropas ao redor de Paris que tudo foi devastado num perímetro de vinte léguas em torno da cidade", escreveu um cronista que se achava então na capital. Dois anos depois, o duque da Borgonha tomou a ofensiva e sitiou os adversários em Bourges. Carlos VI, que estava num período de lucidez, chegou a acompanhar João Sem Medo nessa expedição, juntamente com seu filho mais velho, o duque da Guyenne. "O Rei da França chegou com seu exército...[3] [e] desfechou um vigoroso ataque contra a cidade", escreveu o cronista. "No fim de julho, quando já estava esgotado, quer pela taxação, quer pela pilhagem, o infeliz povo convenceu o Duque da Guyenne a negociar... Ele lhe prometeu... que o reconciliaria com o Rei. E o fez, a despeito de muitas objeções, pois todos estavam cansados da guerra devido ao calor extremamente forte."

Mas essa paz, conseguida em virtude do clima, durou menos de um ano. Na primavera seguinte, o duque da Borgonha se aproveitou de um levante popular em Paris, liderado pelos açougueiros com suas coortes de esfoladores – gente com quem não convinha brincar – como pretexto para tomar a capital. Furiosa por causa da situação econômica cada vez pior, provocada, ao que se pensava, pelos gastos extravagantes da rainha e de seu filho mais velho, a 28 de abril de 1413 uma multidão se reuniu diante do palácio do duque da Guyenne. Exibindo uma lista de nomes (oportunamente fornecidos pelo duque da Borgonha), os revoltosos exigiam a entrega de pelo menos cinquenta membros da casa real, acusados de improbidade. Quando o duque da Guyenne se recusou a atendê-los, os açougueiros forçaram a porta da frente, agarraram os nobres acusados e levaram-nos prisioneiros. Depois, conduziram-nos ostensivamente para o Hôtel d'Artois, residência de João Sem Medo em Paris. O duque da Guyenne, então com 16 anos, indignado com a ofensa, enfrentou o primo. "Fique sabendo que um dia[4] se arrependerá", disse ameaçadoramente ao duque da Borgonha. "Nem sempre as coisas serão como você quer."

O fato de João ter instigado a massa a atacar a família real finalmente despertou a indignação moral de Luís II, pois só depois disso é que ele e Iolanda de Aragão deram o passo que os colocou firme e irrevogavelmente ao lado dos Armagnacs.* Em novembro de 1413, romperam sem dar explicações o noivado de Luís III com a filha do duque da Borgonha, Catarina. Esta, de 10 anos de idade, morava com Iolanda e sua família havia quatro anos, preparando-se para a consumação do matrimônio, e viu-se de repente obrigada a fazer as malas, sendo logo devolvida com todos os seus pertences a João Sem Medo, como se fosse um objeto destituído de valor.

---

* Na verdade, Luís II esteve na Itália quase o tempo todo de 1409 a 1411, tentando (sem sucesso, é claro) retomar Nápoles, de modo que não pôde se concentrar nos assuntos franceses até sua volta.

Ter a filha assim publicamente repelida foi para ele um insulto de proporções inconcebíveis. Furioso, o duque da Borgonha rompeu todas as relações com o rei da Sicília. Nunca esqueceu essa humilhação imposta à sua família. Daí por diante, João Sem Medo e Luís II se tornaram inimigos jurados.

Mas o rei e a rainha da Sicília já tinham tomado medidas para compensar qualquer dano à sua posição decorrente da ruptura. A 21 de outubro de 1413, pouco antes da partida de Catarina, Iolanda de Aragão se encontrou em caráter privado com a rainha da França na residência de Isabel em Marcoussis, ao sul de Paris. O objetivo da entrevista era concluir os termos de um contrato de casamento entre a filha mais velha de Iolanda, Maria, então com 9 anos, e o terceiro filho do rei da França, Carlos, com 10. O assalto da ralé ao palácio do duque da Guyenne assustara suficientemente Isabel para ela procurar, às claras, novos aliados a fim de isolar o duque da Borgonha do resto da nobreza. Com esse compromisso, criava-se no reino uma nova e poderosa aliança.

O fato de Iolanda e não seu marido se encarregar dessas negociações mostra até que ponto Luís II agora confiava na experiência e no conselho da esposa. Iolanda tinha então 32 anos e era mãe de quatro (logo seriam cinco) filhos. Tornara-se, no mais alto grau, uma mulher autoconfiante, enérgica e politicamente astuta que não temia lutar por aquilo que acreditava serem seus direitos e propriedades. Para ajudar a financiar as operações militares do marido em Nápoles, penhorara suas joias junto a banqueiros florentinos e administrava as propriedades dele na Provença e Anjou em sua ausência. Em 1410, estando Luís II na Itália, o tio de Iolanda, Martinho, rei de Aragão, morrera sem deixar herdeiro. Iolanda enviou embaixadores à assembleia especial, encarregada de determinar a sucessão, a fim de exigir que seu filho mais velho, Luís III, assumisse o reino. Embora as *cortes* escolhessem outro candidato, viram-se obrigadas a pagar à rainha 150 mil florins como indenização por seu pedido recusado. A despeito de um pagamento tão substancial, Iolanda nunca reconheceu essa perda de direitos e insistiu em acrescentar os títulos honoríficos "Rainha de Aragão" e "Rei de Aragão" aos seus e de Luís III.*

Iolanda e Isabel não tiveram dificuldade em chegar a um acordo durante seu encontro em outubro, de modo que o noivado de Carlos e Maria foi

---

* Por esse motivo, em sua própria época, Iolanda era frequentemente chamada de "Rainha dos Quatro Reinos" – Nápoles, Sicília, Jerusalém e Aragão.

festejado com muita pompa e alegria a 18 de dezembro de 1413, em Paris. (O apoio de João Sem Medo aos açougueiros se voltara contra ele, que precisou fugir da cidade em agosto, podendo então as festividades serem celebradas com segurança na capital.) É fácil perceber a natureza partidária dessa aliança com base na lista de convidados;[5] eles poderiam muito bem estar não numa festa de noivado real, mas num encontro de inimigos dos borguinhões. O rei, novamente enfermo, não pôde comparecer. Iolanda levara consigo todos os seus filhos e Isabel, como mostra de favor especial, convidou-os para ficar em seu palácio favorito, o Hôtel Barbette. Muitas festas foram dadas em honra das crianças e Isabel, satisfeita com o êxito de sua estratégia, mostrou-se excepcionalmente generosa com os presentes. Iolanda ganhou seis cálices de vinho enormes, quase do tamanho de vasos, decorados com ouro e esmalte vermelho transparente, para comemorar o noivado de sua filha. Até o pequeno e adorável Renato, de 4 anos, mereceu da rainha da França um diamante caríssimo e um anel.[6]

A família permaneceu na capital até o início de fevereiro de 1414, quando chegaram notícias de que o duque da Borgonha recrutara outro exército e marcharia contra Paris. Luís II foi escolhido para se entrincheirar na Bastilha e defender a cidade. Iolanda, preocupada com a segurança dos filhos, resolveu voltar para seu castelo de Angers. No dia 5 de fevereiro, com as forças do duque da Borgonha já em Compiègne, a apenas dois dias de marcha de Paris, a rainha da Sicília partiu às pressas, em companhia da família e da criadagem. Levou consigo o futuro genro, Carlos, para ser criado com seus próprios filhos, da mesma forma que, antes, recebera em casa a filha do duque da Borgonha, Catarina. Não houve nada de estranho nisso – exceto pelo fato de o garoto tranquilo, arredio, que Iolanda conduziu para fora de Paris naquela manhã gelada de fevereiro, apenas duas semanas antes de seu décimo primeiro aniversário, se tornaria o homem em quem Joana d'Arc reconheceu o delfim.

ATÉ SER ADOTADO POR IOLANDA e sua família, o jovem Carlos parece ter vivido longos períodos de abandono e solidão, alternados por crises de incerteza e medo. Nascido a 22 de fevereiro de 1403, era o mais novo dos sete filhos sobreviventes de Isabel. Tinha quatro irmãs e dois irmãos mais velhos, estando mais próximo em idade de Catarina. Como era costume na época, as crianças foram entregues aos cuidados de uma ama. Mesmo assim, a rainha da França era vista como uma mãe particularmente distante. Segundo um cronista, chegaram até o rei, em junho de 1405, denúncias de que Isabel ignorava os filhos. O rei fez perguntas ao filho mais velho, o duque da Guyenne, então com 8 anos, sobre o assunto. Qual fora a última vez que sua mãe lhe dera mostras de afeição, acariciara-o ou beijara-o? "Há três meses",[7] respondeu o menino.

Iolanda de Aragão e seu marido, Luís II, escoltam Carlos, de 10 anos, para fora de Paris.

Como se isso não bastasse, a descendência real era muitas vezes usada como refém ou garantia de negociação nas lutas pelo poder que consumiam os adultos. Quando Carlos tinha 2 anos, a rainha, para escapar ao duque da Borgonha, tentara tirar seus três filhos de Paris. Mas João Sem Medo soube do plano, reuniu soldados e interceptou os fugitivos. Houve uma cena violenta entre João e o irmão bávaro de Isabel, que a acompanhava, mas o duque e seus homens, de espadas em punho, agarraram as crianças e levaram-nas de volta para Paris. A fim de evitar novas fugas, os príncipes reais ficaram detidos no Louvre sob a vigilância de guardas armados, pelos próximos quatro meses. Foi um período de grande desassossego em Paris: à noite, as assustadas crianças podiam ouvir o clamor e o choque das armas, bem como os gritos de "Alarma! Alarma!"[8] das sentinelas do castelo.

Quando Carlos tinha 5 anos, foi de novo, com seus irmãos, secretamente tirado de Paris pela rainha. Dessa vez, Isabel levou-os para Melun, onde, por segurança, permaneceram no interior de uma fortaleza cercada de soldados. A estada em Melun foi interrompida por outra fuga às pressas, quando Isabel precisou de novo escapar aos exércitos do duque da Borgonha. A família só voltou a Paris no ano seguinte.

Foi assim a infância de Carlos: fugas apressadas e clandestinas da capital seguidas pela volta inevitável, sob forte guarda, frequentemente para o Louvre, e sempre mais guerras, mais violências, mais sangue. Aos 10 anos, Carlos presenciou a hostilidade dos açougueiros contra seu irmão mais velho e aprendeu a temer o populacho parisiense. A insanidade deixou o rei despreparado para cumprir os deveres paternos e até seu filho mais novo sabia que, por esse lado, não havia nada a esperar. A mãe de Carlos, diante de uma situação política insustentável e necessitando desesperadamente de aliados, só tinha olhos para o filho mais velho, o duque da Guyenne, que, como herdeiro do trono, legitimava as atitudes da mãe e cuja boa vontade era, em consequência, imprescindível para o bem-estar dela. Enredada em seus próprios problemas, Isabel não tinha tempo para os filhos mais novos. Carlos só colhia algumas migalhas de carinho dos criados.

Veio então o noivado e, com ele, sua mudança para a casa de Iolanda.

Para Carlos, isso deve ter sido como sair das trevas para a luz. Adeus aos perigos da Paris assolada pela guerra – às vociferações dos soldados, à hostilidade temível do povo, aos tumultos e ao sangue derramado, evidências da brutalidade fria que contaminava a capital. O castelo de Iolanda, em Angers, estava bem longe da linha de frente da inquietação civil. Carlos gozava a paz

73

do campo. Podia dormir à noite sem o medo de ser sacudido em pleno sono e obrigado a fugir na escuridão. Ali não havia gritos de "Alarma!" nem cadáveres decompostos empilhados ao lado da estrada, de manhã. Em setembro, acompanhou o rei e a rainha da Sicília em sua viagem anual à Provença. Fez a longa e lenta peregrinação de barco com o resto da família até o castelo ancestral de Tarascon, contemplando, no caminho, a beleza da paisagem meridional da França.

De empecilho e aborrecimento que era, tornou-se da noite para o dia uma pessoa valorizada. Luís III, o primogênito de Iolanda, tinha a mesma idade que ele e os dois se tornaram amigos; mais tarde, Luís III poria de lado suas próprias ambições para combater por Carlos. Maria, apenas um ano mais nova, também era sua amiga e companheira de folguedos. Embora pareça não ter havido nenhuma atração física real entre ambos (pelo menos da parte de Carlos), Maria ainda assim conseguiu forjar laços de infância com seu futuro marido que, com os anos, formaram a base para o casamento. Mas, de todos os novos companheiros, o pequeno Renato foi sem dúvida o que mais soube conquistar o afeto de Carlos. Criança encantadora que se tornaria um homem dos mais cativantes, Renato era dotado de um temperamento artístico que floresceu ainda na casa da mãe. Gostava de histórias e livros – herdou mais tarde a grande biblioteca de Iolanda e aumentou-a –, mas também de música, poesia e pintura. Talvez por ter sido ele próprio o mais novo de sua família, Carlos se sentiu atraído por Renato; ou talvez, simplesmente, haja achado o menino de 5 anos menos amedrontador no princípio, quando ainda tentava se adaptar ao novo meio. Não importa o motivo, o certo é que a dupla estreitou uma amizade e uma intimidade precoces que durariam até a vida adulta.

Mas era por Iolanda que Carlos, carente de afeição materna, se sentia mais atraído. Os filhos dela também tinham amas. Renato amava tanto a sua que construiu para ela uma bonita cripta, quase meio século depois, onde mandou inscrever esta delicada dedicatória: "Ao grande amor da nutrição"[9] (ela fora também sua ama de leite). Mas, ao contrário de Isabel, a rainha da Sicília dava atenção aos filhos. Acompanhava sua educação e ficava com eles sempre que podia. Nos recessos de seu palácio, não havia nenhum louco enclausurado; nem uma mãe fria, ausente, ocupada demais com roupas, festas e reuniões de conselho para se dar conta da existência de um menino de 10 anos

– apenas uma mulher afetuosa, gentil e interessada pelos filhos, todos felizes. Essa foi a primeira experiência de Carlos com um parente amável e uma vida familiar normal – e, naquele meio, ele se desenvolveu.

Iolanda se ocupava de Carlos mais do que seria de esperar. A aliança de sua filha com a família real tinha grande importância aos olhos da rainha da Sicília. Ela e Luís II haviam rompido definitivamente com o duque da Borgonha; aquele novo relacionamento *tinha* de funcionar. Também é possível que se sentisse culpada por haver devolvido Catarina e procurasse compensar esse ato dedicando uma afeição especial a Carlos. Qualquer que tenha sido o motivo, Iolanda fez de tudo para que o menino se sentisse bem em sua casa e para conquistar-lhe a confiança; e Carlos, sentindo-se amado e valorizado pela primeira vez, abriu-lhe os braços. Chamava-na de "*Bonne Mère*"[10] – boa mãe – e apegou-se muito a ela, confiando sempre em seu tirocínio e correndo a procurá-la nos momentos de tristeza. Ninguém tinha tanta influência sobre ele quanto Iolanda.

Carlos morou com a rainha da Sicília, sem interrupção, pelos próximos cinco anos. Foi a época mais feliz de sua vida. Durante esse período, a família inteira se tornou íntima dele. Em consequência, nunca houve esperança, sonho, medo, preocupação, fantasia, inquietude, aborrecimento, ansiedade, pensamento ou prece secreta de Carlos, expressos ou não, que não chegassem ao conhecimento de Iolanda ou algum de seus filhos.

A família permaneceu na Provença até o verão de 1415. Iolanda se recuperava do parto de seu quinto bebê, um menino a quem deu o nome de Carlos, outro sinal lisonjeiro da estima em que o filho de Isabel era tido pelo rei e a rainha da Sicília. Então, em julho, esse doce interlúdio doméstico foi subitamente interrompido pela chegada de uma convocação oficial para Luís II comparecer à corte francesa. Correra a notícia de que os ingleses se preparavam para invadir a França no outono. A fim de fazer frente à ameaça, Carlos VI marcara com todos os seus vassalos um grande encontro em Ruão, no mês de outubro, onde se discutiriam os preparativos para a guerra contra o novo rei da Inglaterra, Henrique V.

GRAÇAS AOS ESFORÇOS de William Shakespeare, Henrique V tem se saído bem na história. Belos atores interpretam-no no palco e na tela. Sua memória está irrevogavelmente ligada a discursos comoventes e a sentimentos delicados. É guerreiro, amante, estadista, general, herói, rei – a personificação da intrepidez e da energia inglesas. Henrique é o monarca idealizado que, com um regimento de apenas 6 mil homens doentes e exaustos, enfrentou o exército francês inteiro, uma força arrogante dez vezes mais numerosa, e derrotou-o em Azincourt. O que ninguém jamais menciona é que o valente ataque de Henrique à França ocorreu quando ele estava perfeitamente cônscio da desordem reinante entre seus inimigos, os quais haviam passado os últimos oito anos numa guerra civil das mais destrutivas – e cujo chefe vivia a maior parte do tempo trancafiado num castelo, dizendo-se perseguido por fantasmas e insistindo em que seu nome era Jorge.

Henrique V já era um comandante militar experiente quando subiu ao trono em 1413, tendo adquirido suas habilidades de liderança durante os numerosos conflitos armados que ocorreram no reinado de seu pai. Como, em geral, se reconhecia que Henrique IV usurpara a coroa de Ricardo II, houve muita inquietação civil no começo. Não sem motivos, os herdeiros legítimos de Ricardo e seus partidários repudiaram essa usurpação e se esforçaram ao máximo, por meio de guerras e rebeliões, para recuperar seus direitos. Em 1403, quando tinha apenas 16 anos, Henrique ajudou o pai a suprimir uma revolta de 4 mil soldados galeses e ingleses do norte. No início da batalha, o inexperiente Henrique foi atingido por uma flecha em pleno rosto, mas, para encher de ânimo seus homens, *deixou-a ali* e continuou a lutar. Depois, suportou uma demorada operação sem anestesia para remover a ponta da flecha, que se alojara profundamente em seu nariz. Uma pinça improvisada foi introduzida na ferida (que precisou ser aberta aos poucos, à medida que o instrumento penetrava) pelo cirurgião, um ex-falsário transformado em médico do rei. "Então, movendo-a para diante e para trás[11] bem devagar, consegui (com a ajuda de Deus) extrair a ponta da flecha", escreveu mais tarde o antigo trapaceiro. Os rigores da guerra não devem ter sido nada em comparação com a dor infligida por semelhante procedimento, mas, graças a essa experiência, Henrique V garantiu tanto sua herança – ele e o pai venceram a batalha – quanto sua fama de corajoso.

Contudo, um leve sopro do cheiro acre da usurpação perturbou a cerimônia de coroação de Henrique V, como perturbara a do pai, e o novo rei se ressentiu bastante desse fato. (Num encontro entre os franceses e os ingleses em julho de 1414,[12] em que Henrique tentou impor as reivindicações de seu governo a terras na França, o embaixador francês observou em tom cáustico que Henrique estava legalmente desautorizado, já que as pessoas com quem o arcebispo deveria estar negociando eram os herdeiros de Ricardo II.) Mas Henrique sabia que não há nada melhor para calar descontentamentos internos do que uma vitória externa. A questão dos direitos legítimos ao trono inglês seria para sempre decidida em seu favor caso ele reclamasse com êxito alguns territórios em disputa na França. Também não teria nunca melhor oportunidade para atacar do que no começo de seu reinado, quando os borguinhões e os Armagnacs estavam tão ocupados em trucidar-se mutuamente que vastas regiões da França poderiam ser tomadas com a maior facilidade.

A lenda popular, estimulada novamente por Shakespeare, afirma que a reação francesa a essa ameaça foi irônica: o delfim (duque da Guyenne) teria enviado a Henrique um estojo de bolas de tênis, querendo dizer com isso "cresça e apareça". No entanto, como o duque da Guyenne tinha apenas 18 anos em 1414, enquanto Henrique já completara 28, esse episódio parece muito improvável. Além do mais, o duque da Guyenne não se envolveu em nenhuma das várias negociações que precederam a invasão de Henrique. A anedota das bolas de tênis "simplesmente não ocorreu",[13] como declara sem rodeios um famoso especialista em história medieval inglesa.

O que aconteceu foi tanto os borguinhões quanto os Armagnacs levarem bastante a sério a posição de Henrique, a ponto de cada partido dar o melhor de si para obter sua aliança, propondo casamentos ou recompensas em dinheiro e terras. O duque da Borgonha foi mais rápido e ofereceu a mão de sua filha Catarina (agora convenientemente disponível depois de ter sido devolvida pelo rei e a rainha da Sicília), sugerindo que ele e Henrique saíssem juntos a campo para tomar as propriedades e feudos ora em mãos dos Armagnacs, dividindo em seguida o espólio. Os Armagnacs responderam propondo que Henrique, em vez disso, desposasse a filha mais nova do rei da França, também chamada Catarina, e se apossasse, além do domínio da Aquitânia, de um impressionante dote de 800 mil coroas. Aqui, os Armagnacs levaram a melhor, mesmo sem oferecer terras ou dinheiro, pois Henrique ouvira uma descrição entusiasmada da princesa Catarina feita por seu próprio irmão, que a vira, ao passo que a Catarina do duque da Borgonha e sua irmã mais velha (esposa do duque da Guyenne) foram tristemente comparadas por um contemporâneo borguinhão a "um casal de filhotes de coruja depenados".[14]

Mas, longe de aplacar o rei inglês, essas negociações apenas reforçaram sua opinião sobre a fraqueza e desunião da França, convencendo-o de que poderia arrancar ainda mais concessões com uma exibição de força. Embora embarcasse à frente de um número razoável de soldados, não planejava sem dúvida uma invasão em grande escala; com maior probabilidade, tencionava fazer um reconhecimento para ataques futuros e levar para casa algum espólio que lhe caísse nas mãos. Qualquer que fosse seu verdadeiro objetivo, a 11 de agosto de 1415 o rei da Inglaterra, comandando um exército de 12 mil homens, dos quais aproximadamente 6 mil eram arqueiros, içou vela de Southampton e, no dia 14, desembarcou na França perto da cidade de Harfleur.

Do lado francês, o grande conselho tardava em se reunir. Quando os ingleses chegaram, o condestável da França conseguira reunir algumas tropas perto de Ruão, suficientes para enviar à guarnição de Harfleur um reforço de trezentos soldados. Mas nenhum dos outros grandes lordes franceses, com seus respectivos exércitos, chegara ainda. O condestável avaliou as dimensões dos regimentos ingleses e imediatamente pediu reforços a Paris.

Carlos VI estava bem o bastante para assinar outra convocação a 28 de agosto, ordenando o recrutamento de novas tropas. A questão do papel que o duque da Borgonha desempenharia no conflito foi tratada da maneira mais diplomática possível. O exército francês precisava de todos os homens que pudesse reunir, mas ninguém, do lado dos Armagnacs, confiava no duque para liderar seus próprios soldados em batalha. Temiam que lutasse *com* os ingleses e não contra eles. No fim, o duque da Guyenne enviou um dos membros de sua casa a João Sem Medo para lhe solicitar, polidamente, um destacamento de quinhentos cavaleiros e trezentos arqueiros como ajuda na luta do rei contra os ingleses, sendo, porém, desnecessário que o próprio duque participasse da expedição.

Apesar das mensagens cada vez mais desesperadas do condestável, pedindo tropas para a defesa de Harfleur, nenhum dos principais chefes franceses conseguiu chegar a Ruão com suas forças antes de meados de outubro. Por esse tempo, Henrique V já tomara a cidade, embora a um alto custo: durante o longo cerco de Harfleur, seu exército fora dizimado pela disenteria. Cerca de 2 mil homens sucumbiram à doença e milhares de outros haviam desertado ou estavam fracos demais para lutar, de modo que foram mandados de volta para casa. Harfleur caiu a 22 de setembro de 1415, mas então tudo o que restava do exército inglês eram novecentos cavaleiros e cerca de quinhentos arqueiros.

Os franceses – ou antes, os Armagnacs, pois as tropas do duque da Borgonha não chegaram a Ruão a tempo – estavam finalmente a postos, com as forças do duque de Orléans aparecendo no último minuto, por volta de 21 de outubro. Isso não deixava muito tempo para as preocupações estratégicas, mas, com o exército inglês tão reduzido e o francês tão reforçado, não parecia haver grande necessidade de coordenação de movimentos. Decidiram, porém, que por razões óbvias o rei não devia participar e que o duque da Guyenne, como herdeiro do trono, ficasse para sua maior segurança na retaguarda, em Ruão. Os únicos outros membros da alta aristocracia francesa dispensados da batalha foram o velho duque de Berry, então com 75 anos, e Luís II, rei da Sicília, que contraíra uma infecção na bexiga e não conseguia ficar montado por muito tempo.

O condestável espalhara batedores pela área, a fim de observar a movimentação do inimigo. Sabia que Henrique e os restos de seu exército haviam abandonado Harfleur na primeira semana de outubro e buscado abrigo em Calais, então em mãos inglesas, de onde regressariam à Inglaterra. Foi informado de que os soldados inimigos estavam fracos, doentes e famintos, com os suprimentos já quase se esgotando. Temendo que o rei da Inglaterra escapasse quando os Armagnacs dispunham de tamanha vantagem numérica – não há estimativas das tropas francesas, mas o capelão do exército inglês notou: "Eram tantos homens[15] que nem de longe seu número se comparava ao dos nossos" –, os franceses deixaram Ruão logo à chegada do duque de Orléans e puseram-se no encalço dos ingleses, tentando interceptá-los. A 24 de outubro, encontraram o rei num campo estreito perto da cidade de Azincourt e, na manhã seguinte, marcharam para a batalha.

Muito se escreveu sobre o fato de nem Carlos VI nem seu filho mais velho terem estado presentes nesse combate histórico, deixando implícito que faltou, pois, ao exército francês um comandante capaz de inspirá-lo. "Não há dúvida[16] de que cavaleiros, infantes, o exército inteiro mostraria maior coragem na luta vendo seu senhor a postos, pronto a viver ou morrer com ele", diria Cristina de Pizan mais tarde. Mas, na verdade, a presença ou não de um membro da família real era irrelevante; o exército francês não precisava de motivação. Os cavaleiros e infantes mostraram grande coragem no combate e estavam certamente prontos para morrer por sua causa, como o prova o fato de milhares deles terem tombado. O que lhes faltava era coesão, a habilidade para se adaptar às condições mutáveis da luta e, acima de tudo, disciplina.

E estavam diante de um exemplo cabal de disciplina e coesão. Henrique e seus homens, o núcleo daquela unidade, vinham lutando juntos havia meses. Sabiam o que fazer e no momento certo. Aguardavam ordens e, quando estas eram dadas, entravam em ação.

Além disso, tinham uma grande vantagem tecnológica: o arco longo. Os franceses nunca foram bons arqueiros. Nenhum nobre, na França, caçava com arco e flecha. Na Inglaterra, o arco longo era quase um esporte nacional. Henrique tinha apenas 6 mil homens, mas 5 mil deles eram arqueiros experientes. O rei inglês conhecia, por experiência própria, o potencial destrutivo de uma chuva de flechas e usou esse conhecimento com efeito devastador.

O campo, em Azincourt, era estreito e lamacento. A cavalaria francesa não conseguiu entrar em linha a tempo e os ingleses puderam se deslocar para

A batalha de Azincourt.

uma posição vantajosa, que colocava os cavaleiros franceses dentro do raio de ação de seus atiradores. Quando os franceses finalmente se moveram, os arqueiros ingleses começaram a disparar. Não arredaram pé de onde estavam em momento algum. Eram muito superiores, como se dispusessem de armas de assalto automáticas de longo alcance. Milhares de flechas choveram sobre o inimigo; cavalos e cavaleiros caíam na lama; os infantes, avançando, caíam por cima deles; a próxima onda de cavaleiros, seguida pela infantaria, acorreu em seu auxílio, mas também sucumbiu vítima dos disparos. Essa tática se repetiu por horas. Os franceses que não morreram logo por causa de seus ferimentos pereceram depois vítimas da perda de sangue ou, incapazes de se desembaraçar da pilha cada vez maior de cadáveres, simplesmente sufocaram na lama. O principal teatro de operações não tardou a se transformar num pântano fantasmagórico, que lembrava um enorme cemitério a céu aberto. Poucas batalhas na história se comparam a Azincourt na assustadora perda de vidas humanas.[17] Ao final do dia, um nobre que lutou nas fileiras francesas relatou que 10 mil de seus compatriotas jaziam no campo de Azincourt, embora talvez esse número incluísse membros das classes inferiores. Os ingleses, em contrapartida, perderam apenas 112 homens.

A avaliação que Henrique V fizera dos oposicionistas – e de seus próprios correligionários – fora perfeita. Depois de Azincourt, ninguém na Inglaterra duvidou mais de seu direito ao trono. A única questão era: governaria também a França?

Capítulo 5

Um Novo Delfim

IOLANDA ESTAVA EM ANGERS com as crianças quando recebeu a notícia da aniquilação do exército francês em Azincourt. Embora, sem dúvida, ficasse aliviada ao saber que seu marido sobrevivera, o número de cavaleiros mortos ou capturados naquele dia era espantoso. Praticamente nenhuma família nobre da França deixou de ser afetada pela tragédia. A facção dominante dos Armagnacs, sobretudo, fora dizimada. O condestável tombara na refrega, assim como o conde de Alençon, um dos membros fundadores da liga antiborguinhã. Os duques de Orléans e Bourbon escaparam apenas para ser capturados e mantidos prisioneiros à espera de resgate. A própria Iolanda teve dois tios mortos na batalha, um deles o duque de Bar. Mesmo o duque da Borgonha perdeu dois irmãos para os arqueiros ingleses em Azincourt.

No dia seguinte à derrota, Carlos VI e seu filho mais velho, sem saber qual seria o próximo movimento de Henrique, permaneceram em Ruão em companhia de Luís II. Logo ficou claro que o rei inglês pretendia alcançar Calais, conforme planejara originalmente, e daí voltar para a Inglaterra. A despeito da retumbante vitória, seus homens estavam cansados e doentes demais para avançar até Paris. A 16 de novembro de 1415, Henrique V e seu exército partiram de Calais para a Inglaterra levando consigo centenas de nobres franceses cativos, inclusive o mais importante deles, o duque de Orléans, de 20 anos de idade.

Os franceses que permaneceram em Ruão sabiam bem que não ficariam livres de seus agressores ingleses por muito tempo. Na primavera, Henrique voltaria, sem dúvida com um exército ainda maior, para reivindicar seus direitos à França. A coroa francesa teria de fazer enormes concessões para não perder o reino inteiro. Carlos VI, de novo às vésperas de uma crise psicótica, regressou a Paris no final de novembro, acompanhado pelo duque da Guyenne, para conferenciar com os membros sobreviventes do conselho real. Luís II, ainda doente, ia com eles. Mas, antes de chegar, viram-se às voltas com um perigo mais imediato. Mensageiros informaram que o duque da Borgonha marchava contra Paris à frente de um numeroso destacamento de infantaria.

A reação de João Sem Medo[1] ao desastre francês em Azincourt foi ambígua. Lamentou a morte dos irmãos, mas não podia deixar de perceber que os ingleses, muito oportunamente, o tinham livrado de seus adversários mais inflexíveis no partido político de oposição. O desaparecimento dos rivais e a confusão resultante na corte apresentavam ao duque da Borgonha uma oportunidade de tomar o poder tentadora demais para ele desprezar. O duque da Guyenne pedira-lhe que não participasse da batalha e João Sem Medo, para grande vantagem sua, concordara; agora, numa posição de força, vinha tomar Paris.

Embora enfermo com disenteria, a 6 de dezembro o duque da Guyenne, de 18 anos, assumiu o governo. O conde de Armagnac, o único membro importante da facção antiborguinhã que não estivera em Azincourt, foi pressurosamente nomeado novo condestável da França e uma embaixada partiu para seus domínios no sul, solicitando que levasse a Paris o maior número de soldados possível. O duque da Guyenne enviou emissários também a João Sem Medo com ordens reais para interromper a campanha e dispensar suas forças; mas o duque da Borgonha simplesmente ignorou essas ordens e prosseguiu na marcha rumo à capital. Ao ouvir tais notícias, Luís II, suspeitando que João ainda não esquecera o infortunado caso de Catarina e temendo, por isso, ser alvo da ira do duque, achou melhor deixar Paris o mais rápido possível. O rei da Sicília esgueirou-se para fora de seu *hôtel* de madrugada, a 10 de dezembro, e empreendeu uma fuga muito digna ao encontro da mulher e dos filhos em Angers.

O duque da Borgonha e suas tropas chegaram às imediações da cidade a 15 de dezembro; o conde de Armagnac, enquanto isso, estava a caminho, segundo se dizia; e três dias depois, a 18 de dezembro, quando parecia impossível que as coisas piorassem ainda mais para a França, o duque da Guyenne morreu de sua doença.

A morte súbita do herdeiro do trono, seguida dos funerais impostos pela tradição, criou um hiato temporário em todo aquele frenesi político e militar. O duque da Borgonha, é óbvio, não podia marchar contra Paris à frente de um exército quando o reino inteiro chorava a perda do príncipe. Além disso, tinha de se preocupar com a situação de sua filha, ex-duquesa da Guyenne, agora um peso morto sem meios financeiros para sobreviver dignamente. Não convinha atormentar a família real no momento em que ele tentava, ao mesmo tempo, obter para a filha uma porção substancial dos bens que lhe cabiam como viúva.

Enquanto o duque da Borgonha hesitava, o conde de Armagnac chegou e, como legítimo condestável da França, instalou-se em Paris, de onde utilizava suas tropas para cortar a linha de abastecimento do exército de João Sem Medo. O segundo filho de Carlos VI, João, que desposara a filha do conde de Hainaut e vivia com seus novos parentes na Bélgica, foi chamado a Paris para ocupar o lugar do irmão falecido como herdeiro do trono. O duque da Borgonha, às voltas com um contingente de soldados cada vez mais famintos e uma população parisiense aguardando, esperançosa, a chegada do novo delfim, não teve outra alternativa senão retirar-se, deixando o governo do país, outra vez, nas mãos de seus rivais. Após a partida de seu poderoso inimigo, o rei da Sicília achou que a capital estava de novo segura e resolveu voltar. Em meados de janeiro de 1416, Luís II entrava em Paris, agora trazendo consigo a esposa.

O FATO DE IOLANDA DEIXAR os filhos em Angers – quase nunca se separava deles – dá bem a medida de quão incerta era a situação política em que ela e o marido se encontravam. A recente doença de Luís debilitara-o muito, obrigando-o a confiar cada vez mais nas habilidades diplomáticas da esposa. Iolanda era útil sobretudo por seu relacionamento com Isabel da Baviera, com quem mantinha laços políticos e de amizade. Como Luís II, a rainha Isabel participava das reuniões do conselho real. Pelos próximos meses, graças à ajuda da mulher, o rei da Sicília se tornou o membro mais poderoso do governo e passou a favorecer elementos de seu círculo, inclusive nomeando um conselheiro de longa data, Tanneguy du Chastel, para preboste da cidade.

A aliança política entre Iolanda, Luís II e a rainha da França enfureceu o duque da Borgonha. Aproveitando-se de uma curta ausência do conde de Armagnac da capital, João Sem Medo introduziu espiões em Paris para fomentar uma trama cujo objetivo era nada menos que matar a rainha Isabel, Iolanda, Luís II, o duque de Berry, Tanneguy du Chastel e vários outros. Segundo o plano, um grupo de cidadãos de classe média, instigados pelos espiões, roubaria dos funcionários locais as chaves da cidade. Em seguida, aqueles cavalheiros prenderiam e executariam as vítimas escolhidas, não sem antes humilhá-las obrigando-as a desfilar pelas ruas montadas em mulas, ante o escárnio da população. Infelizmente para o duque, a trama foi descoberta pela guarda real na noite de 19 de abril de 1416. O capitão denunciou os conspiradores ao conselho real; uma comissão extraordinária foi formada imediatamente para investigar; os detalhes do esquema, inclusive o papel comprometedor desempenhado pelo próprio duque da Borgonha, vieram à luz; e seus desastrados asseclas, em vez de governar a cidade, acabaram perseguidos e decapitados.

Ironicamente, o efeito dessa perfídia foi consolidar a posição de Luís II no governo, o que se tornou ainda mais notório após a morte, dois meses depois, do velho duque de Berry, a quem as notícias da conspiração haviam abalado muito. Com sua autoridade cada vez mais reconhecida, o rei da Sicília deve ter-se sentido, juntamente com Iolanda, mais confiante na capacidade do casal de proteger-se, pois trouxeram Carlos, então com 13 anos, a Paris para ficar com eles enquanto aguardavam a chegada de seu irmão mais velho, João, o novo delfim.

Mas o duque da Borgonha também se preocupava com o novo herdeiro do trono. Em outubro, João Sem Medo se encontrou secretamente com Henrique V, primeiro passo para uma aliança em virtude da qual os ingleses protegeriam os interesses da Borgonha separados dos negócios da França. Para se impor ao delfim, João Sem Medo ameaçou raptar ou assassinar o conde de Hainaut com a ajuda desses novos aliados poderosos. A ameaça teve o efeito desejado. Em novembro, o conde de Hainaut entrou num acordo com o duque da Borgonha. O delfim se entenderia com o duque para defender e salvaguardar os interesses deste contra quem quer que a ele se opusesse. João Sem Medo instruiu em seguida o conde de Hainaut a solicitar em seu nome, ao conselho real, que concordasse com os termos desse tratado.

Só depois de concluído o acordo é que o conde de Hainaut e o delfim João finalmente iniciaram a viagem para Paris. As negociações tinham se arrastado por tanto tempo que já era inverno, e muito frio. Em janeiro, chegaram a Compiègne, onde aguardaram os preparativos para a grande entrada do delfim na capital. Durante essa parada, o jovem contraiu uma infecção de ouvido, de modo que, em março, o conde de Hainaut foi sozinho a Paris para apresentar as exigências de João Sem Medo ao conselho real. Como era de esperar, o governo dos Armagnacs não recebeu bem o ultimato e, no final de março, o conde voltou a Compiègne de mãos vazias. Só então soube que seu genro ficara gravemente enfermo em sua ausência. Não havia tratamento eficaz contra bactérias no século XV e a infecção, começando no ouvido, se espalhara para o crânio do delfim.

Uma semana depois, a 5 de abril de 1417, João morreu, deixando o reino perplexo. Agora o futuro genro de Iolanda de Aragão, Carlos, o menino de 14 anos que a adorava, era o novo delfim e herdeiro do trono da França.

IOLANDA NÃO ESTAVA COM CARLOS quando chegaram a Paris as notícias da morte de João. A saúde de Luís II piorara muito por causa dos rigores do inverno. Na verdade, não se recuperara da infecção que o impedira de participar da batalha de Azincourt. Em janeiro, ficara tão fraco que Iolanda preferiu mantê-lo sossegado em casa do que envolvido no turbilhão da capital. De fato, o rei da Sicília também estava morrendo.

Antes de deixar Paris, Iolanda e seu marido envidaram os maiores esforços para garantir a segurança e o futuro político de Carlos. Iolanda encarregou os membros mais capazes de seu círculo – inclusive Tanneguy du Chastel, preboste de Paris, Roberto le Maçon, secretário de Carlos, e Geraldo Machet, seu confessor – de zelar pela proteção do jovem em sua ausência. Estes eram conselheiros angevinos de longa data e sua experiência política se revelaria inestimável. Mas a separação foi difícil tanto para Iolanda e seu marido quanto para Carlos. Luís II devia saber que sua doença era fatal, pois, segundo um cronista, "estreitou [Carlos] várias vezes nos braços,[2] recomendando-lhe que jamais confiasse no duque da Borgonha, mas tentasse por todos os meios possíveis ficar em bons termos com ele". Em seguida Iolanda, numa viagem vagarosa, levou Luís II para casa, em Angers.

Ele resistiu até 29 de abril de 1417, o bastante para ficar sabendo que o delfim João sucumbira à doença e que, consequentemente, sua filha Maria era agora noiva do herdeiro do trono da França. Luís II morreu na cama, cercado pela mulher e os filhos, com 40 anos de idade. Em seu testamento,[3] determinou explicitamente que os filhos obedecessem à mãe em todas as coisas e a reverenciassem a vida inteira, acrescentando uma cláusula especial onde recomendava ao delfim Carlos fazer o mesmo. Embora seu primogênito, Luís III, herdasse a maior parte de seus títulos e propriedades, Iolanda era nomeada executora do testamento e regente de todos os feudos que ele deixava até o rapaz atingir a maioridade. Ela conservaria os bens ligados a seu dote, que incluíam o bonito castelo de Saumur, além de terras e rendas na Provença.

Ninguém morre em boa hora, é claro, mas Luís II escolheu um momento particularmente adverso para partir. Ocorrendo logo depois do desaparecimento do segundo delfim, a morte do rei da Sicília provocou uma luta pelo poder em Paris entre o conde de Armagnac e a rainha Isabel, na qual Carlos, como novo herdeiro do trono, fez novamente o papel de títere. Carlos visitava por acaso sua mãe e sua irmã Catarina em Senlis quando soube que o irmão mais velho falecera. Isabel, considerando oportuna a presença do jovem em seu castelo, decidiu conservá-lo ali como garantia de seus próprios interesses. Exercendo influência sobre Carlos, o único filho que lhe restava, poderia assumir o controle do conselho real e continuar tendo em mãos as rédeas do governo. Tão decidida estava a aproveitar essa oportunidade que convocou a Senlis um grande contingente de soldados, ostensivamente para proteger o novo delfim, mas na verdade como um passo preliminar para invadir Paris.

A convocação dessa força – um plano precipitado e óbvio demais – traiu as intenções de Isabel e instigou uma querela com o conde de Armagnac, o qual, naturalmente, se via como o chefe da facção política que levava seu nome e não tinha a mínima intenção de ceder autoridade. Juntamente com Tanneguy du Chastel, contra-atacou. O rei acabara de se recuperar de uma crise de loucura e podia de novo ser facilmente influenciado por quem se aproximasse dele primeiro. Recorrendo a um intermediário, o conde de

Armagnac fez acusações escandalosas à corte da rainha Isabel e sugeriu que o rei pusesse fim aos desmandos da esposa. Como sempre, Carlos VI aceitou essas alegações sem fazer perguntas, deu ouvidos ao conselho do conde de Armagnac e enviou um destacamento sob o comando de Tanneguy du Chastel, preboste de Paris (uma espécie de chefe de polícia), a Senlis a fim de arrebatar o jovem Carlos a Isabel e trazê-lo para junto do pai, no Hôtel Saint-Pol. Também por ordem do rei, "a rainha era privada de tudo;[4] não mais pertenceria ao conselho e suas rendas seriam reduzidas", narrou um cronista e testemunha ocular. Isabel, furiosa com a perda de suas prerrogativas reais, foi exilada em Tours, para meditar sobre seu futuro incerto na companhia de uma corte nem de longe tão brilhante e opulenta quanto aquela a que se acostumara.

Nada disso teria acontecido caso o rei e a rainha da Sicília estivessem em Paris; eles é que haviam preservado a frágil aliança entre o conde de Armagnac e a rainha da França. Mas Luís II morrera e Iolanda, como executora de seu testamento, não podia deixar o ducado de Anjou para se envolver nos negócios de Paris. Fez o que estava a seu alcance no momento: tirou Carlos da capital e levou-o de novo para junto de sua família adotiva, insistindo em que o rapaz, na qualidade de delfim e representante da coroa, presidisse uma reunião oficial de Estado em Saumur. Carlos, que agora temia tanto o pai quanto a mãe, entusiasmou-se com a oportunidade de rever Iolanda. Esta foi ao encontro dele cercada de uma esplêndida comitiva, reunida de propósito para impressioná-lo e enfatizar sua posição de herdeiro do trono. Logo depois, conduziu-o para a quietude do castelo de Saumur.

Iolanda manteve Carlos junto de si, naquele verão, pelo tempo que pôde. Ele a acompanhou, e ao resto da família, quando Iolanda conseguiu que seu filho mais velho, Luís III, agora duque de Anjou, conde da Provença e rei da Sicília, ficasse noivo da filha do duque da Bretanha – outro golpe diplomático de grande alcance. Luís II desejara essa aliança por muitos anos, mas o duque da Bretanha nunca se resolvia a aceitá-la. Agora, porém, que a filha de Iolanda, Maria, estava noiva do delfim da França, suas objeções se desvaneceram como por milagre e ele compareceu em pessoa a Angers a fim de discutir os termos do acordo nupcial (que incluía um dote bastante satisfatório de 100 mil francos). Iolanda quis que Carlos a acompanhasse nessas negociações e o acordo obteve "o consentimento de nosso mui querido senhor,[5] filho e irmão, o Delfim", como mais uma garantia, ao duque da Bretanha, das novas e importantes conexões da família.

Mas, por fim, Carlos teve que voltar: sua nova condição na vida implicava responsabilidades oficiais. No final de julho, distúrbios civis exigiram que o delfim, nomeado pelo pai tenente-general do reino, chefiasse uma expedição a Ruão para debelar a revolta. No dia 29 de julho de 1417, Carlos, à frente de um pequeno destacamento de infantaria, conseguiu negociar a paz com os sediciosos, podendo então entrar na cidade e ser objeto de todas as honrarias associadas à sua posição. Infelizmente, naquele mesmo instante, Henrique V, chefiando um exército nada desprezível de 12 mil homens e uma frota de 1500 navios, cruzava o Canal da Mancha a caminho da costa francesa.

ESSA SEGUNDA invasão inglesa pôs em marcha a série final e calamitosa de acontecimentos que resultariam na capitulação dos franceses. Tão logo o exército de Henrique V desembarcou, o duque da Borgonha, conforme o acordo secreto que fizera com os ingleses no mês de outubro anterior, passou a recrutar seus próprios soldados. Enquanto Henrique, metodicamente, abria caminho para o sul ao longo da costa, tomando a direção de Alençon a fim de garantir a posse da Normandia, João Sem Medo saía com seus homens da fortaleza de Arras, ao norte, e rumava para Paris.

Em meio a esse tumulto, Isabel reapareceu de improviso. Ainda remoendo em Tours a humilhação que lhe infligira o conde de Armagnac, a rainha da França, até então simpática ao partido ligado ao duque de Orléans, de repente mudou de lado. Às ocultas, enviou um mensageiro a João Sem Medo dizendo-lhe que o apoiaria contra os Armagnacs caso ele usasse seu exército para resgatá-la do exílio. A fim de deixar claro que estava sendo sincera, tirou do dedo o valioso anel de ouro com o sinete real e mandou-o a João, firmando assim sua parte no acordo.

O duque da Borgonha ficou encantado com aquela oportunidade de servir a rainha. A participação de um membro tão prestigioso da família real aumentava em muito a legitimidade de sua iniciativa militar. A 2 de novembro de 1417, levou uma tropa de oitocentos homens a Tours para tirar Isabel de seu confinamento. Ela então o acompanhou na marcha para Paris. A caminho, escreveu cartas e divulgou proclamações informando que o rei e o delfim estavam sendo indevidamente pressionados por maus conselheiros e "pessoas de baixa estirpe";[6] assim, pedia a seus súditos que se juntassem ao duque da Borgonha a fim de livrar o marido e o filho daqueles opressores. Isso, obviamente, era mentira, mas o duque lhe fizera um favor e ela precisava dizer *alguma coisa*.

Agindo de comum acordo, a rainha e o duque planejaram tomar Paris de surpresa, no final de novembro, entrando por uma das portas da cidade que comparsas abririam. Mas a trama foi descoberta e desfeita no último minuto por Tanneguy du Chastel, que guarneceu a porta visada com arqueiros. Frustrados, o duque da Borgonha e a rainha da França se viram coagidos a recuar e a aguardar uma nova oportunidade.

Nesse meio-tempo, o delfim Carlos voltara a Paris e dava o melhor de si para bem governar. A fim de neutralizar a propaganda da mãe, também ele escreveu cartas e lançou proclamações nas quais informava aos súditos que o duque da Borgonha era cúmplice do rei da Inglaterra e ninguém deveria lhe dar ouvidos ou obedecer às suas ordens. Mas Carlos estava despreparado para enfrentar uma crise tão grave. Não conseguia controlar nem o pai nem o conde de Armagnac. O resultado disso era o caos. No início de fevereiro de 1418, pouco antes do décimo quinto aniversário do delfim, Carlos VI de repente resolveu atacar os ingleses e, com o conde de Armagnac, levou um exército até Senlis. Não havia ingleses em Senlis, apenas borguinhões, mas isso pouco importava ao rei – e o conde de Armagnac, é claro, estava ansioso para assediar a facção política rival. Infelizmente, essa parceria entre o rei e o conde não deu grandes resultados e, dois meses depois, eles foram obrigados a se retirar, nada tendo conseguido além de gastar montanhas de dinheiro e perder boa parte de seu equipamento militar para o duque da Borgonha. Sua incompetência ficou clara para os cidadãos de Paris, que financiaram aquele fiasco com impostos e preços cada vez mais extorsivos.

O exército inglês, de seu lado, operava com devastadora eficiência. Em fevereiro de 1418, Henrique V já tomara Caen, Bayeux, Alençon, Mortagne, Bellême e Falaise, assegurando assim a presença inglesa na parte oeste da Normandia. Um cronista que morava em Paris, abertamente favorável aos borguinhões, resumiu assim a situação: "Com efeito, não há como negar[7] que algumas pessoas, fugindo da Normandia para esta capital a fim de escapar dos ingleses... afirmaram solenemente, sob juramento, que os ingleses se mostraram mais amistosos para com eles do que os borguinhões e que os borguinhões foram cem vezes menos agressivos do que as tropas de Paris em se tratando de dinheiro, resgate, sofrimento físico e prisões".

Iolanda, ainda em Angers, via os progressos do exército inglês com inquietação. Ter Henrique V em Alençon, tão perto de Le Mans e da divisa de seus feudos de Anjou e Maine, era assustador; se não fosse detido, logo estaria em condições de lançar um ataque em grande escala contra suas propriedades. Enviou um embaixador a Paris pedindo reforços, mas Carlos VI andava ocupado com o sítio de Senlis e não tinha homens disponíveis.

Assim, Iolanda fez um último grande esforço para reconciliar borguinhões e Armagnacs, a fim de aplainar o caminho para uma frente unida contra os ingleses. Trabalhando em conjunto com o duque da Bretanha – os territórios de ambos eram os mais próximos do exército de Henrique V –, ela propôs uma conferência e de fato conseguiu reunir representantes das duas facções perto de Montereau-Fault-Yonne, local situado cerca de sessenta quilômetros ao sul de Paris. As conversações tiveram início em março e se arrastaram até maio, mas ao final desse prazo, contrariando todas as expectativas, um acordo foi concluído e as partes assinaram um tratado.

Na verdade, contudo, ninguém queria isso. Depois de tanto tempo, as divisões haviam se aprofundado, de sorte que nem a realidade da invasão inglesa conseguia levar as duas facções a um entendimento. O conde de Armagnac repeliu na hora os termos, quando o documento foi levado a Paris, em maio; e, por seus atos subsequentes, ficou claro que também o duque da Borgonha não tinha intenção nenhuma de aceitar as condições da trégua.

Com efeito, a 29 de maio de 1418, depois de inúmeras tentativas de invasão fracassadas contra Paris, João Sem Medo finalmente conseguiu romper as defesas da cidade. Pouco antes da meia-noite, partidários dos borguinhões abriram a porta de Saint-Germain com uma chave roubada e um destacamento de oitocentos guerreiros pesadamente armados se espalhou pela capital. Logo depois, as ruas foram tomadas por uma multidão que aumentava a cada minuto; a fúria crescente contra a incompetência do governo dos Armagnacs explodia entre os cidadãos. "Paris estava tumultuada;[8] o povo lançou mão de suas armas com mais presteza que os guardas", escreveu uma testemunha ocular. "Agora o Destino se unia aos borguinhões, ajudado pelo povo e por todos os tipos de armas; ele fez os parisienses deitar abaixo as portas, sair à caça de tesouros e saquear; ele girou sua roda malevolamente, vingando-se deles por sua ingratidão, pois não se preocupavam com a paz. Muita sorte tiveram os que conseguiram se esconder em adegas, porões ou qualquer outro lugar."

Tão logo percebeu a extensão do perigo, Tanneguy du Chastel esgueirou-se para dentro do quarto do delfim, no Hôtel Saint-Pol, e acordou-o. Passava das duas horas da madrugada. Esse despertar noturno deve ter revivido em Carlos as velhas e assustadoras emoções que associava às jornadas de pesadelo de sua infância; mas, dessa vez, o príncipe tinha idade suficiente para compreender a fúria das paixões desencadeadas pelo ataque. No escuro, das ruas lá embaixo, vinham os sons aterradores das violências e assassinatos. De pior agouro ainda, os gritos da massa podiam agora ser ouvidos dentro do próprio palácio: "Viva o duque da Borgonha!"[9] e "Morte! Morte! A cidade é nossa! Matem todos, matem todos!"

Envolvendo rapidamente o delfim num manto – não havia tempo para ele se vestir –, Tanneguy du Chastel conduziu-o para uma porta dos fundos do *hôtel*, que abria para a rua de Saint-Antoine. Dali, os dois fugiram para a Bastilha, o edifício mais seguro de Paris, onde logo chegou também Roberto le Maçon, chanceler de Carlos. Embora as grossas paredes da fortaleza houvessem protegido os soberanos da França durante séculos, ambos os conselheiros temiam que, daquela vez, não fossem suficientes para manter Carlos fora do alcance de seus perseguidores borguinhões. Após uma rápida deliberação, decidiram aproveitar o caos das ruas e arriscar uma fuga desesperada da cidade, antes que a turba desse pela falta de sua presa. Roberto le Maçon cedeu galhardamente seu cavalo a Carlos, que, com roupas emprestadas e acompanhado apenas por Tanneguy, galopou pelos becos sob o manto da escuridão. O disfarce funcionou: ninguém reconheceu o delfim. E, "para grande aborrecimento[10] da cidade de Paris", escreveu mais tarde um cronista simpatizante dos borguinhões, ambos os homens chegaram sãos e salvos a Melun, já fora do alcance da multidão.

A SENSATEZ DA INICIATIVA de Tanneguy du Chastel se tornaria ainda mais evidente nos dias que se seguiram. "Os cidadãos, em sua fúria insana[11] contra os confederados [Armagnacs], invadiram todas as casas de Paris à cata deles", relatou uma testemunha ocular. "Todos os que encontravam, de qualquer classe social, houvessem sido presos pelos soldados ou não, eram arrastados para as ruas e mortos imediatamente, sem misericórdia, com machados pesados ou outras armas... Nenhuma das principais ruas da cidade deixou de assistir a um assassinato... Amontoavam os corpos sobre a lama, como fatias de toucinho – espetáculo horrendo, na verdade. Quinhentos e vinte e dois homens sucumbiram pela espada ou outras armas nas ruas de Paris, sem contar os que foram mortos dentro das casas." De fato, durante aquela noite terrível e pelas semanas seguintes, cerca de *1.600* membros do partido Armagnac, que haviam permanecido em Paris, inclusive o conde de Armagnac em pessoa, descoberto numa adega, seriam presos e depois massacrados pelos borguinhões.

Os borguinhões massacram os Armagnacs em Paris.

A 13 de julho, a rainha Isabel e João Sem Medo haviam consolidado suficientemente seu controle sobre Paris para entrar com grande pompa na cidade. Carlos VI, sempre alheio ao que se passava à sua volta, acolheu-os com benevolência, acreditou em tudo o que disseram e deu-lhes tudo o que pediram. Chegou mesmo a restaurar os poderes de Isabel retroativamente, como se ela jamais houvesse estado no exílio. Talvez nem soubesse do morticínio que ocorrera tão perto dele – dois dias antes, os cidadãos de Paris tinham trucidado os últimos prisioneiros Armagnacs, inclusive o conde – ou, se soube, considerou-o uma extensão natural de sua própria paranoia. De qualquer maneira, daí por diante Isabel e João Sem Medo controlaram o governo parisiense e o conselho real.

No entanto, a ausência prolongada do delfim, herdeiro legítimo do trono, ameaçava minar sua autoridade. Manter Carlos a distância era perigoso demais; os membros da facção Armagnac que haviam escapado ou viviam fora da capital poderiam usá-lo para atrair adeptos. A fim de evitar isso, Isabel enviou uma ordem formal a Carlos para que voltasse a Paris. Não era um convite amistoso. Obedecer significava correr o risco de prisão ou coisa pior; recusar daria à rainha e ao duque da Borgonha o pretexto de que necessitavam para recrutar um exército e forçar o delfim a obedecer-lhes.

Enquanto isso, Carlos estava seguro em Bourges, ao sul do Loire, sob a proteção de Iolanda. Após a morte do conde de Armagnac e tantos outros, coubera à rainha da Sicília assumir o comando da oposição ao governo dos borguinhões. Sua influência sobre Carlos era tamanha durante esse período que, segundo parece, ele nunca ousou tomar qualquer atitude sem antes consultá-la. Numa longa carta datada de 29 de junho de 1418, exatamente um mês depois de fugir de Paris, o delfim comunicou aos habitantes de Lião que só marcaria uma data para visitar sua cidade "depois de ouvir o parecer[12] de nossa mãe, a Rainha da Sicília".

Como líder política da facção dos Armagnacs, cabia a Iolanda responder às ordens de Isabel. Diz-se que sua réplica, desde então perdida, teria sido registrada pelo cronista Jehan de Bourdigné: "Não criamos e demos carinho[13] a este rapaz para que você o faça morrer como fez morrer a seus irmãos nem para que enlouqueça como o pai ou se torne inglês como a mãe. Mantenho-o comigo. Venha tomá-lo, se puder".

APESAR DESSA VIGOROSA RESPOSTA, Iolanda na verdade não estava interessada em brigar com Isabel e o duque da Borgonha. A vida toda, a rainha da Sicília sempre demonstrou preferir a diplomacia à ação militar para resolver problemas. E também reconhecia os ingleses como o inimigo principal. No entanto, tinha primeiro que atrair Isabel e João Sem Medo, fazê-los compreender que não podiam ignorar os direitos do delfim ao trono. Sabia, tanto quanto

Carlos, que o rei não ajudaria em nada – "Percebo muito bem[14] que eles [Isabel e João Sem Medo] farão com meu senhor [o rei] tudo o que quiserem", observou o delfim a um de seus assessores –, de modo que se tornou necessário recorrer à ameaça de guerra para intimidar os adversários. Assim, com a aprovação de Iolanda, Carlos convocou seus vassalos e soldados. Cerca de 4 mil atenderam ao apelo, insuficientes talvez para derrotar os ingleses, mas não para mostrar a Isabel e ao duque da Borgonha que precisavam levá-lo a sério. "Os usurpadores[15] devem tomar cuidado com o que fazem, pois logo nos voltaremos contra eles", advertiu o delfim.*

Depois de consolidar o poder de negociação de Carlos, Iolanda insistiu novamente numa conferência de paz e, em agosto de 1418, conseguiu reunir representantes das duas facções beligerantes em Saint-Maur-des-Fossés, perto de Paris. Ali, seus embaixadores apresentaram a seguinte proposta: ambos os lados se reconciliariam e juntariam forças para repelir o inimigo comum, Henrique V, que por essa época já tomara Ruão e queria desposar a filha de Carlos VI, Catarina, para ser oficialmente reconhecido como o futuro rei da França. O duque da Bretanha, novamente aliado da rainha da Sicília, obteve uma entrevista particular com João Sem Medo e os dois chegaram a um acordo, que o duque da Borgonha assinou e o rei sancionou no dia 16 de setembro.

Veio então a surpresa: Iolanda não conseguiu que Carlos o ratificasse. Ele começava a dar ouvidos aos membros mais agressivos de seu círculo, como Tanneguy du Chastel, alvo constante do duque da Borgonha. Tanneguy preferia não fazer acordo nenhum com um homem que rotineiramente assassinava, ou tentava assassinar, aqueles cujos interesses entravam em conflito com os seus. Mas era Iolanda quem estava no comando e ela insistiu com Carlos até que, no ano seguinte, seus esforços foram coroados de êxito. Durante três dias, de 8 a 11 de julho de 1419, o delfim se encontrou com o duque da Borgonha numa ponte perto de Melun e, após uma série de conversas, ambos se apertaram as mãos e assinaram um tratado de amizade. Chegaram mesmo a trocar "o beijo da paz".[16] Combinaram também se encontrar de novo ainda naquele ano para dar prosseguimento ao diálogo diplomático. A França inteira respirou aliviada.

---

* Fato interessante, essa ameaça lembra muito a que seu irmão mais velho, o duque da Guyenne, fez a João Sem Medo após a revolta dos açougueiros em 1413: "Fique sabendo que um dia se arrependerá. Nem sempre as coisas serão como você quer".

Tendo colocado Carlos no que acreditava ser uma posição segura, Iolanda se sentiu tranquila o bastante para deixá-lo nas mãos de seus conselheiros e empreender uma viagem que vinha adiando havia muito tempo. Fazia dois anos que seu marido morrera e ela ainda não levara o filho mais velho, Luís III, à Provença para ser formalmente reconhecido como conde no lugar do pai. A Provença era parte integrante da herança de Luís III. Ele não poderia continuar reivindicando para a família o reino de Nápoles sem o apoio daquele condado. Iolanda precisava garantir a submissão dos principais barões provençais indo de cidade em cidade com Luís III, tal como sua sogra, Maria de Blois, fizera anos antes com Luís II. Assim, tão logo soube que o acordo com João Sem Medo fora assinado, ela partiu de Saumur e iniciou a longa jornada para o sul, em companhia de Luís III e seus dois filhos mais novos.

Quando Iolanda deixou a corte do delfim, levou consigo a voz da moderação e isso seria uma desgraça para a França. Pois, em agosto, as forças de Henrique V tomaram facilmente a cidade de Pontoise e um espião dos Armagnacs informou o delfim de que o duque da Borgonha ajudara traiçoeiramente os ingleses a conquistá-la. Embora seja impossível determinar se essa fonte era confiável, o comportamento anterior de João Sem Medo de modo algum o recomendava à boa opinião do partido contrário. Os conselheiros que cercavam Carlos, sobretudo Tanneguy du Chastel, não hesitaram em levar a sério a acusação. Num instante, todo o esforço diplomático de Iolanda viera abaixo, pondo-se em seu lugar um plano desesperado.

Carlos já combinara um encontro com João Sem Medo, para outra negociação, na ponte de Montereau-Fault-Yonne em 10 de setembro de 1419. (Pontes eram frequentemente escolhidas para tais encontros porque se imaginava que seria mais difícil armar uma emboscada a céu aberto num espaço tão restrito; no caso, esse dogma convencional se mostrou de valor duvidoso.) No dia marcado, os dois homens compareceram conforme haviam prometido. O duque da Borgonha e o delfim caminharam para a ponte acompanhados pelos membros de seus respectivos séquitos. Conforme as normas da cavalaria, João Sem Medo pôs um joelho em terra e tirou seu grande chapéu de veludo negro no gesto exigido de homenagem; de seu lado, Carlos, também seguindo o protocolo, polidamente lhe tomou a mão, fez com que se erguesse e pediu que recolocasse o chapéu. Satisfeita a etiqueta, Tanneguy du Chastel empurrou o duque por trás, para que outro membro do séquito do delfim o ferisse mais facilmente no rosto com a espada, e em seguida ele próprio desferiu o golpe de misericórdia com seu machado de guerra. Em menos de dois minutos o outrora temido duque da Borgonha jazia no chão, com as vísceras espalhadas pela ponte. A operação fora conduzida com tamanha eficiência que os homens de João Sem Medo não tiveram tempo de dar sequer um passo à frente antes de seu líder tombar e eles próprios serem cercados.

Esse ato de violência, cujo objetivo era reforçar a posição do delfim frente a seu poderoso primo e vingar o assassinato do duque de Orléans, não teve o resultado pretendido; ao contrário, colocou Carlos numa espiral descendente. Em consequência do crime, Isabel, desconfiada do filho e temendo represálias dos ingleses, convenceu o rei a entrar num acordo com Henrique V. Por meio de uma série de cartas datadas de maio de 1420, que ficaram conhecidas como o Tratado de Troyes, Henrique V se casou com a princesa Catarina e foi oficialmente adotado por Carlos VI, em lugar do delfim, como regente e herdeiro do trono da França. O exército inglês se deslocou para Paris e assumiu o controle da capital, bem como da Normandia, Gasconha e Maine, enquanto o delfim Carlos, abatido e deserdado, ia amargar o exílio na corte provinciana de Bourges.

Mas para Iolanda de Aragão, que teria de arcar com as consequências desse fiasco (e a responsabilidade de superá-las), o paralelo com o *Romance de Melusina* era espantosamente óbvio. Pois, tal como Raimundino, o protagonista fictício da história de João de Arras, o delfim, após participar do assassinato de seu primo, o duque da Borgonha, agora vagava perdido e desalentado nas florestas do sul da França. Segundo a narrativa, Raimundino – ou seja, Carlos – acabaria por herdar todas as propriedades do duque, gerar uma estirpe real e tornar-se um senhor ainda mais poderoso que seu primo assassinado. Só faltava um elemento para transformar a ficção em realidade.

Após seu regresso da Provença, tudo indica que a rainha da Sicília se empenhou a fundo na busca de uma Melusina, como parte de uma estratégia para restaurar o delfim na condição de herdeiro legítimo do trono francês. Não é fácil rastrear de perto seus movimentos, uma vez que, por razões políticas, Iolanda agia com discrição. Mas de uma coisa não se pode duvidar: ela a identificou tão logo a viu.

Parte II
Joana d'Arc

A mais antiga imagem que nos resta de Joana d'Arc, desenhada na margem de um manuscrito.

Capítulo 6

Infância em Domrémy

Em minha cidade,[1] chamavam-me de Jeannette, mas, desde que cheguei à França, passaram a me chamar de Joan [Joana]. Quanto ao meu sobrenome, ignoro-o.
– *Joana d'Arc em resposta à pergunta de um inquisidor durante seu julgamento em 1431*

CORAJOSA JOVEM que um dia se tornaria conhecida em toda a França como Joana d'Arc nasceu em 1412, três anos antes da batalha de Azincourt, numa pequena fazenda perto da fronteira oriental do reino. Seu batismo não foi registrado; a informação sobre a data de seu nascimento veio dela própria: "Pelos meus cálculos,[2] [tenho] cerca de 19 anos", disse aos inquisidores em 1431.

Pouco se sabe de sua família. O pai, um agricultor que aparentemente possuía também algumas vacas e ovelhas, era conhecido como Jacques Tart,[3] Tarc ou Darc – Joana o chamava de "Jacques Tarc". A mãe, Isabel, teve quatro filhos além de Joana: três meninos, Jacquemin, João e Pedro, e uma menina,

Catarina, que morreu na infância. Joana parece ter sido mais nova que os irmãos; provavelmente, era o quarto filho de Isabel.

As circunstâncias de sua infância não são claras, mas a família não era rica porque, de acordo com uma testemunha ocular, Joana "vestia roupas muito simples".[4] Quanto aos estudos, não teve nenhum. "Não sei nem o A nem o B",[5] confessou certa vez. A pouca instrução religiosa que recebeu veio de Isabel. "Foi de minha mãe[6] que aprendi o Pai-Nosso, a Ave-Maria e o Credo. Ninguém me ensinou minha crença, só ela", disse aos inquisidores.

Não havia nada de incomum nisso. O conceito de educação pública das classes baixas – e especialmente das meninas – não foi levado em consideração por séculos. Incomum, no caso de Joana, era seu elevado grau de inteligência, que se manifestou já em tenra idade. Dotada de uma impressionante fluência verbal, que mais tarde usou contra seus inquisidores, conseguiu, sem cultura nem estudo, acuar e desconcertar homens doutos, que tinham o dobro da idade dela e tentavam enredá-la em suas próprias palavras. A eloquência de Joana sempre impressionou a todos, começando pela família. Muito cedo, convenceu o marido de uma das primas de sua mãe a ajudá-la na fantástica empreitada que era conseguir uma audiência com o delfim, embora isso representasse para ele o risco de ser escarnecido pelo comandante da fortaleza local, uma espécie de humilhação pública. Mais significativo foi o comentário de Alberto de Ourches, membro da pequena nobreza da vizinha Vaucouleurs: "Esta menina fala terrivelmente bem",[7] disse a respeito de Joana. "Eu gostaria de ter tido uma filha tão brilhante quanto ela." O nascimento era tudo na Idade Média. Os membros das classes inferiores não passavam, aos olhos da aristocracia, de gente vulgar e desprezível. Era raro, mesmo para um membro da burguesia, pôr de lado esses preconceitos e admirar uma camponesa.

Sua agilidade mental evoca uma comparação com algumas das mais conhecidas místicas da Idade Média, como Hildegard de Bingen, uma freira beneditina que se tornou abadessa de seu convento na Alemanha e também tinha visões, e Clara de Assis. Mas a santa medieval com quem Joana parece ter tido mais afinidade foi Catarina de Siena. Nascida no século anterior, Catarina era a mais nova de 25 irmãos. Quando tinha 6 anos, declarou ter recebido a visita de Jesus e soube naquele momento que estava destinada à Igreja. Contrariando as fortes objeções da família, que queria vê-la casada, Catarina conseguiu permanecer virgem e finalmente entrou para um convento aos 17 anos de idade. Ali, aprendeu sozinha a ler e escrever em vernáculo. Mais tarde, participou agressivamente da política internacional, empreendendo uma feroz campanha, mediante cartas, contra o papa e vários chefes de Estado, cartas nas quais apontava aos destinatários as incoerências de sua política externa. Entre as personalidades de destaque que receberam epístolas de Catarina contam-se Carlos V, rei da França, Luís I de Anjou (marido de Maria de Blois), Isabel, rainha da Hungria, e Joana I, rainha de Nápoles.

Talvez porque a inteligência de Joana não tivesse uma válvula de escape de natureza erudita ou criativa – eram necessários livros e professores para a educação, e Joana não tinha acesso nem a professores nem a livros –, seu talento se expressava verbalmente e por meio de uma percepção instintiva das coisas do mundo. Seu processo cognitivo era, sem dúvida, rápido e abrangente. Ela tinha uma espécie de antena interna que captava todos os tipos de sinais, organizava-os sem perceber numa narrativa coerente e depois reencenava-a em sua cabeça, como uma canção no rádio.

JOANA PASSOU toda a infância e adolescência na casa dos pais e na minúscula aldeia onde nasceu. Aprendeu a costurar, a fiar e a ajudar a mãe nas tarefas domésticas, mas também cuidava do gado. "Quando cresci o bastante[8] e cheguei à idade da razão, em geral não guardava os animais, mas ajudava a levá-los para o pasto", contou ela. Essa existência pastoril parece ter gerado ideias errôneas sobre seu grau de ignorância dos acontecimentos do mundo exterior. Devido ao isolamento de Domrémy, na fronteira oeste da França com o Sacro Império Romano, os historiadores quase sempre presumiram que essa aldeia era um lugar remoto e atrasado, tão pobre e tão longe de Paris que seus habitantes não podiam esperar saber coisa alguma sobre a complicada situação política e militar da França na época. "A vida [em Domrémy] era como o próprio campo,[9] morosa, estagnada; os estranhos eram vistos como estrangeiros e inimigos potenciais, todas as ideias novas pareciam suspeitas", escreveu John Holland Smith, um dos biógrafos de Joana. "Como pôde a França provinciana degenerar tanto?"

Mas crer nisso é ignorar um aspecto essencial da existência da aldeia. Domrémy situava-se no ducado de Bar, lar ancestral da mãe de Iolanda de Aragão, Iolanda de Bar, e área tão estratégica para a coroa francesa no século XV quanto o fora durante o reinado da avó de Iolanda de Aragão, Maria da França. Como outrora, metade dos habitantes – os que moravam, como Joana e sua família, a oeste do rio Mosa – era leal ao rei francês, enquanto os que viviam a leste se identificavam com a Lorena vizinha, tecnicamente parte do Sacro Império Romano. No tempo de Joana, porém, o duque da Lorena, um homem fraco, medroso e vítima da gota, se aliara – ou fora obrigado a aliar-se – ao duque da Borgonha. Portanto, Joana e os que como ela moravam na margem ocidental do Mosa consideravam seus vizinhos do outro lado, não cidadãos do império, mas borguinhões. Longe, pois, de estar alheios à luta entre borguinhões e Armagnacs, que assolava o resto da França, Domrémy se encontrava de fato na linha de frente do conflito, literalmente face a face com o inimigo do outro lado do rio. A própria Joana, mais tarde, confirmou a exatidão desse quadro de sua terra natal, durante o julgamento. Quando um inquisidor lhe perguntou: "O povo de Domrémy[10] tomou o partido dos borguinhões ou o de seus adversários?", ela respondeu: "Só conheci ali um borguinhão e bem gostaria que sua cabeça fosse decepada, mas apenas se essa fosse a vontade de Deus".

Em 1419, estando Joana com 17 anos, um acontecimento político de certa importância ocorreu no ducado. Como o antigo duque de Bar (tio de Iolanda de Aragão) tivesse sido morto quatro anos antes na batalha de Azincourt, o ducado passou às mãos de outro tio de Iolanda, o irmão mais novo do duque, cardeal Luís, bispo da vizinha Châlons-sur-Marne. Mas, sendo clérigo, o novo duque de Bar não tinha filhos e não poderia esperar (ao menos legitimamente) tê-los no futuro, de sorte que, para remediar esse problema, ele concordou em adotar um herdeiro. Além da adoção, decidiu-se também que o jovem escolhido para sucessor do cardeal Luís se casaria com Isabel, filha do duque da Lorena, com a cláusula de que, após a morte dos atuais duques, os cônjuges herdariam e governariam juntos tanto Bar quanto a Lorena.

Restava saber, apenas, quem o cardeal Luís escolheria para sucedê-lo. No verão de 1419, pouco antes de partir para a Provença, Iolanda de Aragão recorreu a contatos familiares para apresentar seu próprio candidato, de cujos méritos conseguiu convencer o tio. O feliz cavalheiro escolhido para herdar os prestigiosos e lucrativos territórios de Bar e da Lorena era ninguém menos que o segundo filho de Iolanda, o pequeno e sensível Renato.

Com esse golpe diplomático, Iolanda lograva, graças ao filho, não apenas garantir Bar para o delfim Carlos como abrir caminho rumo ao território borguinhão. O ducado da Lorena era decisivo para as ambições políticas de João Sem Medo e, embora não se saiba qual foi sua reação, ele sem dúvida ficou furioso quando percebeu ter sido enganado dessa forma por sua velha inimiga, a rainha da Sicília. "Bar e a Lorena constituíam ligações inestimáveis[11] entre os blocos de territórios [borguinhões] do norte e do sul; e a súbita aparição de um príncipe Valois [Renato] leal ao delfim Carlos era a pior coisa que poderia ter acontecido a seus planos de consolidação", observa, bem a propósito, a medievalista Margaret I. Kekewich. João Sem Medo alimentara a esperança de que um de seus aliados ingleses conseguisse a mão da filha do duque da Lorena e exercera pressão nesse sentido, mas inutilmente. "Iolanda desferiu um duplo *coup*[12] [golpe] na dura concorrência, pois Henrique V da Inglaterra pedira a mão de Isabel para seu irmão, o duque de Bedford", prossegue Kekewich.

Assim, no verão de 1419, Renato, de 10 anos, deixou o lar de sua infância em Angers e foi morar com o tio-avô em Bar, como preparação para o dia em que assumisse o domínio do ducado. Era apenas três anos mais velho que Joana. Sua mãe, esperada na Provença, não pôde ir com ele, mas despachou-o com um séquito de conselheiros angevinos confiáveis a fim de garantir sua segurança e educação, do mesmo modo que, antes, cercara o delfim Carlos de assessores leais a ela própria e à sua família, quando ele ainda era criança e estava sob seus cuidados.

A 13 de agosto de 1419, apenas um mês antes do encontro mortal na ponte de Montereau-Fault-Yonne que arrebataria a vida de João Sem Medo, Renato tomou posse formalmente do ducado de Bar numa cerimônia solene no castelo de seu tio-avô Luís e, no ano seguinte, desposou Isabel, um ano mais nova que ele. A boda aconteceu, em meio ao regozijo geral, no dia 24 de outubro de 1420, em Nancy, capital da Lorena. "Ora, é certo que o dito[13] cardeal adotou como herdeiro seu sobrinho Renato, a quem cedeu o ducado de Bar e muitos outros belos domínios; e, juntamente com esses feudos... a filha e herdeira do duque da Lorena lhe foi dada em matrimônio", escreveu João le Févre, um cronista da época. "Uma vez que, durante muito tempo, tais domínios [Bar e Lorena] padeceram guerra e divisão, mas, graças a esse casamento, alcançariam a paz e a unidade sob um só senhor." Daí por diante,

Renato viveu com a esposa, residindo ora na casa do tio-avô, o cardeal Luís, ora na do sogro, o duque da Lorena.

Domrémy era uma aldeia pequena, mas não tão pequena que seus habitantes ignorassem o nome de seu duque ou a relação de seu herdeiro adotivo com a família real da França. As cortes, na Idade Média – principalmente as regionais, como a de Renato em Bar e na Lorena –, se deslocavam com frequência de castelo em castelo, agindo como centros sociais e políticos para a área à sua volta. Servos e vassalos iam e vinham; alimentos e roupas eram fornecidos por mercadores locais, que se entendiam com as cozinheiras ou com as senhoras elegantes; e os funcionários ou representantes do duque viajavam regularmente pelo interior, fiscalizando arrendamentos e impostos. No caso de Renato, a ameaça dos partidários dos borguinhões, seus vizinhos – nem todos estavam contentes com aquele casamento –, significava que era sua responsabilidade proteger o domínio das incursões inimigas. Assim, com o passar dos anos, ele e seus conselheiros foram mantendo comunicações cada vez mais constantes com os inúmeros cavaleiros e soldados que guarneciam os vários castelos fortificados espalhados pelo território. Renato, é claro, também estava em contato com sua própria família, principalmente a mãe e a irmã Maria e seu marido, o delfim Carlos. Mensageiros reais do círculo de Carlos em Bourges regularmente se arriscavam em território inimigo para chegar até os vários castelos de Renato em Bar ou na Lorena. Assim, à corte que rodeava os recém-casados não faltavam informações – notícias de família, relatórios militares, comunicados políticos, fragmentos de conversas particulares ouvidas pelos cantos, confidências, intrigas, boatos, insinuações – que, aos poucos, escapavam dos salões aristocráticos e chegavam até os quartos dos criados para, finalmente, ganhar as grandes cidades do interior.

Domrémy podia estar longe demais para ter acesso imediato a essas novidades, mas, inevitavelmente, ecos dos acontecimentos se espalhavam pela região. Com efeito, mais tarde, quando Joana teve a oportunidade de se encontrar com o velho e gotoso duque da Lorena, disse-lhe claramente: "Deve dar-me seu filho[14] [queria dizer seu genro; o duque da Lorena não tinha filhos] e alguns soldados para a França. Rezarei a Deus para que recobre a saúde", indicando que reconhecia Renato e estava ciente de que ele, em especial, lhe seria útil. Portanto, Joana sabia o suficiente sobre Renato para avaliar suas relações com o delfim e esse conhecimento só pode ter vindo da corte regional.

E se ela, na pequena aldeia de Domrémy, estava a par dessa informação, o resto do ducado também devia estar.

No fim das contas, a decisão da rainha da Sicília de garantir Bar para Carlos teve talvez um alcance maior do que ela própria suspeitava. Pois, se o duque de Bedford, inglês, ou qualquer outro aliado do duque da Borgonha houvesse se casado com Isabel da Lorena, o sentimento local em favor do delfim e do partido Armagnac na guerra civil sem dúvida desapareceria e as próprias inclinações políticas de Joana seriam afetadas. Certamente, não haveria possibilidade de ela ser ajudada em seu desígnio por um funcionário da corte. Tal como se desenrolaram os fatos, a entrega do ducado a Renato durante a primeira infância de Joana serviu, bem ao contrário, para alimentar e estreitar a lealdade dessa estranha jovem e daqueles que viviam perto dela. Assim, quando os inquisidores lhe perguntaram mais tarde: "No início de sua mocidade,[15] você desejou muito combater os borguinhões?", Joana respondeu como Iolanda ou qualquer membro da família desta gostaria que um de seus súditos respondesse: "Desejei. E grande foi minha vontade de que meu rei tivesse seu reino".

MAS NO INÍCIO DOS ANOS 1420, Carlos estava longe de ter um reino. O assassinato de João Sem Medo, perpetrado para eliminar a principal ameaça a seu governo, só serviu para unir os inimigos contra ele. A viúva de João, enfurecida, enviou dezenas de cartas e embaixadas a diversos chefes de Estado, inclusive o rei e a rainha da França, o imperador do Sacro Império e o papa, exigindo justiça. Em dezembro de 1420, ela conseguiu que os assassinos fossem julgados à revelia em Paris e depois usou o veredicto de condenação como justificativa para a tortura selvagem e a morte de um dos suspeitos, que seus agentes tinham capturado. Seu filho de 23 anos, Filipe, o novo duque da Borgonha, ficou tão traumatizado com a notícia da morte do pai que permaneceu de cama por quase duas semanas, numa crise de raiva incontida, jurando vingança e incapaz de se pôr apresentável para assumir seus novos deveres. Quando finalmente se recuperou, enviou embaixadores para tratar com Henrique V, que com a maior frieza expôs os termos de um acordo entre ingleses e borguinhões muito mais vantajosos para a Inglaterra do que para a Borgonha. Henrique se casaria com a princesa Catarina e governaria a França como regente até a morte de Carlos VI, depois do que ele e seus herdeiros assumiriam o reino. Se Filipe estivesse disposto a renunciar às suas próprias aspirações ao trono francês e apoiasse esse plano, o rei inglês o ajudaria a perseguir e castigar os assassinos de seu pai, além de promover o casamento de um de seus irmãos com uma das irmãs de Filipe.

Essas não eram propostas nada animadoras, mas Filipe, que não herdara a férrea ambição nem a rudeza homicida do pai (sendo, por isso, conhecido como "Filipe, o Bom"), achou que não tinha escolha senão aceitá-las. O rei inglês, na verdade, não precisava do apoio militar de Filipe, o Bom, para tomar Paris; com seus inimigos em tamanha desordem, possuía forças suficientemente aguerridas para fazer isso sozinho. Além do mais, Isabel, iludida pela promessa de Henrique de que poderia continuar vivendo em esplendor real durante a ocupação inglesa, convencera Carlos VI a aceitar as condições do inimigo. Filipe rilhou os dentes, assinou o tratado de aliança e enviou tropas da Borgonha para auxiliar a Inglaterra na conquista da França.

Na primavera de 1420, Henrique V e seu exército, reforçado pelas tropas de Filipe, o Bom, avançaram sem obstáculos pelo nordeste da França e tomaram as cidades de Laon, Reims e Châlons, bem perto do ducado de Bar. A 23 de março, o rei inglês entrou triunfalmente em Troyes, onde foi recebido com grande pompa por Isabel e Carlos VI, que o trataram como a um membro muito querido da família e havia longo tempo ausente. Acertaram-se os detalhes finais da rendição francesa; Henrique prometeu colocar a França inteira sob seu poder; e o delfim Carlos foi oficialmente deserdado. Homem que nunca perdia tempo, Henrique desposou a princesa Catarina a 2 de junho de 1420, na catedral de Troyes, e no dia 4 estava de novo a caminho com seu exército para atacar Montereau e Melun, cujos cidadãos continuavam fiéis ao delfim. Melun, sobretudo, era solidamente fortificada e resistiu enquanto pôde, mas, em novembro, a fome obrigou sua guarnição a abrir as portas da cidade aos sitiantes.

A 1º de dezembro de 1420, Henrique V entrou em Paris, tomando posse da capital e do governo da França. Um mês depois, a 17 de janeiro de 1421, Carlos VI lançou uma proclamação formal a seus súditos parisienses onde, de fato, reiterava a cláusula do Tratado de Troyes que deserdava o delfim. (Da mesma forma, em vista dos crimes enormes e horríveis[16] cometidos neste reino de França por Carlos, dito delfim de Vienne, convencionamos que nem eu, nem nosso filho Henrique, nem nosso estimado filho do duque da Borgonha negociaremos qualquer paz ou acordo com o citado Carlos.") Na proclamação, o rei proibia seus súditos de permanecerem leais ao delfim. "Não se deve levar em conta[17] a juventude do dito Carlos", escreveu o rei louco, "pois ele é maduro o bastante para distinguir o bem do mal."

Mas o "dito delfim" não iria desistir com facilidade. A 22 de março de 1421, Carlos contra-atacou oferecendo batalha em Baugé, no ducado de Anjou pertencente a Iolanda, entre Angers e Tours. Cerca de mil cavaleiros e infantes de Angers, a serviço da rainha da Sicília, foram reunidos sob o comando de um de seus principais vassalos, o lorde senhor de Fontaines, com o apoio de um regimento de 4 mil arqueiros experientes enviados da Escócia a fim de combater ao lado do delfim (os escoceses odiavam os ingleses e estavam sempre dispostos a lutar contra eles). Essas tropas, além de um destacamento de legalistas de La Rochelle, encontraram um exército de aproximadamente 6.500 homens chefiados pelo irmão mais moço de Henrique V, o duque de Clarence (Henrique havia voltado à Inglaterra para uma curta estadia a fim de conseguir mais homens e dinheiro, necessários à ocupação da França). A luta prosseguiu em plena escuridão, mas à meia-noite os comandantes escoceses, os condes de Douglas e Buchan, puderam enviar um mensageiro ao delfim, que ficara para trás, em Poitiers, com a boa notícia de que a batalha estava ganha, o inimigo vencido ou aprisionado e o duque de Clarence morto.

Mas essa vitória, embora protegesse o estratégico ducado de Anjou e efetivamente impedisse os ingleses de avançar mais pelos territórios do delfim ao sul do Loire, representou para Carlos apenas um momento brilhante numa série de episódios sem importância. Por mais que o delfim se esforçasse, Henrique parecia sempre levar a melhor. Sem muita vocação militar – "Não se armava de bom grado[18] e não ia à guerra caso pudesse evitá-la", escreveu um cronista da época –, Carlos, ainda assim, conseguiu reunir um exército de cerca de 18 mil homens e tentou retomar Chartres no verão de 1421, tendo de recuar em face dos efetivos superiores do rei inglês. (Henrique voltara da Inglaterra seguido por um alarmante contingente de infantes, mais ou menos 28 mil ao todo.) A 6 de dezembro de 1421, a irmã de Carlos, Catarina, desferiu mais um golpe em sua sorte dando à luz um menino e dotando o marido, Henrique V, e a coroa da França de um herdeiro. A fraca resposta de Carlos foi casar-se enfim com a filha de Iolanda, Maria (compromisso que claramente adiara pelo maior tempo possível), em cerimônia na isolada Tours, a 2 de junho de 1422. Tão limitados eram seus recursos e tão grandes suas despesas militares que precisou vender as tapeçarias das paredes de um dos castelos que possuía para pagar as despesas do casamento.

Mesmo na morte, o rei inglês pareceu vencer. Quando Henrique V sucumbiu à disenteria aos 35 anos, a 31 de agosto de 1422, e o pai de Carlos, o pobre rei insano da França, finalmente fez as pazes com seus demônios e seguiu seu herdeiro inglês adotivo ao túmulo, a 21 de outubro do mesmo ano, quem Paris aclamou publicamente para sucedê-lo no trono não foi o delfim, mas o filho de Henrique V, Henrique VI, com o irmão de Henrique V, o duque de Bedford, na função de regente. Carlos não pôde sequer comparecer ao funeral do pai, celebrado pomposamente, primeiro em Notre Dame, onde se reuniu um público constituído por mestres da universidade, mendigos e o Parlamento de Paris, depois em Saint-Denis, onde foi sepultado, segundo algumas estimativas, perante uma multidão de 18 mil pessoas. A gente simples estava desolada; Carlos VI reinara por mais de quarenta anos e, embora sua terrível doença houvesse provocado a desordem no reino, ele sempre conservara a lealdade, a compaixão e a boa vontade de seus súditos, alguns dos quais ainda se lembravam das promessas de sua juventude dourada. "Todas as pessoas, nas ruas e janelas,[19] soluçavam e choravam como se cada qual assistisse à morte de um ente querido", escreveu uma testemunha ocular. "Na frente, seguiam 250 tochas carregadas pelos servos pobres, vestidos de preto e derramando lágrimas amargas; abrindo o cortejo, dezoito pregoeiros fúnebres. Viam-se também 34 cruzes de ordens religiosas; e pessoas se aproximavam agitando sinetas."

No entanto, em contraste com o luto da população, nem um membro sequer da família real estava presente. Catarina fora para a Inglaterra com o bebê e Isabel, embora morasse em Paris na ocasião, não apareceu. A rainha sabia, sem dúvida, que não gozava na cidade da mesma estima de que o marido gozara e deve ter tido receio de mostrar-se em público. "Assim o corpo foi levado;[20] atrás, seguia o duque de Bedford, irmão do falecido rei da Inglaterra, sozinho e o único a lamentar; não estava ali nenhum príncipe francês." No local do sepultamento, o chefe dos guardas gritou: "Deus dê vida longa a Henrique,[21] por Sua graça rei da França e da Inglaterra, nosso Soberano Senhor", ao que a massa respondeu em uníssono: "*Vive le roi! Vive le roi!*" – "Viva o rei! Viva o rei!"

Carlos, ao contrário, foi obrigado a celebrar sua própria ascensão alguns dias depois. Narram os cronistas que ele chorou ao saber da morte do pai e pôs luto, mas apenas por um dia: na manhã seguinte, entrou vestido com um majestoso manto vermelho na igreja, "repleta de arautos[22] em cujos casacos se viam as armas e brasões de seus amos e senhores". Carlos se encontrava no Auvergne, no sul da França, quando recebeu a notícia, de sorte que a cerimônia ocorreu numa igreja local perto de Le Puy. "Hasteou-se uma bandeira[23] da França dentro da capela e os oficiais gritaram repetidamente, em voz alta e clara: 'Vida longa ao rei!'", relatou um cronista. "Quando os gritos cessaram, iniciou-se o Serviço Divino na igreja e nenhuma outra solenidade foi realizada. A partir desse dia, seus partidários começaram a chamá-lo rei da França."

Retrato do homem que Joana d'Arc chamou de delfim, o futuro Carlos VII.

Em tudo, essa cerimônia foi um episódio decididamente melancólico, que só serviu para realçar a impotência de Carlos; não havia memória de nenhum rei da França que houvesse assumido o trono de maneira tão ignominiosa, com tão pouca pompa e aparato. "Historiadores franceses aventaram[24] que ele não se submeteria àquilo não fosse a pressão de sua sogra, Iolanda, a qual... pediu a ajuda de Reginaldo de Chartres [o arcebispo de Reims] para induzir Carlos a ceder", observou um biógrafo de Joana d'Arc. Pior ainda, essa autoinvestidura só acirrou a ironia de seus inimigos, os ingleses e os borguinhões, que doravante passaram a se referir a ele como "o rei de Bourges".[25]

DURANTE ESSE PERÍODO, as paixões em Domrémy espelhavam as do reino como um todo. Com os habitantes do ducado de Bar leais ao delfim e os da Lorena partidários de Filipe, o Bom, o conflito não poderia deixar de eclodir regularmente, como se ali a guerra estivesse sendo travada em miniatura. Em maio de 1422, estando Henrique V ainda vivo, o sogro de Renato, o gotoso duque da Lorena, percebendo que a fortuna de Carlos não era muito promissora, fez uma visita especial à cidade borguinhã de Dijon a fim de confirmar sua aliança e boa vontade para com Filipe, o Bom. Ao mesmo tempo, reconheceu Henrique V como soberano legítimo da França. Renato, com apenas 13 anos na época, não podia detê-lo. Encorajados pelo exemplo do duque, os vizinhos de Joana da margem leste do rio – os borguinhões – começaram a fazer incursões contra os súditos leais ao delfim da margem oeste. Quando, mais tarde, um inquisidor perguntou a Joana: "Na cidade de Maxey[26] os habitantes eram borguinhões ou inimigos dos borguinhões?", ela respondeu: "Borguinhões". E, quando ele a pressionou ainda mais – "Esteve com crianças que lutaram pelo mesmo lado que o seu?" –, Joana relatou: "Não, não me lembro disso. Mas vi algumas pessoas da cidade de Domrémy ir combater as de Maxey, de onde voltavam às vezes muito feridas e sangrando". Joana também contou que, durante os anos de sua infância, frequentemente ajudava a levar o rebanho do pai "para um local protegido,[27] que chamavam de Ilha, com medo dos soldados".

Foi no final da infância, quando esse perigoso conflito se desenvolvia ao seu redor e havia sempre soldados prontos a entrar em cena, que Joana começou a demonstrar uma profunda espiritualidade. Ia à igreja regularmente e sua óbvia devoção chamava a atenção de amigos e vizinhos. "Jeannette comparecia com frequência[28] e por vontade própria à igreja e à ermida de Nossa Senhora de Bermont, perto da cidade de Domrémy, quando seus pais pensavam que ela estava no campo lavrando ou executando outros trabalhos", disse um fazendeiro da vizinha Greux que a conheceu menina. "Quando, no campo, ouvia o dobre do sino, corria à cidade e entrava na igreja para assistir à missa, conforme a vi fazer muitas vezes." "Foi criada na religião cristã[29] e nos bons princípios, segundo parece", disse sua vizinha do lado, Marguerite. "Ia por vontade própria e com frequência à igreja, dava esmolas com a renda da propriedade do pai e se mostrava tão boa, simples e piedosa que eu e outras moças lhe dizíamos que exagerava na caridade." Joana se confessava regularmente com o pároco local e era tão devota que provocava às vezes zombarias dos meninos da aldeia. Gostava, em especial, da quietude da igreja da cidade, que talvez contivesse imagens das virgens mártires santa Catarina de Alexandria e santa Margarida de Antioquia ou uma estátua de são Miguel Arcanjo, "o capitão-general dos exércitos do céu";[30] seja como for, ela deve ter aprendido sobre a vida desses santos[31] ouvindo os sermões proferidos em seus dias de festa anuais.

Santos, soldados, Deus, devoção, o delfim e os borguinhões – tais as influências disparatadas que marcaram a alma de Joana à medida que entrava na adolescência. Joana não se tornou, como creem muitos, aquilo que foi *a despeito* de ter nascido na cidadezinha provinciana e isolada de Domrémy – mas *por causa* disso.

NO VERÃO DE 1423, Iolanda de Aragão voltou finalmente da Provença.

A rainha da Sicília se mostrara muito ativa durante sua ausência de quatro anos de Anjou. Instalara seu filho mais velho, Luís III, como conde da Provença no lugar do marido morto e tudo fizera para que ele recebesse as homenagens de todos os fidalgos mais importantes do condado. De acordo com a persistente tradição angevina de reclamar a herança italiana da família, enviara Luís III, então com 17 anos, a Roma em 1420, com a finalidade de obter a autorização do papa para o empreendimento, convencera a assembleia-geral em Aix a contribuir com 100 mil florins para seu esforço de guerra, comprara com esse dinheiro um exército e uma frota de navios provençais, e mandara-os para Nápoles a fim de ajudar o filho em sua conquista. A Itália meridional, dilacerada por lutas políticas, recuou diante dessa manobra habilidosa. Em junho de 1423, Luís III era oficialmente aceito como herdeiro do trono pela monarca reinante, Joana II, e recebido na corte para aprender os costumes de seu futuro reino, enquanto aguardava a morte da rainha a fim de tomar posse da herança. Assegurado, dessa forma, o futuro do filho mais velho, Iolanda voltou de novo a atenção para o problema da filha e do genro na França.

Concluiu que a campanha de Carlos estava sendo desastrosa em quase todas as frentes. Se a intenção dele fosse perder o trono, não faria um trabalho melhor. A 17 de abril daquele ano, o duque da Bretanha, cuja amizade Iolanda cultivara tão cuidadosamente antes de partir para a Provença, deu por perdida a causa de Carlos e assinou um tratado com o duque de Bedford e Filipe, o Bom, que ficou conhecido como a Tríplice Aliança. A essa decepção diplomática seguiu-se quase imediatamente um novo desastre militar quando, no dia 30 de julho, as forças de Filipe esmagaram as de Carlos em Cravant, na Champanha. Os ingleses avançavam outra vez pelo Maine e Anjou, domínios de Iolanda; um exército chefiado pelo duque de Suffolk estava a apenas dez léguas (cerca de 50 km) de sua casa, o castelo de Angers; e o próprio Carlos, desmoralizado e confuso, dava ouvidos a conselheiros ávidos de dinheiro e influência. O único acontecimento na corte pelo qual Carlos merecia algum crédito ocorreu a 3 de julho, quando a filha de Iolanda, Maria, deu à luz o primeiro filho do casal, Luís, assegurando assim uma linha de sucessão, embora mesmo nisso não se pudesse dizer que Carlos houvesse desempenhado o papel principal.

Iolanda se encontrava em Bourges com a filha e o genro havia uma semana quando concluiu que, se algo precisava ser feito para remediar a situação, a ela caberia fazê-lo. Seu primeiro e mais urgente problema era a invasão inglesa de Anjou. O castelo de Angers, que Iolanda, como regente, tinha a responsabilidade de manter na ausência de Luís III, era uma das fortalezas mais importantes da França. Se o inimigo ocupasse aquela forte posição, seria quase impossível desalojá-lo; portanto, não se poderia permitir que Angers fosse tomada. O exército de Carlos, porém, tinha sido dizimado pelos borguinhões na recente batalha de Cravant – mais de 6 mil soldados tombaram e 2 mil caíram prisioneiros – e ele não tinha nem a intenção nem os recursos para lançar tão cedo uma contraofensiva. Outros meios de defesa deveriam ser empregados.

Assim, Iolanda deixou a segurança de Bourges e foi para o castelo ameaçado de Angers a fim de mobilizar e preparar a defesa. Chegou a 19 de agosto de 1423 e imediatamente convocou todos os vassalos de Anjou e Maine, valendo-se de seus direitos de duquesa, ordenando-lhes que se apresentassem com quantos soldados tivessem para a batalha. O apelo foi ouvido por nobres e camponeses, e uma força considerável – um cronista fala em 6 mil homens armados – logo se organizou sob o estandarte do conde de Aumale, um experiente militar angevino. Os ingleses, chefiados pelo conde de Suffolk, julgando que o território estivesse sem defesa, assolavam os campos. "Nesse mesmo ano[32] [1423], reuniram-se na Normandia cerca de 2.500 combatentes ingleses sob o comando do senhor de La Pole [o conde de Suffolk]... e [estes] atravessaram em boa ordem o território do Maine, de onde, devastando as cercanias, avançaram até Angers, região a que infligiram grandes danos e da qual arrebataram imenso espólio em prisioneiros, gado e outros bens", escreveu um cronista inglês.

Mas o conde de Aumale, melhor conhecedor do terreno que os invasores, colocou-se na retaguarda do exército de Suffolk, cortou-lhe a retirada e, a 26 de setembro, atacou furtivamente. "Os ditos ingleses,[33] ignorando a aproximação do inimigo, foram a tal ponto surpreendidos que... tiveram de ceder por fim a vitória aos franceses, perdendo no local cerca de oitocentos homens... Caíram prisioneiros o senhor de La Pole e, com ele, trinta fidalgos de sua hoste." Os ingleses que não foram mortos nem capturados tiveram de se retirar de Anjou e do Maine. Essa não foi uma batalha decisiva – as tropas de Suffolk representavam apenas uma fração do exército inglês –, mas pelo menos deteve os adversários de Carlos por algum tempo; e, mais importante ainda, o castelo de Angers continuou em segurança nas mãos de Iolanda.

Tendo assim obtido uma pausa para respirar, ela pôde recorrer à diplomacia, arte em que, depois de tantos anos de prática, era verdadeira mestra. Em novembro, a rainha da Sicília viajou para Nantes a fim de conferenciar com seu velho amigo, o duque da Bretanha. O resultado desse encontro foi que o irmão do duque, Artur de Richemont, embora casado com uma irmã de Filipe, o Bom, ainda assim abandonou o partido dos borguinhões e concordou em ser o condestável de Carlos. "Resta pouca dúvida[34] de que... tudo isso se deveu à mediação de Iolanda de Aragão, que usou de sua influência junto ao duque da Bretanha para aliciá-lo", observou o medievalista M. G. A. Vale.

No entanto, por promissoras que fossem essas negociações, não bastaram para melhorar a sorte política e militar de Carlos: no ano seguinte, 1424, ele perdeu outra batalha terrível, dessa vez para os ingleses em Verneuil.

A derrota dos franceses em Verneuil foi esmagadora. Segundo alguns relatos, nada menos que 15 mil soldados de Carlos sucumbiram ali. Iolanda viu Le Mans, a cidade mais importante de seu ducado do Maine, cair nas mãos dos ingleses e do governo da regência. Os generais escoceses do delfim, Douglas e Buchan, bem como quase todo o seu exército de 6 mil homens, pereceram, e também o mais experiente comandante de Iolanda, o conde de Aumale, com boa parte de suas tropas. Carlos se desesperou ao receber essas notícias; seus efetivos superavam em muito os dos ingleses e, mais uma vez, eram derrotados.

A destruição do exército francês em Verneuil fora tão completa, o morticínio tão assustador que Carlos teve uma crise espiritual. Começou a suspeitar que não venceria – que, por algum motivo, Deus não o estava favorecendo. Talvez sua causa não fosse justa. A hesitação e a incerteza do príncipe eram óbvias para todos que o cercavam. Iolanda, em particular, compreendeu que só com a fé ele superaria tantas derrotas. A rainha da Sicília já o ajudara militar e politicamente; agora, teria de recorrer a uma intervenção de ordem superior.

Algum tempo depois da batalha de Verneuil, uma estranha profecia, atribuída a uma vidente da Provença chamada Maria de Avinhão, começou a circular pelo sul da França. Havia, por toda a Europa medieval, mulheres e homens ladinos que se diziam capazes de predizer o futuro; Maria de Avinhão era uma das figuras mais conhecidas desse grupo de místicos. Registrara mesmo em livro suas revelações, embora, fato curioso, justamente essa não aparecesse junto com as outras. A predição parece ter surgido na corte de Carlos em Bourges e sido depois atribuída à vidente; Maria de Avinhão já era famosa por suas profecias e, assim, ninguém questionou que fosse autora também daquela.

Como não estivesse entre os anteriormente divulgados, mas circulasse verbalmente, o prognóstico assumiu formas diversas à medida que ia passando de pessoa para pessoa; mas duas versões, em especial, acabaram lançadas por escrito. A primeira era: "A França, arruinada por uma mulher[35] [referência a Isabel da Baviera], será restaurada por uma virgem das marcas [região fronteiriça] da Lorena". E a segunda: "Uma virgem aparecerá...[36] e, armada, libertará o reino da França de seus inimigos".

O fato de a profecia destacar Isabel como principal responsável pelo conflito é interessante. Afinal, a rainha da França fora apenas uma das muitas pessoas que, com seus atos sediciosos, mergulharam o reino na discórdia.

Certamente, o duque da Borgonha (para não mencionar os ingleses!) tinha tanto a ver com a eclosão da guerra civil quanto Isabel, se não mais. Contudo, só a ela eram atribuídos os males que atormentavam a França. Esse sentimento parece mais de ordem pessoal que política e condiz com o fato de Iolanda de Aragão ter se julgado traída quando Isabel rompera o acordo original que fizera com a rainha da Sicília e sua família ao ajudar a convencer o pai de Carlos a deserdá-lo e, consequentemente, à sua filha Maria.

Do mesmo modo, o enfoque numa mulher salvadora era inusitado. Não havia precedente para isso na história francesa – a menos que se considerem os paralelos com o *Romance de Melusina*.

A profecia, aparentemente oriunda da parte do país onde estavam os condados de Iolanda e que aludia de maneira direta ao ducado do qual seu filho Renato era herdeiro, espalhou-se de uma maneira impressionante. Pessoas a repetiam a léguas de distância. Lembrava antes uma espécie de código ou mensagem – ou talvez, mais apropriadamente, uma prece – divulgada de propósito para os confins do reino na esperança vaga, mas desesperada, de uma resposta.

Em quase toda cabana, aldeia ou cidade da França do século XV morava alguém que dizia ter visões, poder interpretar sonhos ou haver sido, de alguma maneira, tocado por Deus. Esses eram, sem dúvida, os alvos da profecia, que os influenciava como *slogans* contagiantes de propaganda.

Justamente nessa época Joana começou a ouvir vozes.

CAPÍTULO 7

Os Anjos Falam com Joana

A primeira vez que ouvi a voz,[1] prometi conservar minha virgindade pelo tempo que prouvesse a Deus. Eu tinha então 13 anos mais ou menos.
– *Joana d'Arc em resposta à pergunta de um inquisidor durante seu julgamento, 1431*

TREZE ANOS, PUBERDADE: um torvelinho de hormônios acompanhado por novas e confusas emoções, mudanças súbitas de humor e sensibilidade aguçada para as muitas vezes conflitantes exigências do dever e do desejo. A complicada passagem para a adolescência era ainda mais difícil no século XV, pois com 13 anos a menina estava na idade legal para se casar. Em parte, isso ocorria devido a razões econômicas: para uma família pobre, casar cedo uma filha significava uma boca a menos para alimentar. Mas estava envolvido aí, também, um elemento de dominação: uma menina de 13 anos podia ser convencida ou obrigada a casar-se muito mais facilmente que uma jovem de mais idade.

Joana deve ter sentido essa pressão porque, conforme ela própria reconheceria, sua primeira experiência com o que mais tarde identificou como a voz de um anjo não envolveu política e sim sua vida pessoal. Além de obter-lhe a promessa de que se conservaria virgem, a voz instruiu-a sobre a maneira de se comportar, o que incluía o comparecimento regular à igreja. Joana descreveu depois, em detalhe, o episódio de seu primeiro encontro sobrenatural aos inquisidores. "Quando eu tinha 13 anos,[2] uma voz divina me ajudou a moldar minha conduta", disse ela. "Da primeira vez, senti muito medo. E veio aquela voz, por volta do meio-dia, no verão; eu estava no jardim de meu pai e não jejuara no dia anterior. A voz soava do lado direito, na direção da igreja; quase nunca a ouço sem uma luz, que vem do mesmo lado da voz. É, geralmente, uma luz muito clara... Depois que ouvi a voz três vezes, soube que era a voz de um anjo."

Joana parece ter ouvido a voz pela primeira vez num momento em que se sentia culpada de alguma coisa. "Não jejuara no dia anterior" implica algo que ela pensava dever ter feito; talvez fosse um dia de jejum que se esquecera de guardar ou em que estivera com muita fome para isso.* Uma transgressão assim devia atormentar bastante uma jovem religiosa como Joana; e, fato curioso, a voz a isentou da responsabilidade por não ter jejuado, garantindo que a ajudaria a melhor orientar sua conduta no futuro. Do mesmo modo, prometendo conservar a virgindade "pelo tempo que prouvesse a Deus" – ou seja, até que a voz lhe ordenasse o contrário –, Joana também se livrou do peso de ter de considerar as vantagens e desvantagens de um casamento precoce ou de desobedecer à família permanecendo solteira. Deus, ou um anjo agindo em nome de Deus, agora tomaria a decisão por ela.

E a família, com efeito, já estava providenciando essa aliança com um homem da cidade vizinha de Toul. Mais tarde, quando os inquisidores lhe perguntaram: "Por que você citou em juízo um homem de Toul para [romper a promessa de] casamento?", Joana respondeu: "Não o citei, ele é quem me citou. Jurei diante do juiz falar a verdade e o homem confessou que eu não lhe fizera promessa alguma".[3] Ser intimada assim por um juiz equivalia a um indiciamento; Joana talvez não houvesse prometido nada ao homem de Toul, mas *alguém* prometera, seguramente um de seus pais, pois Joana também

---

* Posteriormente, já mais velha, quando queria consultar suas vozes, Joana muitas vezes jejuava para invocá-las.

declarou na ocasião: "Eu obedeci a eles[4] [seus pais] em tudo, menos naquele processo na cidade de Toul por causa do casamento".

Na terceira vez que a voz lhe falou, Joana identificou-a como sendo de são Miguel. "Na primeira vez, tive dúvidas[5] de que fosse são Miguel quem viera a mim e senti muito medo; vi-o depois outras muitas antes de reconhecê-lo", disse ela. Quando os inquisidores a pressionaram: "Por que reconheceu são Miguel nessa ocasião, quando acreditou [que era ele], e não na primeira vez que lhe apareceu?",[6] Joana explicou: "Na primeira vez eu era criança e estava com medo; depois, o anjo me declarou, me provou e me convenceu de que eu devia acreditar firmemente que ele era mesmo são Miguel".

São Miguel Arcanjo ocupa um elevado posto na hierarquia do céu. Ele é o príncipe que chefia os anjos e os comanda na luta contra Satã; seu nome é o símbolo da guerra do bem contra o mal. Onde quer que houvesse soldados cristãos a postos, a ajuda de são Miguel era invocada para que seus feitos se repetissem – e havia muitos deles na região de Domrémy. Nos primeiros anos de adolescência de Joana, esses soldados parecem ter exercido certo fascínio sobre ela, porque sua família o percebeu, com preocupação. "Quando eu ainda estava na casa[7] de meus pais, minha mãe me disse que meu pai me vira em sonhos indo embora com os soldados", lembrou-se Joana. "Eles ficaram muito inquietos com isso e me mantiveram por perto, em grande sujeição... E, segundo minha mãe, meu pai dissera a meus irmãos: 'Em verdade, se eu soubesse que meus temores com relação à minha filha iriam se realizar, preferiria que vocês a afogassem. E se vocês não o fizessem, eu mesmo a afogaria'."

A implicação aqui é que o pai de Joana não receava vê-la partir com os soldados a fim de liderar um exército e expulsar os ingleses da França – não haveria razão para afogá-la por isso, sem falar que semelhante possibilidade estava além da compreensão – e sim fugir com eles no sentido mais convencional e imoral de manter relações sexuais fora do casamento. Embora seja evidente que ele não entendia o caráter da filha, preocupações paternas desse tipo geralmente se baseiam em alguma evidência, quer dizer, a crescente atenção que Joana dava aos militares na época era suficientemente óbvia para ser percebida pela família.

Entre os 13 e os 16 anos, quando os acontecimentos começaram a se precipitar, Joana continuou ouvindo a voz. Não sendo mais "criança... e com medo", como era ao ouvi-la pela primeira vez – em outras palavras, tendo crescido e se percebido adulta, provavelmente com cerca de 16 anos –, Joana se convenceu de que ouvia as palavras de um anjo. "Acreditei nisso bem depressa[8] e queria acreditar", testemunhou. Parece que, nesse período de transição, a voz de são Miguel passou a insistir mais em política. "Que doutrinas ele lhe ensinou?", perguntaram os inquisidores. "Antes de tudo, pediu-me para ser uma boa moça, pois Deus me ajudaria", respondeu Joana. "E, entre outras coisas, mandou-me correr em socorro do rei da França... Descreveu-me o estado lamentável em que se encontrava o reino."[9]

A VOZ QUE Joana identificou com a de são Miguel pintou-lhe um quadro bastante exato da desastrada campanha de Carlos contra os ingleses. De menino tímido, arredio e inseguro, ele se transformara num adulto cheio de conflitos, ansioso e irresoluto, facilmente manipulável por seu círculo e absolutamente, quase comicamente inconstante e indeciso.

Por exemplo, no verão de 1425, Iolanda conseguiu por fim trazer o irmão do duque da Bretanha, Artur de Richemont, para o lado de Carlos, que o nomeou condestável. No entanto, tão logo ela concluiu esse golpe diplomático, João Louvet, um conselheiro havia muito invejoso da promoção de Artur, convenceu Carlos a se indispor com o novo oficial. Artur, que estava na Bretanha recrutando tropas, soube da intriga arquitetada contra ele e, furioso, voltou com um exército a fim de ocupar a corte real em Bourges, uma reação previsivelmente desalentadora que levou Carlos e Louvet a também reunir tropas para enfrentá-lo.

Sendo contraproducente para as tropas de Carlos lutar entre si em vez de atacar os ingleses, Iolanda entrou em cena. Quando o exército de Carlos tomou um caminho que o obrigaria a atravessar a região de Tours, Iolanda ordenou que as portas da cidade lhe fossem fechadas. "Não devemos permitir[10] a entrada de homens mais fortemente armados que o povo da cidade, sejam eles do rei nosso senhor ou de seu substituto no governo, ou de outros governadores que perturbem e impeçam a paz, a quem o senhor de Richemont, condestável da França, e a rainha pretendem expelir logo do círculo e do governo do rei", escreveu ela sem rebuços ao capitão da cidade. Carlos, incrédulo, fez alto diante de Tours, dando a Iolanda uma oportunidade de interceptá-lo; a rainha chegou a 8 de junho e, com sua presteza habitual, em dois dias cumpriu a promessa de reorganizar o governo do rei segundo os interesses dela própria. Louvet foi exilado na Provença, Carlos se reconciliou com Artur e a rainha da Sicília aproveitou a ocasião para enviar um sinal conciliatório a Filipe, o Bom, dispensando Tanneguy du Chastel, cuja participação no assassinato de João Sem Medo não podia ser ignorada.

Depois desse incidente, para evitar novos dissabores, Iolanda insistiu em comparecer regularmente às sessões do conselho de Carlos e a situação política começou a melhorar. O duque da Bretanha abandonou a Tríplice Aliança e passou a apoiar Carlos, embora cautelosamente; e, fato ainda mais auspicioso, o banimento de Tanneguy du Chastel levou Filipe, o Bom, a enviar emissários para iniciar conversações com membros do círculo de Carlos que, todos esperavam, promoveriam a reconciliação.

Mas ela não conseguia convencer seu genro a atacar os ingleses e isso precisava ser feito o mais rapidamente possível, do contrário as forças do duque de Bedford poderiam conquistar mais partes do reino que incluíam os territórios de Iolanda. Carlos, porém, continuava tão abalado pela derrota em Verneuil que se recusou a organizar nova ofensiva. Pior ainda, bem à sua maneira impulsiva e incongruente, apegou-se a um novo conselheiro, Jorge de la Trémoïlle, que fora apresentado na corte por Artur de Richemont no verão de 1427. Embora Iolanda, a princípio, aprovasse essa nomeação – La Trémoïlle tinha um irmão que servira ao duque da Borgonha, a quem a rainha da Sicília esperava usar para promover uma paz negociada com Filipe, o Bom –, ela logo teve motivos para lamentar sua decisão. Corrupto, manhoso e entusiasticamente egoísta, La Trémoïlle, descrito como "um homem gordo de cerca de 40 anos", [11] adulou Carlos e, jogando com suas falhas e inseguranças, convenceu-o a permanecer inativo. Era especialmente hábil em detectar fraquezas alheias e explorar conflitos em proveito próprio. Carlos sabia disso. "Querido primo", [12] disse a Artur de Richemont quando este apresentou La Trémoïlle na corte, "deu-o a mim, mas logo vai se arrepender porque o conheço melhor que você."

Bem depressa, após a ascensão de La Trémoïlle, Iolanda, o principal apoio e mentora de Carlos desde que ele tinha 10 anos, sentiu que perdia a influência sobre seu genro. Isso deve ter sido um choque para a rainha da Sicília, quando não um motivo de extrema irritação depois de tudo o que fizera por ele. Sem dúvida se desentenderam, porque Iolanda deixou abruptamente a corte real e retirou-se para seu castelo de Saumur em junho de 1427. Outros conselheiros também sentiram os efeitos deprimentes da inconstância de Carlos. Três meses depois, o protegido de Iolanda, Artur de Richemont, perdeu o cargo de condestável por influência de La Trémoïlle. Na ausência desses dois elementos-chave, o reino ficou inteiramente à mercê de um conselheiro cujos principais interesses consistiam em minar a confiança do rei a fim de controlá-lo e enriquecer o máximo possível à custa do dinheiro público.

Esse período de grande poder de La Trémoïlle – ele governou quase sozinho a corte de Carlos de setembro de 1427 a setembro de 1428 – sem dúvida assinalou o ponto mais baixo na carreira já pouco brilhante do rei, e os ingleses não deixaram de aproveitá-lo. Na primavera de 1428, correu a notícia de que consideráveis reforços, sob o comando de um consumado general, o conde de Salisbury, chegariam no verão como primeiro passo para uma nova ofensiva de grande envergadura. No dia 28 de abril de 1428, o duque de Bedford convocou às claras um conselho de guerra[13] em Paris para debater as opções militares e determinar o curso futuro das hostilidades antes do desembarque do conde. Filipe, o Bom, empreendeu viagem à capital especialmente para participar do conclave. As notícias dessas conversações – e da vinda iminente de novas tropas da Inglaterra – chegaram logo ao conhecimento de Carlos e de seus aliados; a atmosfera era tensa, pois os que resistiam à aliança dos ingleses e borguinhões já previam um novo morticínio.

Foi nesse clima de mau agouro que Joana fez sua primeira tentativa para se aproximar de Carlos.

A PRIMEIRA SAÍDA DE Joana para o mundo fora de Domrémy justamente nessa ocasião não foi nenhuma coincidência. As vozes – agora santa Catarina e santa Margarida também conversavam com ela – se tornaram ainda mais insistentes em maio de 1428, como reação ao conselho de guerra inglês em Paris e à esperada chegada das tropas do conde de Salisbury. "A voz ordenou[14] que eu fosse para a França e não permanecesse mais onde estava", disse ela. "Ordenou também que me dirigisse a Roberto de Baudricourt, comandante da fortaleza de Vaucouleurs, o qual providenciaria uma escolta para mim."

Não desejando que os pais soubessem de suas intenções – "Quanto a meu pai e minha mãe,[15] as vozes ficariam satisfeitas se eu apenas lhes contasse... Quanto a mim, não lhes contaria por nada neste mundo", admitiu ela.

Joana simulou uma simples visita social a uns tios que moravam a meio caminho entre Domrémy e Vaucouleurs. "Procurei meu tio,[16] dizendo-lhe que ficaria com ele por uns tempos, e, de fato, fiquei oito dias", relatou Joana. "Depois, contei-lhe que precisava ir a Vaucouleurs e meu tio concordou em me levar até lá. Chegando àquela cidade, reconheci prontamente Roberto de Baudricourt, embora nunca o tivesse visto. Mas as vozes me disseram que era ele. Informei então a Roberto que deveria ir para a França."

O tio de Joana – ela o tratava assim, mas era apenas o marido da prima de sua mãe –, que se chamava Durand Laxart, confirmou mais tarde a narrativa do episódio feita por ela, detalhando os argumentos que Joana empregou para convencê-lo a ajudá-la. "Fui buscar Joana[17] na casa de seus pais e levei-a para a minha", contou ele. "Confidenciou-me que pretendia ir à França para se encontrar com o delfim e coroá-lo. Explicou: 'Não foi dito que a França seria perdida por uma mulher e recuperada por uma virgem?' Pediu-me que procurasse Roberto de Baudricourt, o qual a encaminharia ao lugar onde estava o senhor delfim."

Acompanhada pelo parente, Joana chegou em segurança a Vaucouleurs. O traço mais característico da cidade era seu castelo fortificado, um edifício com 23 torres de pedra na margem escarpada do Mosa que abrigava uma guarnição leal a Carlos. Os soldados daquela unidade eram responsáveis pela defesa do território em volta de Vaucouleurs contra os borguinhões. Joana e o primo saíram em busca de Roberto de Baudricourt e por fim o encontraram. Seguiu-se uma conversa que foi ouvida por numerosas pessoas presentes. Esse acontecimento foi estranho o bastante para ser lembrado muito depois: uma desconhecida de 16 anos, com seu vestido ou casaco vermelho surrado, falando em voz alta a um experiente comandante militar enquanto o primo adulto olhava, constrangido. Coisas assim não aconteciam todos os dias em Vaucouleurs. Uma testemunha ocular relatou: "Joana, a Donzela, chegou a Vaucouleurs[18] na época da Ascensão de Nosso Senhor [aproximadamente 14 de maio], pelo que me lembro, e vi-a conversar com Roberto de Baudricourt, então capitão da cidade. Disse-lhe que o procurara, mandada por Deus, porque precisava comunicar ao Delfim que... o Senhor desejava torná-lo Rei e que deveria colocar o reino sob o comando dela, pois, a despeito de seus inimigos, o Delfim seria coroado e Joana o faria coroar". O resultado desse primeiro encontro não foi animador. "O tal Roberto me disse várias vezes[19] que eu deveria levá-la de volta, algemada, para a casa de seus pais", relatou o infeliz primo de Joana, Durand Laxart.

Durand seguiu o conselho do capitão e voltou com Joana para Domrémy, mas a guerra entrou em cena[20] e ela não permaneceu lá por muito tempo. A 22 de junho, seguindo as recomendações do conselho militar de Paris, o duque de Bedford ordenou ao governador do condado vizinho da Champanha, Antônio de Vergy, um borguinhão cujo nome constava da folha de pagamentos dos ingleses, que atacasse a fortaleza de Vaucouleurs. Em julho, Antônio invadiu a região de Bar-Lorena com um exército de 2.500 homens, assustando os moradores de todas as aldeias da área, inclusive Domrémy. Juntando seus pertences e gado, Joana e a família seguiram os vizinhos e fugiram para Neufchâteau, a cidade murada mais próxima, que ficava cerca de quinze quilômetros ao sul de Vaucouleurs.

Neufchâteau era grande o bastante para possuir uma estalagem, de propriedade de uma mulher conhecida como La Rousse (a Ruiva). Ali Joana se instalou, ajudando na cozinha para pagar parte da hospedagem. Tanto essa casa quanto a cidade estavam cheias de civis e militares, todos acossados pela guerra; e, como seria de esperar, falava-se muito sobre a situação política e a necessidade, para o governo de Carlos, de agir contra o inimigo, principalmente porque os borguinhões começavam a destruir pelo fogo os campos em derredor, medida agressiva que qualquer um podia testemunhar simplesmente se postando no alto das muralhas. Todos temiam que Vaucouleurs se rendesse, mas Roberto de Baudricourt e a guarnição resistiram bravamente, de modo que, ao final de julho, o inimigo, achando a fortaleza mais difícil de conquistar do que havia calculado, levantou o cerco e voltou para sua base na Champanha.

DE SEU EXÍLIO em Saumur, Iolanda acompanhava, com crescente preocupação, a nova ofensiva militar inglesa e a resposta patética que Carlos lhe dava. Em geral, como diplomata, ela preferiria trabalhar silenciosamente nos bastidores a fim de reaver sua antiga influência na corte. Mas as condições estavam se deteriorando tão rapidamente que não tinha tempo para isso. Por isso, preparou um golpe.

Em fevereiro de 1428, presidiu em seu castelo um conclave pequeno, mas seleto, a fim de discutir o que poderia ser feito para melhorar a situação militar e política. Estavam presentes nessa conferência privada três ex-membros do conselho de Carlos – Artur de Richemont (o condestável), o duque de Clermont e o conde de Pardiac –, personagens de alta estirpe que, como a própria Iolanda, haviam deixado a corte do rei no ano anterior. Chegou-se a um acordo, mobilizou-se um exército e, no verão, um plano de ação já estava em andamento.

A 15 de junho de 1428, pouco depois da fracassada conversa de Joana com Roberto de Baudricourt, Carlos recebeu uma carta assinada pelo condestável e os dois nobres que Iolanda convocara a Saumur. Nessa carta, os três propunham uma reunião dos "Estados Gerais" (assembleia representativa de todos os territórios fiéis a Carlos) com o rei e seus conselheiros, para determinarem o curso da guerra. Os três "príncipes de sangue" afirmavam querer se reconciliar com o rei, mas apenas se as medidas aceitas após essas deliberações fossem realmente postas em prática (alusão à influência exercida por La Trémoïlle sobre Carlos, que todos reconheciam como inibidora de sua vontade de agir). A fim de garantir o cumprimento dessa cláusula, eles pediam que "a rainha da Sicília e aqueles a quem lhe aprouvesse designar[21] para a tarefa se responsabilizassem pela execução" de quaisquer resoluções tomadas durante aqueles debates – prova da influência decisiva de Iolanda sobre os acontecimentos. O fato de aqueles três príncipes, com a ajuda da rainha da Sicília, terem logrado recrutar um exército capaz de tomar o governo com ou sem a permissão de Carlos era bem conhecido na corte real e aumentou em muito a força de persuasão de seus argumentos.

Carlos não estava em condições de repelir o ultimato. A ameaça de uma nova ofensiva inglesa assustava-o; se o inimigo irrompesse pelo sul da França, ele poderia ser capturado ou morto. Precisava de aliados e tropas, e reconhecia que aqueles três príncipes, uma vez reconciliados, poderiam lhe dar as forças que agora usavam para pressioná-lo. Assim, concordou com todas as suas exigências e, a 15 de setembro, os Estados Gerais se reuniram em Chinon. Iolanda voltara ao poder.

Tendo dessa forma organizado os acontecimentos a seu gosto, a rainha da Sicília retornou à corte de Carlos. Lembrando-se sempre das lições de sua sogra, Maria de Blois, para facilitar o processo de mediação e não ferir suscetibilidades, Iolanda empacotou 500 mil francos que imediatamente doou ao esforço de guerra do rei. Mais importante ainda, levou consigo dois novos e influentes aliados, o duque de Alençon e o conde de Vendôme, nobres de elevado nascimento que, com Richemont, Clermont e Pardiac, agora constituíam o núcleo de seu partido político.

Fez-se a reconciliação e a rainha da Sicília reassumiu seu antigo posto de autoridade no conselho real. Na reunião de setembro, os Estados Gerais e os conselheiros da corte recomendaram que um novo contingente fosse recrutado para fazer face à ameaça inglesa e, conforme o acerto prévio, Iolanda se encarregou de organizar e suprir esse exército. Impusera a ação política que desejava – enfrentar os ingleses – e tinha autoridade para implementá-la. Trabalhou febrilmente durante os meses seguintes a fim de reunir os melhores e mais experientes comandantes e soldados disponíveis nos domínios de Carlos, além das provisões e do equipamento necessários. No inverno, tudo estava pronto, aguardando apenas a ordem do rei para atacar.

Mas, a despeito de seus esforços, Iolanda não conseguiu convencer Carlos a agir militarmente – e só ele podia pôr o exército em movimento. Métodos mais sutis seriam necessários para demovê-lo.

EM SETEMBRO, os reforços sob o comando do conde de Salisbury chegaram a Paris e os ingleses se prepararam novamente para desfechar uma ofensiva. Contrariando as ordens do duque de Bedford, que queria atacar e tomar Anjou, o conde de Salisbury escolheu Orléans, a meio caminho entre Paris e Bourges, como seu principal alvo. Orléans, na margem norte do Loire, era protegida por uma série de muralhas e fossos, mas vulnerável a um bloqueio. Em outubro, o conde de Salisbury já tomara várias cidades das imediações, inclusive um importante forte na margem sul do rio, isolando assim Orléans. Embora Salisbury viesse a falecer de ferimentos recebidos durante o ataque, foi imediatamente substituído pelo conde de Suffolk, cujo plano era muito simples: submeter os habitantes pela fome. As forças inglesas cercaram a cidade e se prepararam para o inverno. Assim começou o sítio de Orléans.

Carlos, embora houvesse concordado em implementar as políticas de guerra recomendadas por seus conselheiros e pela assembleia geral, hesitava. Aterrorizava-o a perspectiva da derrota e esse medo se manifestava sob a forma de uma obsessão com a possibilidade de ser filho ilegítimo. Como parte de uma campanha de propaganda para aliciar seus súditos franceses, os ingleses haviam posto em circulação um cartaz que pintava em verso e imagens a estirpe de Henrique VI, remontando a genealogia do menino ao grande rei francês Luís IX (mais tarde canonizado como são Luís; todos na França, do camponês mais humilde ao aristocrata de maior prosápia, conheciam e reverenciavam esse santo). O poema que acompanhava essa representação pictórica incrivelmente astuta e persuasiva enfatizava os direitos do filho de Henrique V à coroa francesa. "Pois Henrique é, em oitavo grau,[22]/Filho e legítimo herdeiro de são Luís/... E possui por herança/As duas coroas da Inglaterra e da França", cantou o poeta encarregado dessa tarefa. Insinuava-se, obviamente, que Carlos *não* era legítimo – que não passava de um bastardo de Luís, duque de Orléans, com Isabel da Bavária, acusação que esta negou veementemente e que o cronista João Chartier acusou os ingleses de espalhar de propósito – após o que, escreveu ele, a rainha "nunca mais teve alegria em seu coração".[23]

Embora a mácula da ilegitimidade de Carlos VII fosse persegui-lo pelos séculos afora, as evidências sustentam a teoria de que ele era, certamente, filho do rei da França. Nenhum cronista sequer mencionou as críticas ao relacionamento de Isabel com o duque de Orléans até 1405 e Carlos foi concebido em 1402, quando a fidelidade dela ao marido não era posta em dúvida. Além disso, com base na data de seu nascimento (22 de fevereiro de 1403), a ciência moderna pode estabelecer o período da concepção de Carlos entre 30 de maio e 1º de junho de 1402. O Monge de Saint-Denis declarou especificamente que, "no começo do mês de junho[24] [1402]", o duque da Borgonha foi informado da recuperação do rei de uma de suas crises psicóticas. No entanto, o duque da Borgonha estava por essa época em seus territórios do norte, ou seja, um mensageiro levaria pelo menos alguns dias, se não uma semana, para transmitir essa informação a ele – de sorte que Carlos VI deve ter se recuperado na última semana de maio. Para provar que se sentia bem, o rei teria voltado a dormir com a esposa, ação cujo fruto foi Carlos VII.

Mas não importava quantas vezes Iolanda lhe assegurasse que era legítimo – "você é filho de rei",[25] repetia-lhe sem cessar ao longo dos anos –, Carlos continuava atormentado pelo medo de não ser legalmente herdeiro do trono, motivo pelo qual seus exércitos eram sempre derrotados pelos ingleses. Pior ainda, atiçado por Jorge de la Trémoïlle, que estava no auge de sua influência enquanto o rei vacilava como nunca, em vez de lançar um contra-ataque, começou a remoer a ideia de fugir do reino a fim de evitar cair em desgraça ou ser capturado. Um dos camareiros de Carlos relatou mais tarde que, em 1428, ele entrou em sua capela privada e orou silenciosamente, "não dizendo nada, mas pedindo a Deus[26] do fundo do coração que, se fosse mesmo o herdeiro legítimo do sangue e da nobre casa da França, e se o reino legalmente lhe pertencesse, Deus o protegeria e defenderia; ou, pelo menos, lhe conferiria a graça de escapar à morte ou ao cativeiro, fugindo para a Espanha ou a Escócia, cujos reis eram havia muito irmãos de armas e aliados dos monarcas da França; por isso os escolhera como derradeiro refúgio".

Ver o genro abandonar o reino era o pior que poderia acontecer não apenas à sua filha Maria, mas à própria Iolanda. Se o rei fugisse, o exército inglês marcharia sem obstáculos contra seu território e a rainha da Sicília perderia todas as propriedades e castelos que possuía em Anjou e Saumur. Isso era inaceitável. E ela conhecia todos os detalhes do plano. Carlos deve ter pensado que conservava suas preces para si mesmo, mas os sentimentos que supunha confiar apenas a Deus dificilmente escapariam aos membros de seu círculo, sobretudo a esposa e a sogra. Iolanda tinha olhos e ouvidos por toda a corte; muitos criados que agora atendiam ao rei haviam estado antes a serviço da rainha da Sicília como membros da família e continuavam fiéis a ela. Não que espiões fossem muito necessários naquela instância; a ideia de fugir para a Escócia, por exemplo, fora amplamente divulgada pelos conselheiros de Carlos. Já em abril de 1428, ele enviara embaixadores para combinar o casamento de seu filho Luís com a filha do rei escocês, a fim de tornar viável essa opção mais tarde. As notícias sobre o projeto escocês de Carlos tinham se espalhado a tal ponto que a própria Joana mencionou a Escócia numa conversa casual com um homem que, na época, era um completo estranho para ela. "Preciso correr para junto do rei,[27] ainda que gaste os pés até os joelhos. Pois não há ninguém mais no mundo, nem rei nem duque ou mesmo filha de rei da Escócia, que possa recuperar o reino da França", disse ela.

Boas razões tinha Carlos para procurar a aliança com o rei da Escócia e ajoelhar-se pedindo a ajuda de Deus. O ataque a Orléans era um golpe destinado a feri-lo tanto emocional quanto militarmente, expondo a futilidade de seus esforços. Com medo de que a volta do popular duque de Orléans levasse a novas rebeliões na França, o governo da regência se recusava a pagar seu resgate, de modo que, treze anos após Azincourt, o duque continuava prisioneiro dos ingleses. Ter um príncipe real da outrora poderosa França mantido no cativeiro por tanto tempo já era desgraça suficiente; mas que os ingleses se aproveitassem dessa ausência para tomar e talvez usurpar seu patrimônio era, ao menos para a gente simples, impensável. Contudo, durante o inverno de 1428 e os primeiros meses de 1429, o rei permaneceu completamente inativo. Era como se Carlos esperasse, desejasse – implorasse – um sinal de Deus para saber quem era e o que devia fazer.

A frustração que Iolanda de Aragão sentiu diante da obstinação do rei deve ter sido esmagadora. Lutara para recrutar e suprir um forte exército... mas Carlos se recusava a usá-lo! E dentro de meses, talvez semanas, os ingleses poderiam tomar Orléans! Ansiosa para sacudi-lo de sua letargia, a rainha da Sicília se viu obrigada a intervir de novo.

Por essa época – a data não foi registrada –, um mensageiro real chamado Colet de Vienne foi discretamente enviado à corte da Lorena. Eventos posteriores mostrariam que não partiu por ordem do rei, pois Carlos ignorava seu paradeiro e seu papel no drama que estava por vir. Com mais probabilidade, então, o mensageiro foi enviado como portador de uma comunicação familiar de rotina de Iolanda (ou da rainha Maria, agindo em nome da mãe) para seu filho, já que ninguém mais na corte tinha negócios na Lorena. Mas a incumbência de Colet de Vienne não era nada rotineira.

Sem a certeza de que Deus estava com ele o rei não tomaria as medidas militares que ela recomendava? Pois bem, Iolanda providenciaria para que suas preces fossem atendidas.

NO INVERNO de 1428, a situação se agravou tanto que o clero francês foi convocado para organizar procissões semanais na esperança de que essa demonstração pública de fé encontrasse favor junto a Deus e conduzisse à "prosperidade das armas do rei".[28] Em resposta, as vozes de Joana se tornaram mais prementes e ordenaram-lhe que de novo procurasse Roberto de Baudricourt, agora com uma nova missão. "A voz me disse,[29] duas ou três vezes por semana, que eu, Joana, deveria partir, ir para a França e... levantar o cerco da cidade de Orléans", relatou mais tarde aos inquisidores. "Respondi que não passava de uma pobre moça que não sabia montar nem conduzir homens na guerra." Em dezembro de 1428 ou começo de janeiro de 1429, Joana solicitou outra vez o auxílio de seu primo e foi a Vaucouleurs. Não tentou se encontrar com Roberto de Baudricourt imediatamente, como fizera antes, mas se instalou na residência de um casal que morava na cidade, Henrique e Catarina le Royer. Então, Joana já estava convencida de que era a virgem mencionada na profecia e não fez segredo de sua crença nem dos motivos de sua visita. "Quando Joana se preparou para deixar a cidade,[30] estivera em minha casa por três semanas", testemunhou Catarina le Royer mais tarde. "Foi então que pediu audiência com o lorde senhor Roberto de Baudricourt, para que ele a conduzisse ao local onde estava o delfim. Mas o lorde senhor Roberto não quis levá-la. Quando viu que o lorde senhor Roberto não a levaria, Joana disse – eu a ouvi – que precisava encontrar o delfim. 'Não conhece a profecia segundo a qual a França seria perdida por uma mulher e recuperada por uma virgem das regiões da Lorena?' Lembro-me muito bem de ter ouvido isso e fiquei perplexa... Daí por diante confiei em suas palavras, como muitas outras pessoas", narrou Catarina.

Essa foi a segunda recusa de Roberto a acompanhar Joana, mas não tão desdenhosa ou veemente quanto a primeira. Durante as três semanas que passou em Vaucouleurs, Joana se dedicou a conquistar apoio para sua missão. As pessoas com quem estava vivendo se ofereceram, elas próprias, para levá-la: ficaram muito impressionadas com suas palavras, sua piedade, sua paixão – e concordaram com sua opinião de que o cerco de Orléans tinha de ser levantado e Carlos coroado em Reims, recuperando assim seus direitos hereditários como rei da França. Com Durand Laxart e outro homem de Vaucouleurs, Jacques Alain, Joana saiu por conta própria em busca da corte de Carlos. Mas, refletindo melhor, voltou a Vaucouleurs dizendo aos companheiros que "não era daquela maneira que deveriam partir".[31] Contudo, a tentativa era uma prova de que a opinião pública da cidade mudara suficientemente em seu favor para Roberto de Baudricourt se sentir pressionado.

Roberto podia ser a maior autoridade em Vaucouleurs, mas, como qualquer outro cavaleiro, rendia vassalagem a um grande senhor, com quem mantinha regularmente contato e de quem recebia instruções militares. Era íntimo de seu *seigneur*, do qual mais tarde se tornaria camareiro e conselheiro muito estimado. O grande senhor de Roberto de Baudricourt era o filho de Iolanda de Aragão, Renato, futuro duque de Bar e da Lorena.

Renato, então com 20 anos, já tinha dois filhos e uma filha. Tanto seu tio quanto seu sogro estavam doentes – morreriam nos próximos dois anos – e ele arcava com o grosso do trabalho da administração de Bar e da Lorena.

Conservara seu amor pela arte, ainda lia sofregamente romances e mostrava-se um leal seguidor da tradição cavalheiresca, mas tinha plena consciência da gravidade do conflito com a Inglaterra e da necessidade de proteger seus ducados da usurpação. Roberto de Baudricourt era um de seus melhores homens e defendera bravamente a fortaleza de Vaucouleurs. Os dois se comunicavam com frequência. "O registro dos arquivos de La Meuse...[32] preservam indícios de uma correspondência regular entre o duque de Bar [Renato] e Baudricourt", escreveu o grande estudioso francês Anatole France.

Roberto, sem saber o que fazer com Joana, agora considerada vidente ou santa por um vasto círculo de adeptos, deve ter informado a corte da Lorena de sua existência. Com efeito, a 29 de janeiro de 1429, depois de receber um despacho de Renato, ele de repente se dispôs a submeter Joana a uma série de testes. Para grande surpresa de sua anfitriã, Catarina le Royer, o capitão, acompanhado por um padre, apareceu um dia à sua porta – algo que, claramente, jamais havia acontecido – e perguntou por Joana. "Vi Roberto de Baudricourt,[33] na época capitão da cidade de Vaucouleurs, entrar em minha casa na companhia do senhor João Fournier", atestou Catarina mais tarde. "Ouvi-o dizer a Joana que este último, um sacerdote, exorcizara sua estola na presença dele, capitão, de modo que, se houvesse algum mal em Joana, ela não se aproximaria deles, mas, se houvesse algum bem, faria isso. Então Joana caminhou em direção ao padre e se ajoelhou diante dele."

Satisfeita a precaução do exorcismo, um mensageiro da corte da Lorena apareceu logo depois em Vaucouleurs procurando Joana. Ela foi informada de que o velho duque – sogro de Renato – estava enfermo e queria consultá-la sobre sua doença; o mensageiro trouxera um salvo-conduto para Joana até a cidade de Nancy, onde se encontrava o duque. Esse convite deve ter causado alvoroço entre a população, pois Joana logo se viu alvo de uma torrente de generosidade. Havia, antes de tudo, a preocupação com o fato de suas roupas serem simples demais para ela aparecer diante do duque ou para protegê-la adequadamente dos rigores de uma longa jornada no inverno. "Quando Joana, a Donzela, chegou[34] à localidade de Vaucouleurs, na diocese de Toul, trajava roupas pobres, roupas de mulher, e vermelhas", relatou João de Novellompont, outro morador da cidade. Depois de receber o convite do duque da Lorena, "Perguntei-lhe se queria ir com suas próprias roupas",[35] continua João. "Ela respondeu que preferiria roupas de homem. Então lhe emprestei casacos e calças de meus servos, para ela vestir. Feito isso, os habitantes de Vaucouleurs mandaram confeccionar roupas masculinas para Joana, sapatos e tudo o mais que lhe fosse necessário, dando-lhe também um cavalo no valor de 16 francos. Uma vez vestida e montada, com um salvo-conduto do duque da Lorena, a Donzela partiu ao encontro daquele senhor e eu a acompanhei até a cidade de Toul."

Portanto, a sugestão de mudar de roupa não partiu da própria Joana e sim de um dedicado protetor que se preocupava com a impressão que ela causaria caso se apresentasse com os trajes de sempre. Ele também não achou estranho que Joana preferisse roupas de homem. A jovem empreenderia uma jornada em que, apesar do salvo-conduto, ficaria vulnerável a soldados desgarrados e bandidos; além disso, teria a companhia de homens durante toda a viagem, sendo obrigada a conviver com eles e a dormir ao seu lado. Joana era virgem e assim devia permanecer; quanto menos tentação, melhor. Trajes masculinos, naquelas circunstâncias, constituíam uma forma bem prática de proteção.

Igualmente interessante foi o caso da compra do cavalo. Como Joana não protestou quando o povo de Vaucouleurs lhe ofereceu uma montaria, mas apenas agradeceu e rumou para Nancy, é de presumir que por essa época já aprendera a cavalgar. Seus vizinhos talvez a tenham ajudado a adquirir essa habilidade, sabendo que a jovem precisaria dela no futuro para levar a cabo sua missão. E talvez isso explique também por que Joana esperou três semanas mais ou menos antes de procurar Roberto de Baudricourt pela segunda vez. Ela já sentia certo fascínio por soldados e pode ter aproveitado esse interlúdio para observar os homens em seus exercícios militares a fim de imitá-los. Certamente, caso desejasse se habituar aos costumes e à tática dos exércitos, não escolheria lugar melhor para isso do que a fortaleza de Vaucouleurs.

Devidamente aparelhada, Joana atendeu ao convite do duque e partiu para Nancy, provavelmente no início de fevereiro de 1429. "O duque da Lorena pediu[36] que eu fosse até ele", relatou Joana. "Fui e declarei-lhe que queria ir à França; o duque me perguntou sobre a restauração de sua saúde e respondi-lhe que, sobre isso, não sabia nada; contei-lhe muito pouco sobre minha viagem, mas disse-lhe que ele precisava me dar seu filho e alguns homens para me levarem à França, e que eu pediria a Deus por sua saúde; cheguei até o duque graças a um salvo-conduto e depois voltei a Vaucouleurs." A alusão de Joana ao "filho" do duque indica que Renato estava presente à audiência.[37]

Renato teve assim a oportunidade de observar o comportamento de Joana e estudar seu caráter. Já sabia, por Roberto, que aquela moça alegava ser a virgem das profecias e que era assim considerada pelo povo de Vaucouleurs; e o que viu de Joana na entrevista dela com seu sogro apenas confirmou essas informações. Apesar das roupas masculinas, ali estava uma jovem modesta, obviamente piedosa e extremamente segura dizendo-se enviada por Deus, muito confiante e tranquila na presença de um poderoso aristocrata. Além de pedir que o duque a ajudasse em sua missão, Joana aparentemente também o censurou com brandura por ter abandonado a esposa e se unido a outra mulher. Segundo uma testemunha, Joana "disse ao duque que ele estava agindo muito mal[38] e jamais recuperaria a saúde caso não se emendasse, exortando-o a se reconciliar com a esposa". Essa é outra indicação de que as notícias oriundas do círculo do duque da Lorena tinham chegado até a longínqua Domrémy, pois Joana era muito específica quando se tratava das informações recebidas dos anjos e em parte alguma de seu testemunho mencionou que eles a houvessem posto a par desses mexericos.

Renato devia também saber, por Roberto de Baudricourt, que Joana considerava Carlos o legítimo rei da França e insistia na necessidade de levantar o cerco de Orléans – e isso refletia os pontos de vista do próprio Renato, o que não era de estranhar, pois as opiniões de Joana foram moldadas ao longo dos anos por informações vindas de sua corte. "Justamente porque suas palavras coincidiam em tudo[39] com as profecias correntes entre os adeptos de Carlos, Joana podia contar com uma recepção calorosa, ao menos por parte daqueles que pensavam como ela", observou o renomado medievalista Charles T. Wood. Se Joana não era uma encarnação de Melusina, personificava-a muito bem; fora posta à prova por um sacerdote; era, sem dúvida, uma santa; merecia uma oportunidade.

Renato deve ter informado sua mãe da existência de Joana antes dessa entrevista, pois Colet de Vienne, o mensageiro real enviado por Iolanda, já estava em Nancy esperando instruções quando Joana chegou. E imediatamente depois do encontro, Colet de Vienne partiu para Vaucouleurs com uma carta de Renato para Roberto de Baudricourt. Colet viajou rapidamente e chegou antes de Joana, que parara no caminho, para visitar um santuário local.

Assim, na volta, Joana descobriu que Roberto de Baudricourt, sem razão aparente, decidira reconsiderar seu pedido. Mais: estava pronto para atender às suas vontades e a fornecer-lhe uma escolta até a corte real em Chinon, onde Carlos agora residia.* Colet de Vienne, que já fizera aquela viagem e conhecia bem o caminho, chefiaria o grupo. "Roberto, por duas vezes, se esquivou e me repeliu;[40] da terceira, recebeu-me e deu-me homens", lembrou Joana mais tarde. "A voz me dissera que assim sucederia."

Joana deixou Vaucouleurs rumo a Chinon no dia 12 de fevereiro de 1429. Roberto de Baudricourt estava presente no momento da partida; presenteara-a com uma espada, que ela segurava na mão. "Roberto de Baudricourt fez com que meus acompanhantes[41] jurassem me conduzir com respeito e segurança", relatou Joana. "Depois, me disse: 'Vá. E o que tiver de acontecer, aconteça'."

---

* A opinião mais comum é que Roberto de Baudricourt simplesmente mudou de ideia a respeito de Joana e enviou-a a Carlos valendo-se de sua própria autoridade. Isso é muito improvável. O posto de Roberto não lhe permitia tomar essa decisão. A intervenção do mensageiro real é mais uma prova de que a ordem de enviar Joana a Carlos partiu de Renato.

CAPÍTULO 8

Joana Encontra o Delfim

Quando passei pela cidade¹ de Sainte-Catherine-de-Fierbois, mandei [uma carta] ao meu rei; depois, parti para Chinon, onde ele estava; cheguei por volta do meio-dia e encontrei alojamento numa estalagem.
— *Joana d'Arc em resposta a um inquisidor, durante seu julgamento, 1431*

VIAGEM DESDE VAUCOULEURS durou onze dias. Para alcançar Chinon, Joana e seus companheiros precisaram atravessar território controlado pelos ingleses e borguinhões. Se traíssem de algum modo sua filiação política ou fossem interceptados por não levar salvo-conduto, seriam detidos ou talvez mortos. Embora Colet de Vienne conhecesse, de expedições anteriores, as estradas e cidades que deveriam evitar, eram um grupo grande o bastante para chamar a atenção, de modo que, a fim de não se expor, muitas vezes viajavam à noite. Mas a noite trazia seus próprios perigos; no escuro, tornavam-se alvo de bandos de malfeitores ou mercenários que atacavam viajantes perdidos ou pobres demais para encontrar abrigo. Mais tarde, membros da comitiva de

Joana se lembrariam vividamente da necessidade de discrição e do temor que sentiram, "pois os soldados borguinhões e ingleses[2] infestavam as estradas".

Talvez por causa do medo, no princípio ficaram ressentidos com Joana. Apesar da advertência de Roberto de Baudricourt para conduzi-la "com respeito e segurança", pelo menos alguns dos homens acharam que estavam arriscando a vida numa viagem inútil e tentaram puni-la. "Depois ouvi aqueles que a levaram[3] ao rei falar a respeito, dizendo que, no começo, julgavam-na presunçosa e queriam pô-la à prova... Tencionavam pedir-lhe que se deitasse carnalmente com eles", evocou Marguerite la Touroulde, uma testemunha. "Mas, quando se decidiram a falar-lhe, ficaram tão envergonhados que não conseguiram dizer uma palavra." Bertrand de Poulengy, um dos primeiros a apoiar Joana em Vaucouleurs, lembrava-se de que "todas as noites ela se deitava[4] perto de mim e de João de Metz, com as calças e o casaco bem abotoados. Eu era jovem então, mas não sentia nenhum desejo carnal de tocá-la... por causa da imensa bondade que via nela". Justifica-se assim, plenamente, a precaução que Joana tomara de usar roupas masculinas. Os trajes ajudavam os outros membros do grupo a separar a feminilidade da espiritualidade de Joana; e sua modéstia e piedade logo foram reconhecidas. No fim da jornada, a coragem exemplar e o comportamento irrepreensível da jovem haviam conquistado completamente todos os que a acompanhavam. "Ela nunca praguejava[5] e eu me sentia bastante estimulado por suas palavras, pois achava que fora enviada por Deus. Nunca vi nela mal algum, ao contrário, era tão virtuosa que parecia uma santa", atesta Bertrand. João de Novellompont concorda: "A Donzela sempre nos recomendava não ter medo,[6] pois tinha um mandato a cumprir... Creio que foi enviada por Deus... Gostava de ouvir missa e fazia o sinal da cruz", diz ele. "Por isso a levamos ao rei, no palácio de Chinon, o mais secretamente que pudemos."

Chegaram no dia 23 de fevereiro de 1429, por volta do meio-dia, e foram se hospedar numa estalagem local. "Mandei cartas ao meu rei,[7] dizendo que o fazia para saber se poderia entrar na cidade onde ele se encontrava e que percorrera 150 léguas a fim de vê-lo e ajudá-lo, sabedora que era de muitas coisas que lhe diziam respeito. Creio também que, nas mesmas cartas, ficou dito que eu reconheceria o rei no meio de todos", disse Joana.

Mas o simples fato de sobreviver a essa perigosa viagem e anunciar sua chegada não bastava para garantir o sucesso da missão de Joana. Precisava ainda conseguir que Carlos a recebesse, acontecimento que ela serenamente acreditava iria ocorrer, mas os membros de sua escolta não pensavam assim. E tinham razão em duvidar, pois a corte real estava profundamente dividida quanto à conveniência de Carlos encontrá-la ou não. Jorge de la Trémoïlle, sobretudo, se opunha à ideia de permitir o acesso de Joana ao rei e falava abertamente contra ela. Quando a corte recebeu a carta de Joana anunciando sua chegada, La Trémoïlle encabeçou a facção que convenceu Carlos a mandar emissários, não para acolhê-la, mas para interrogá-la. Disse Simon Charles, membro da administração do rei: "Tenho conhecimento de que, quando Joana chegou a Chinon,[8] o conselho deliberou para decidir se o rei deveria ouvi-la ou não. De início, mandaram perguntar-lhe por que viera e o que queria... Ela respondeu que tinha dois motivos, para os quais dispunha de um mandato do Rei do Céu; um, levantar o cerco de Orléans e o outro, conduzir o rei a Reims para ser coroado. Ouvindo isso, alguns conselheiros do rei declararam que ele não deveria de forma alguma confiar em Joana; outros, que, como ela se dizia enviada por Deus e tinha algo a lhe dizer, que pelo menos a ouvisse".

Os "outros" eram os membros do conselho aliados de Iolanda de Aragão. "Não há indício de que alguém da casa de Anjou se opusesse[9] à 'missão' de Joana", observou o medievalista M. G. A. Vale. É dizer pouco: na verdade, foram Iolanda e seus partidários no conselho que pressionaram Carlos para ver Joana e ouvir o que ela tinha a dizer. "Orliac [um conhecido historiador francês] atribuiu papel de relevo[10] aos angevinos, sobretudo a Iolanda de Aragão, no desenrolar da carreira da Donzela", escreveu Margaret Kekewich. "Ela foi abrigada, alimentada e encorajada por vários serviçais angevinos no caminho de Chinon e enquanto permaneceu no vale do Loire."

Carlos, sempre hesitante, levou o dia todo para se decidir, mas finalmente sua ânsia de conforto espiritual prevaleceu e Joana foi convidada ao castelo. Chegou tarde da noite. A oposição, percebendo o que estava por trás da visita daquela camponesa – uma cartada de Iolanda de Aragão e seu partido para se imporem na corte –, lutou desesperadamente, até o último minuto, para impedir Carlos de encontrá-la. La Trémoïlle usou de todos os meios de persuasão ao seu alcance para perturbar o rei e fazê-lo mudar de ideia, estratagema que havia vários meses vinha empregando com notável êxito para se manter no poder. Mas Iolanda e sua família conheciam os medos e superstições de Carlos bem melhor que qualquer de seus rivais, e empregaram os argumentos a que, conforme sabiam, ele era mais suscetível.

"Quando ela [Joana] entrou no castelo[11] de Chinon para ir à presença do rei, este, instigado por seus principais cortesãos, hesitou em recebê-la, até saber que Roberto de Baudricourt lhe escrevera dizendo que estava lhe mandando uma mulher, a qual fora conduzida pelo território dos inimigos do rei e, de maneira quase miraculosa, vadeara inúmeros rios a fim de encontrá-lo", relatou Simon Charles. "Por isso, o rei se sentiu obrigado a ouvi-la e concedeu-lhe audiência." Como Roberto de Baudricourt, em Vaucouleurs, não tinha meios de saber o que acontecera durante a viagem de Joana, ou mesmo se ela chegara em segurança, deve-se presumir que a tal carta fosse uma invenção dos membros do partido de Iolanda para enfatizar os aspectos místicos do caso.* Jorge de la Trémoïlle perdeu a partida e Joana foi convidada a entrar no grande saguão.

Era a primeira experiência da jovem numa corte real e, embora o ambiente fosse muito menos luxuoso que os de Paris, o esplendor do séquito de Carlos bastou para deixá-la deslumbrada: "Havia mais de trezentos cavaleiros[12] e cinquenta tochas", relatou Joana mais tarde, com admiração. Ela deve ter parecido tão estranha a eles quanto eles a ela: uma jovem magra, obviamente provinciana, vestida de homem; já havia cortado os cabelos ao estilo dos pajens, em forma de cuia, o que ressaltava ainda mais a natureza singular, sobrenatural de sua figura. Mesmo agora, prestes a alcançar seu objetivo, tinha de se haver com um derradeiro obstáculo: Carlos, com medo de enfrentá-la, tentava se esconder por trás dos cortesãos. Muito se discutiu sobre como Joana reconheceu aquele homem, a quem nunca vira, apesar do subterfúgio por ele empregado, o que muito contribuiu para dar ares milagrosos à sua visita. "Quando o rei soube que ela vinha,[13] retirou-se para o meio dos outros", relata Simon Charles. "Joana, porém, reconheceu-o prontamente,

---

* Era vital que Carlos[14] não percebesse os vínculos entre Renato e Joana, preservando-se assim a ilusão de que Iolanda de Aragão nada tinha a ver com a chegada de Joana à corte. Esse era o motivo de Roberto de Baudricourt sempre parecer agir com base em sua própria autoridade no caso da Donzela. "Era importante para Joana dar a entender que viera a Carlos sem a ajuda de ninguém, exceto de Deus e de uma carta de recomendação assinada por Roberto de Baudricourt, o leal capitão de Vaucouleurs", observa M. G. A. Vale. "Caso se soubesse que ela provinha de um dos feudos do filho de Iolanda, essa exibição de patrocínio não teria sido nada habilidosa."

fez-lhe uma reverência e conversou com ele por algum tempo." A própria Joana confirmou essa observação. "Ao entrar na sala de meu rei,[15] avistei-o entre os demais, orientada pelas vozes", disse simplesmente.

Esse episódio, como seria de esperar, foi atribuído à revelação divina; mas talvez haja outra explicação para a perspicácia de Joana. Na verdade, ela não descobriu Carlos depois de vagar sozinha pelo salão principal, em meio a trezentos cavaleiros, conforme se pretende; ao contrário, foi *escoltada* até a presença dele pelo conde de Vendôme. Este era um dos que haviam acompanhado fielmente Iolanda de Aragão quando ela voltara à corte real no mês de setembro anterior e um dos que formavam o núcleo de seu partido político. Compreendeu perfeitamente o que estava em jogo e como era importante que aquela moça visse Carlos para convencê-lo a permanecer na França, lutando contra os ingleses. O conde de Vendôme, não vendo o rei no lugar onde o deixara, teria naturalmente olhado em volta a fim de localizá-lo; conhecia-o bem. Como, para os acompanhantes de Joana, era imprescindível que ela encontrasse o rei, não é de surpreender que a jovem fizesse justamente isso. Também ajudou muito o fato de Carlos ter uma aparência inconfundível. Herdara o nariz enorme do pai e do tio, o que devia ser conhecido até mesmo em Domrémy.

Como quer que Joana o tenha reconhecido, ao aproximar-se de Carlos demonstrou a mesma piedade, paixão e força de ânimo que tanto haviam impressionado quem a conhecera antes. Com mostras de profundo respeito, que devem ter posto imediatamente aquele rei tímido bem à vontade, inclinou-se diante de Carlos. "Eu estava presente no castelo[16] e na cidade de Chinon quando a Donzela chegou. Vi-a apresentar-se a sua majestade real", contou Raul de Gaucourt, membro do círculo de Carlos. "Mostrou grande humildade e simplicidade de maneiras, a pobre pastorinha... Ouvi-a dizer estas palavras ao rei: 'Mui nobre senhor delfim, vim a mandado de Deus para ajudá-lo e ao reino'." O duque de Alençon, que estava ausente caçando codornizes, foi chamado às pressas a Chinon: "Um mensageiro apareceu e me informou[17] de que uma donzela estava na corte do rei dizendo-se enviada por Deus a fim de expulsar os ingleses e levantar o cerco que eles haviam posto à cidade de Orléans". Joana descreveu mais tarde a seu confessor, João Pasquerel, nos mínimos detalhes, o encontro que tivera com Carlos: "Quando [o rei] a viu, perguntou a Joana como se chamava[18] e ela respondeu: 'Gentil delfim, sou Joana, a Donzela, e o Rei do Céu ordena que por intermédio de mim seja ungido e coroado na cidade de Reims, como representante Dele, rei da França... Digo-lhe, da parte do Senhor, que é o verdadeiro herdeiro do trono e filho de rei. Ele me mandou aqui para levá-lo a Reims, onde será ungido e consagrado, se quiser'. Em seguida, o rei disse a seus cortesãos que Joana lhe confiara um segredo, o qual, porém, ninguém sabia nem devia saber, exceto Deus; por tal motivo, tinha grande confiança nela. Tudo isso eu ouvi da boca de Joana, pois não estava presente", relatou frei Pasquerel.

O segredo que Joana confidenciou a Carlos para conquistar sua confiança tem permanecido um mistério e um tema de especulação há seis séculos. Para alguns, ela entregou ao rei um anel que confirmava seu nascimento real; para outros, revelou-lhe que era sua meia-irmã, fruto de uma ligação de Isabel da Baviera com o duque de Orléans, tendo sido levada do Hôtel Saint-Pol logo depois de nascer a fim de ser criada por camponeses em Domrémy. Essas duas hipóteses, como outras do mesmo teor, foram há muito tempo refutadas por evidências históricas e por consenso geral, só persistindo como ficção.

Na verdade, não houve nenhum "sinal" desse tipo. A própria Joana se mostrou ofendida ao ser mais tarde questionada sobre o assunto pelos conselheiros de Carlos: "Por Deus, não vim[19] a Poitiers para exibir prodígios; levem-me a Orléans e verão os que fui encarregada de operar!". O que Joana fez foi falar, com seu jeito convincentemente passional, diretamente aos medos mais íntimos de Carlos, sobretudo à obsessão que ele alimentava de não ser filho legítimo. No fim da vida, em confissão – quando, em geral, as pessoas não mentem –, Carlos confirmou ter acreditado em Joana porque a jovem conhecia a "prece secreta"[20] que ele dirigira a Deus. Essa prece consistia de três "pedidos", sendo o principal que suas perguntas concernentes ao próprio nascimento fossem respondidas por Deus e ele acabasse reconhecido, em seu foro íntimo e por todo o reino, como o filho legítimo de Carlos VI, rei da França, e portanto o herdeiro incontestável do trono.*

---

* Que Carlos tenha orado em silêncio, embora não necessariamente a sós, pedindo esses favores a Deus em 1428, é confirmado por Guilherme Gouffier, mais tarde um dos camareiros do rei. Guilherme, que como parte de seus deveres dormia no quarto do rei, garantiu que Carlos lhe dera essa informação uma noite. A prece dificilmente seria tão secreta se Carlos a comunicou a um serviçal. Por coincidência, Guilherme Gouffier era também um ex-membro do círculo de Iolanda de Aragão.

Com essa súplica sincera, Carlos pedia a Deus três coisas: a confirmação de que era quem pensava ser, a fim de silenciar as dúvidas suscitadas pela oposição, que atormentavam sua alma e confundiam sua mente; ajuda e amparo na luta contra os ingleses; e, finalmente, proteção contra todos os males e indicação do caminho certo a seguir. E eis que subitamente Joana, uma camponesa sem dúvida nenhuma devota e com fama de santa, surge dos confins do reino prometendo levantar o cerco de Orléans e expulsar os ingleses com palavras que ecoam literalmente os termos de sua prece: "Digo-lhe, da parte do Senhor,[21] que é o verdadeiro rei da França e filho de rei. Ele me mandou aqui para levá-lo a Reims". Em sua pior hora, Carlos implorara um sinal do favor divino e Deus o atendera enviando uma mensageira para confirmá-lo da verdade. A história e a literatura estavam repletas de acontecimentos miraculosos; por que este não o seria também? Que outra explicação haveria para a presença de Joana na corte? De que outro modo poderia ela, pobre camponesa ignorante de uma região longínqua, saber o que se passava no coração do rei? Que mais, a não ser uma ordem divina, induziria aquela jovem a empreender uma jornada perigosa, com tão pouca perspectiva de sucesso? Carlos pedira um talismã – e Deus lhe mandara um. Joana não precisava operar um prodígio, *ela própria era o prodígio*.

Após a conversa, "o rei parecia radiante",[22] narrou Simon Charles. Não mais inseguro, começou a agir energicamente, voltando a acreditar em si mesmo e em sua causa. A vida do rei e o curso da guerra agora tomariam novo rumo – e tudo se devia àquele encontro. "Apresentar uma profetisa ao impressionável Carlos[23] foi algo assim como um golpe de gênio político", admitiu seu biógrafo M. G. A. Vale.

CARLOS ORDENOU que tratassem Joana como convidada em sua corte, onde permaneceria por uma semana, enquanto ele decidisse exatamente o que fazer com ela. Deram-lhe aposentos na torre de um de seus castelos, um pajem para acompanhá-la durante o dia e um pequeno grupo de criadas para servi-la durante a noite. Segundo o duque de Alençon, na manhã seguinte, "Joana compareceu à missa do rei e,[24] quando o viu, fez-lhe uma profunda reverência; ele então a levou para uma sala, convidando a mim e ao senhor de La Trémoïlle para acompanhá-lo. Aos demais, disse que podiam retirar-se. Joana, então, pediu várias coisas ao rei... Muito mais foi dito, de que não me lembro, até a hora do almoço". Após a refeição, conduziram Joana a um campo próximo, onde ela demonstrou suas habilidades marciais. "Joana simulou uma carga de lança em punho[25] e eu, vendo-a correr daquela maneira, brandindo a arma, dei-lhe de presente um cavalo", continua o duque de Alençon.

A presença de Jorge de la Trémoïlle nesses encontros garantia que a influência de Joana sobre Carlos não fosse incontestada. Apesar de sua paixão e piedade, com que já granjeara tantos seguidores, ela nunca conseguiu convencer aquele conselheiro de que vinha da parte de Deus e não da oposição. La Trémoïlle, com sua astúcia e experiência, evitava atacar Joana às claras, vendo que o rei estava absolutamente fascinado por ela. Limitava-se a semear dúvidas e a consequência disso foi que Carlos decidiu submetê-la ao exame de membros da Igreja para verificar se era mesmo uma agente de Deus ou uma armadilha do diabo.

Um pequeno grupo do clero da região, liderado por dois bispos e integrado por alguns membros menores da Igreja local, foi incumbido de investigar Joana e decidir sobre sua autenticidade. A relutância desses homens em

Joana se dirige a Carlos na corte.

assumir a responsabilidade de um veredicto definitivo é fácil de entender. Depois de questionar Joana e deliberar durante uma semana, eles recomendaram que ela fosse interrogada por autoridades mais competentes. Carlos então concordou em enviá-la a Poitiers, onde especialistas versados nas Escrituras e em teologia poderiam examiná-la.

O interrogatório subsequente de Joana em Poitiers, diante de um tribunal composto por vários mestres da Universidade de Paris que haviam perdido suas cátedras porque se conservaram fiéis a Carlos, foi um episódio dos mais estranhos. Conduzindo apressadamente o inquérito, que não levou mais de três semanas, o grupo nem sequer apelou para o papa em busca de orientação, como fora feito antes nos casos de outras mulheres santas como Isabel da Hungria, Catarina de Siena e Brígida da Suécia. Na verdade, não se fez nenhum esforço para contestar o que Joana pensava de si própria e de sua missão. Os interrogadores nem mesmo se incomodavam quando ela respondia de maneira rude ou evasiva. Frei Pedro Seguin, por exemplo, relata: "Perguntei-lhe em que língua[26] a voz se expressava e ela replicou: 'Numa língua melhor que a sua'. Eu falo o dialeto de Limoges. Perguntei-lhe em seguida se ela acreditava em Deus e a resposta foi: 'Sim, mais que você'. Ponderei então que Deus não nos forçaria a acreditar em suas palavras a menos que ela nos convencesse, por um sinal, a tomar essa atitude. Eu não poderia aconselhar o rei simplesmente com base em sua afirmativa de que ele deveria confiar-lhe soldados para uma missão perigosa, exceto se tivesse algo mais a dizer-lhe. Ela respondeu: 'Por Deus, não vim a Poitiers para exibir prodígios; levem-me a Orléans e verão o que fui encarregada de operar'". Poucas vezes na história membros da Igreja mostraram tamanha calma e paciência ao investigar jovens mulheres que sustentavam conhecer a vontade de Deus melhor que eles.

Um relatório do processo talvez forneça uma explicação para essa deferência incomum, que obviamente tinha muito mais a ver com política do que com teologia. "Enfim, os clérigos concluíram,[27] após o interrogatório... que, dada a situação de grande necessidade em que se viam tanto o rei quanto o reino – pois o rei e seus súditos estavam naquele momento em desespero, sem esperar socorro de ninguém a não ser de Deus –, Sua Majestade deveria valer-se dos serviços dela." O teor de sua decisão final – "Nela, Joana, não encontramos[28] nenhuma maldade e sim bondade, humildade, virgindade, devoção, honestidade e simplicidade" – foi uma demonstração magistral da arte de autenticar Joana e sua missão apenas na aparência, sem realmente dizer isso, precaução necessária para o caso de se acabar descobrindo que ela estava sob a influência de um espírito mau ou fosse, afinal de contas, uma herege.

A referência do tribunal à virgindade de Joana fornece a pista mais óbvia para a força motivadora do veredicto. Segundo as profecias, a mulher destinada a salvar a França seria uma virgem e, embora Joana declarasse sê-lo, provas mais concludentes teriam de ser apresentadas. Ora, como uma evidência desse tipo jamais poderia ser obtida por meio de sondagens bíblicas, um exame físico foi solicitado. Não convinha que Joana fosse tocada por homens, de modo que duas mulheres da nobreza se ofereceram para esse fim. "Ouvi dizer que Joana,[29] quando chegou à corte do rei, precisou ser examinada por mulheres para se constatar o que ela era, macho ou fêmea, virgem ou corrompida", lembra o confessor de Joana, João Pasquerel. "As que a visitaram para essa finalidade foram, ao que sei, a senhora de Gaucourt e a senhora de Trèves."

Não causa surpresa que a senhora de Gaucourt e a senhora de Trèves fossem ambas membros fiéis e de longa data do círculo de Iolanda de Aragão. A senhora de Trèves era, na verdade, a esposa de Roberto le Maçon, conselheiro de Carlos desde que este tinha 14 anos e o homem que o ajudara a escapar de Paris, quando os borguinhões assolaram a cidade em 1418, emprestando-lhe seu próprio cavalo. A fim de dar mais autoridade e prestígio nobiliárquico ao exame, a própria Iolanda o supervisionou e apresentou o resultado a Carlos. "Tendo o relatório do Mestre sido entregue[30] ao rei, a Donzela foi posta aos cuidados da rainha da Sicília, mãe da rainha nossa senhora soberana, e de algumas damas que visitaram a Donzela para examiná-la nas partes secretas de seu corpo", contou João de Aulon, escudeiro de Joana. "Depois de observá-la e esmiuçar tudo o que era para ser esmiuçado nesse caso, a senhora [Iolanda] afirmou e comunicou ao rei que ela e as damas constataram com toda a certeza que [Joana] era verdadeira e inteiramente mulher, sem sinais de corrupção ou violência. Eu estava presente quando a senhora apresentou seu relatório."

"Ao ouvir tais coisas, o rei, considerando a extrema bondade daquela donzela e tudo quanto ela lhe dissera, ou seja, que lhe fora enviada por Deus, declarou no Conselho que doravante aceitaria sua ajuda no esforço de guerra", conclui João.

Joana partiria para Orléans.

MAS PRIMEIRO teria de ser vestida como convinha à sua nova posição de cavaleiro do exército do rei. Assim, foi a Tours para se equipar. Carlos pagou 100 libras tornesas por uma armadura e um estandarte confeccionados especialmente para ela. A própria Joana escolheu seu brasão, "no qual se via a imagem de Nosso Salvador[31] assentado para o Juízo nas nuvens do céu e um anjo trazendo na mão uma *flor-de-lis* que a imagem abençoava", observou seu confessor. O séquito militar de Joana contava, além do escudeiro, com dois pajens e dois arautos. Dois de seus irmãos, que a família mandara à sua procura, parecem ter se juntado a ela nessa ocasião, integrando a comitiva. Embora Roberto de Baudricourt já lhe houvesse dado uma espada, Joana queria uma de procedência religiosa e escreveu aos clérigos da igreja de Sainte-Catherine-de-Fierbois, cidade onde parara a caminho de Chinon, pedindo-lhes que desenterrassem uma lâmina trazida de uma Cruzada e sepultada como uma relíquia atrás do altar. A notícia de que uma jovem pretensamente enviada por Deus prometera levantar o cerco de Orléans já se espalhara pelas imediações. Os clérigos de Sainte-Catherine-de-Fierbois, sensíveis à natureza miraculosa do empreendimento, apressaram-se a exumar a espada e a limpá-la. "Um mercador de armas de Tours[32] foi buscá-la, os prelados do lugar me deram uma bainha e os de Tours outras duas, feitas para mim: uma de veludo vermelho e a outra de brocado de ouro; eu própria encomendei uma de couro resistente", declarou Joana.

Finalmente, tudo pronto, Joana deixou Tours pela vizinha Blois, onde o exército de Carlos se reunia em massa e um comboio fora organizado com alimentos e provisões para levantar o cerco de Orléans. Era a força pela qual Iolanda de Aragão lutara, incentivando-a e organizando-a, o objetivo a que devotara todas as suas energias diplomáticas e políticas. A fim de garantir que aquele esforço militar decisivo tivesse todas as chances de sucesso, ela própria assumira o encargo de financiar as operações. Tão empenhada estava na missão que doou seu aparelho de jantar à causa. Em abril, já acumulara grande quantidade de provisões: "Na cidade de Blois, viam-se[33] carros e carretas cheios de trigo, além de grande quantidade de bois, vacas, carneiros, porcos e outros animais", escreveu o cronista João Chartier. Porém, mais importante que as provisões era o número de capitães hábeis e experientes – inclusive Estêvão de Vignolles, conhecido como "La Hire" (A Ira), um veterano de grande renome que trazia consigo um regimento de mercenários endurecidos na guerra e a quem Iolanda convencera a participar daquele último e desesperado esforço contra os ingleses.

Como La Hire, parecia que também Joana fora, de uma maneira estranha, recrutada por Iolanda para aquela missão. As profecias haviam produzido os efeitos desejados e Joana não tinha sido de modo algum a única visionária[34] a atender ao apelo. Um historiador francês relatou que, apenas no ano de 1428, cerca de vinte pessoas, a maioria mulheres, se declararam publicamente escolhidas por Deus para levar uma mensagem ao rei – e esse foi apenas o número de casos registrados. Todavia, nenhum desses pretensos videntes conseguiria uma audiência com Carlos, sobretudo porque o que tinham a dizer não combinava com o que Iolanda queria ouvir. Mais tarde, Joana encontraria um desses rivais, a profetisa Catarina de la Rochelle. Catarina tivera visões de uma mulher "vestida de brocado de ouro,[35] a qual lhe dissera que devia ir às cidades leais e que o rei lhe daria arautos e trombetas para fazer proclamações". Catarina chegara a escrever ao rei prometendo-lhe desenterrar um tesouro com o qual ele poderia pagar os soldados. Como Carlos estivesse precisando desesperadamente de dinheiro, isso contava muito em favor de Catarina. Tanto quanto Joana, ela também convencera o povo de sua cidade, inclusive o vigário local, irmão Ricardo, da autenticidade de suas visões. A concorrência dos prognósticos de Catarina era suficientemente inquietante para que Joana insistisse em indispor Carlos contra ela. "Eu disse à tal Catarina[36] que voltasse para o marido e os trabalhos domésticos, e que fosse cuidar dos filhos... Escrevi ao meu rei... informando-o de que o caso daquela mulher era uma loucura e sem valor algum", afirmou Joana. "O irmão Ricardo e a tal Catarina não ficaram nada contentes comigo", concluiu.

Ao mesmo tempo, apesar do papel que desempenhou ao atrair a atenção de Carlos para Joana, a rainha da Sicília, devido à sua criação, muito provavelmente também acreditava com sinceridade que a jovem fosse uma mensageira de Deus. Afinal, as preces de Iolanda tinham sido atendidas tanto quanto as do rei com a descoberta da profetisa – pois ele, finalmente, ordenara que o exército marchasse para libertar Orléans.

Agora, na última semana de abril de 1429, Iolanda colhia os frutos de seus esforços enquanto o comboio de suprimentos que reunira, acompanhado por um forte contingente de guerreiros, saía a passo lento de Blois e tomava a estrada de Orléans. Graças a Joana, a natureza religiosa daquele empreendimento era indisfarçável, envolvendo o desfile num clima ardoroso de cruzada. "Quando Joana deixou Blois[37] para ir a Orléans", relatou seu confessor, "todos os padres, à volta de seu estandarte, abriam a marcha. Nessa formação, rumaram para os lados de Sologne, cantando *Veni creator spiritus* com muitas antífonas. Acamparam pelos campos naquela noite e também no dia seguinte". Joana proibiu palavrões e pilhagens, e afastou as prostitutas que sempre seguiam os exércitos; depois, exigiu que os soldados assistissem à missa e se confessassem antes de entrar em ação. Os que saíram com ela de Blois para combater os ingleses logo sentiram a diferença entre aquele exército e os outros em que haviam lutado antes. Com essa constatação, brotou a esperança de que, dessa vez, Deus estaria a seu lado.

Capítulo 9

A Donzela de Orléans

Jesus-Maria, rei da Inglaterra,[1] e tu, duque de Bedford, que passas por regente do reino de França... e vós, que vos dizeis tenentes do duque de Bedford, obedecei às ordens do Rei do Céu. Entregai à Donzela enviada por Deus... as chaves de todas as boas cidades que tomastes e violastes na França. Ela aqui está por vontade divina, reclamando o sangue real e pronta para fazer a paz, caso reconheçais a justiça de suas palavras e renuncieis à França, pagando por tê-la dominado... Se isso não for feito, aguardai notícias da Donzela que logo vos verá, para vosso grande dano.
– *Extraído de uma carta aos ingleses ditada por Joana d'Arc, 22 de março de 1429*

RLÉANS, GRANDE CIDADE MURADA, uma das mais bem fortificadas da França, erguia-se na margem norte do Loire, cerca de 120 quilômetros ao sul de Paris. O cerco ia pelo sexto mês quando o comboio de suprimentos deixou Blois e a situação era desesperadora. Orléans, com efeito, estava completamente cercada pelos ingleses e apenas uma de suas cinco portas – que abria para leste, chamada Porta da Borgonha – ainda dava acesso aos franceses. Portanto, suprimentos só entravam esporadicamente e em quantidade limitada demais para atender às necessidades de uma população que passava dos 30 mil. No dia 8 de março, uma terça-feira, as autoridades conseguiram trazer para dentro não mais que nove cavalos carregados de trigo e outras provisões. Se Orléans não fosse reabastecida logo, seus cidadãos teriam de escolher entre se entregar ou morrer de fome.

A situação militar, porém, ainda permitia alguma esperança. Embora os ingleses houvessem de início empregado 6 mil homens no cerco, precisaram, para bloquear Orléans completamente, subjugar todo o território em volta. Ou seja, deixaram na retaguarda guarnições para ocupar diversas cidades, reduzindo assim os efetivos disponíveis para sustentar o assédio. Além disso, devido ao fato de serem péssimas as condições de vida durante o inverno – era difícil manter as linhas de suprimento, de modo que os sitiantes às vezes padeciam tanta fome e frio quanto os sitiados –, a deserção se tornou um problema grave. Em abril de 1429, o número de ingleses empenhados no certo caíra para algo entre 2.500 e 4 mil homens.*

Alguns milhares de soldados não bastavam para rodear a cidade protegida ao sul por um rio largo e com uma circunvalação de quase dois quilômetros eriçada de grande número de canhões, alguns capazes de atirar balas de pedra de cem quilos a uns oitocentos metros de distância. O comandante inglês, o conde de Suffolk, compensara essa desvantagem erguendo inúmeras bastilhas – uma série de fortes improvisados e isolados – a fim de sufocar a cidade. Havia pelo menos cinco ao norte de Orléans e dois na margem sul do Loire. Centenas de soldados ingleses guarneciam essas bastilhas, providas de bobardas, mas nem todas com o mesmo número de homens e bocas de fogo.

---

* É divertido notar que, mesmo depois de tanto tempo, os historiadores ingleses invariavelmente citam o número *mais baixo* ao avaliar seus efetivos, enquanto os franceses insistem em que o número *mais alto* reflete mais fielmente o poderio das forças inimigas. Do mesmo modo, o tamanho da tropa que Joana acompanhou a partir de Blois oscila entre 2.400 e 4 mil homens (complementados por uma milícia civil de 1.500 ou 3 mil habitantes de Orléans), dependendo da nacionalidade da fonte. Em geral, parece que, incluindo os voluntários inexperientes e mal armados, os franceses tinham no início uma ligeira superioridade numérica.

O problema desse arranjo era que deixava muito terreno livre entre os fortes, de modo que a guarnição de um deles dificilmente conseguiria socorrer a de outro. Os ingleses não podiam também preencher os espaços com novas construções sem o concurso de mais tropas. "Realmente, não havia nada a objetar às *bastilles*,[2] exceto o fato de serem pouco numerosas, pois os sitiantes não dispunham para isso dos efetivos necessários", observou o eminente historiador Andrew Lang. "Eles [os ingleses] não tinham homens para guarnecer outras tantas *bastilles*." O sucesso dessa estratégia dependia em muito da disposição do exército francês e da população da cidade de permanecerem inativos. Para seu crédito, o duque de Bedford teve uma visão clara do sítio de Orléans: um ato de arrogância militar por parte dos comandantes ingleses que ele, como regente, não fora capaz de coibir. "Deus sabe quem aconselhou[3] o sítio da cidade de Orléans", escreveria Bedford mais tarde, com rancor, ao rei Henrique VI.

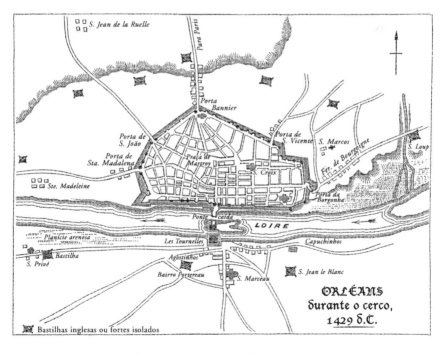

Orléans sob assédio e cercada pelas bastilles *inglesas, 1429.*

A responsabilidade pela defesa de Orléans caberia normalmente a seu duque, mas como esse gentil-homem continuasse prisioneiro dos ingleses no além-mar, quem a assumiu foi seu meio-irmão, João. Ao contrário de Carlos VII, que muitos consideravam filho ilegítimo de Luís, duque de Orléans, João *era* realmente um bastardo de Luís com sua amante notória Marieta de Enghien. Por esse motivo, todos o chamavam de "Bastardo de Orléans", apelido de modo algum injurioso que servia apenas para esclarecer, da melhor maneira possível, a peculiaridade da linhagem de João.

Era ele um comandante experiente e muitíssimo habilidoso que chegara a Orléans logo após o cerco e tivera, por isso, bastante tempo durante os meses seguintes para observar a força e a disposição das tropas inimigas. Foi esse homem, e não Joana, quem se encarregou de levantar o cerco. Havia apenas duas rotas para envolver o bloqueio inglês. A primeira ao norte, pelo meio da floresta e contornando o sistema de bastilhas num círculo amplo e dilatado até a Porta da Borgonha: nesse caso, os franceses irromperiam por entre os dois fortes inimigos localizados mais a leste, que por coincidência eram os menos guarnecidos e os mais afastados um do outro. A segunda ao sul, caso em que a aproximação se faria paralelamente ao Loire até a cidade de Chezy, cerca de oito quilômetros a montante de Orléans. De Chezy, os suprimentos poderiam ser embarcados em chatas e descer o rio até a Porta da Borgonha. A segunda rota "se tornou viável[4] devido à negligência do conde de Suffolk em estender correntes de uma margem à outra do Loire – omissão que teria horrorizado Henrique V", deplorou o historiador militar inglês Alfred Higgins Burne. A segunda opção era mais segura, porém um tanto problemática porque as chatas necessárias ao embarque dos suprimentos estavam em Orléans, significando isso que o vento teria de soprar do oeste para levá-las rio acima até Chezy. (No caminho de volta, não importava de onde soprasse, pois as chatas deslizariam com facilidade rio abaixo, levadas pela corrente.) O Bastardo avaliou a situação e ordenou que o exército tomasse a rota sul.

Entretanto, essa decisão não foi transmitida a Joana, pois contrariava as medidas militares recomendadas por suas vozes, que lhe ordenavam tomar a rota norte e enfrentar imediatamente o inimigo. Consequentemente, o primeiro encontro dela com o comandante, conforme relatado pelo próprio João, que se lembrava perfeitamente da conversa duas décadas mais tarde, não foi nada auspicioso:

"Você é o Bastardo de Orléans?", perguntou Joana.

"Sim, sou, e me alegro com sua chegada", respondeu João.

"Foi você que me mandou vir aqui, a este lado do rio, para que eu não pudesse avançar diretamente contra Talbot [um capitão inglês] e os ingleses?"

"Eu e outros, inclusive os mais avisados que me cercam, fomos desse parecer, acreditando ser o melhor e o mais seguro."

"Por Deus, o parecer de Nosso Senhor é mais seguro e melhor que o de vocês! Pensaram que poderiam enganar-me, mas enganaram-se a si próprios. Trago-lhes uma ajuda que nenhum soldado de nenhuma cidade poderia trazer-lhes: a do Rei do Céu."[5]

Para sorte de todos, o vento, até então desfavorável, mudou subitamente de direção naquele exato momento. "Sem demora mandei içar as velas[6] e despachei os barcos e as chatas", recordou o Bastardo. "Deixamos para trás a igreja de Saint-Loup a despeito dos ingleses. A partir de então, passei a acreditar nela como nunca antes." O Bastardo pode ter creditado a Joana a mudança do vento, mas fora ele quem decidira enviar o comboio pela rota sul até Chezy e reunira os transportes. Mais importante ainda, providenciara um ataque para distrair o inimigo: uma surtida contra a bastilha inglesa de Saint-Loup, o forte mais isolado dos outros, enquanto as chatas estivessem iniciando a viagem de volta. Essa boa estratégia distraiu as forças inimigas e permitiu que os barcos velejassem para a cidade sem ser molestados. Assim, Orléans foi reabastecida.

Diante de tamanho êxito, o Bastardo imediatamente deu ordem ao exército real que escoltara o comboio para voltar a Blois e trazer mais suprimentos. De novo, essa tática contrariava a recomendada pelas vozes de Joana, mas o Bastardo contornou o problema convencendo-a a ficar. "Implorei-lhe então[7] que cruzasse o rio Loire e entrasse na cidade de Orléans, onde era ansiosamente esperada", testemunhou mais tarde o Bastardo. O célebre capitão francês La Hire também foi convidado a permanecer, presumivelmente para ajudar na definição das estratégias, e os três oficiais – o Bastardo, Joana e La Hire – entraram triunfalmente na cidade na tarde de sexta-feira, 29 de abril de 1429, Joana de armadura, cavalgando um corcel branco e tendo à frente seu estandarte.

Já então todos em Orléans sabiam quem era ela e as ruas estavam apinhadas de cidadãos eufóricos, gratos tanto pela esperança que a jovem trouxera consigo quanto pelo trigo e o gado de que tão desesperadamente necessitavam.

"Vieram recebê-la[8] os outros soldados, burgueses e matronas de Orléans, empunhando numerosas tochas e tão jubilosos que pareciam ter visto Deus descer no meio deles; e havia motivo para isso, pois não lhes faltavam cuidados, trabalhos, dificuldades e um medo terrível de não ser socorridos, perdendo tudo, corpos e bens", relatou o *Journal of the Siege* [Diário do Sítio], a crônica oficial da cidade de Orléans. "Agora se sentiam reconfortados, como se ninguém mais os sitiasse, pela virtude divina que, conforme lhes tinha sido dito, emanava daquela donzela simples, sempre a velar por eles afetuosamente, fossem homens, mulheres ou crianças. Uma multidão maravilhosa se comprimia para tocá-la ou ao cavalo que ela montava."

O dia seguinte era sábado e Joana, é claro, queria sair imediatamente para enfrentar os ingleses. Mas outra vez foi posta de lado pelo Bastardo, o qual, apoiado pelos outros capitães, aconselhou que esperassem a volta do exército de Blois com os suprimentos adicionais para assim enfrentarem o inimigo com todas as suas forças. "Joana foi falar com o Bastardo[9] de Orléans e voltou furiosa, dizendo que ele resolvera não combater naquele dia os ingleses", lembrou mais tarde Luís de Coutes, um dos pajens de Joana. Impedida de atacar o inimigo militarmente, Joana resolveu fazê-lo em palavras. Posicionando-se na rua de Orléans mais próxima dos sitiantes – na intersecção da ponte sobre o Loire –, gritou para o chefe inglês, sir William Glasdale, e para as tropas que podiam ouvi-la: "Vão embora em nome de Deus,[10] do contrário eu os expulsarei" e "Pelo amor de Deus, rendam-se e suas vidas serão poupadas".

Embora as notícias sobre Joana e sua missão houvessem se espalhado rapidamente entre os partidários de Carlos, e ela tivesse escrito uma carta ao duque de Bedford avisando-o de sua chegada, é provável que esse primeiro brado de desafio por sobre o Loire fosse o ato de apresentação da Donzela à Inglaterra. O duque de Bedford, se é que tomou conhecimento da carta de Joana, sem dúvida não fez nenhum caso dela, pois devia receber de franceses indignados muitas outras no mesmo tom. Além disso, dificilmente os soldados ingleses que sitiavam Orléans dariam crédito aos rumores segundo os quais uma camponesa francesa fora convocada para levantar o cerco. Agora, ao crepúsculo – momento que Joana escolhera para se dar a conhecer a seus adversários –, eles só podiam distinguir a esguia figura de uma jovem no outro lado da ponte exigindo-lhes a rendição. Embora aquilo fosse indiscutivelmente uma coisa nova, não surtiu o efeito desejado nos rudes e belicosos soldados ingleses, afeitos a vencer sempre e a desprezar seus adversários. "Glasdale e os homens que o cercavam[11] responderam com grosseria, insultando-a, chamando-a de 'vaqueira' e ameaçando em altas vozes queimá-la viva caso lhe pusessem as mãos", relatou Luís de Coutes.

Mas o desfecho de uma guerra ou batalha nem sempre depende unicamente de variáveis óbvias como tamanho de efetivos, armamento ou tática. Há sempre a possibilidade de fatores menos palpáveis como o moral e o entusiasmo entrarem em cena. Embora os ingleses ainda não o percebessem, só por romper o bloqueio e reabastecer a cidade, Joana modificara a atitude dos franceses e invertera a equação militar. Muitos anos depois o Bastardo, refletindo sobre seu papel nesses acontecimentos, exprimiu de maneira sucinta o verdadeiro milagre que se operara: "A meu ver, Joana e seus feitos[12] em batalha vinham mais de Deus que dos homens; a mudança súbita do vento, depois que ela falara, reanimou a esperança de socorro e abastecimento, embora os ingleses fossem muito mais fortes que o exército real". Ou, como observou um estudioso militar moderno: "A contribuição de Joana...[13] consistiu em despertar o ânimo guerreiro dos franceses, adormecido havia muito tempo. Essa contribuição foi decisiva".

O EXÉRCITO REAL, partindo de Blois, só retornou a Orléans no dia 3 de maio, terça-feira. Dessa vez, numa manobra de diversão, os soldados se aproximaram pela rota norte, mas de novo enviaram os suprimentos a Chezy pelo sul. A fim de confundir os ingleses, voltaram a atacar o forte de Saint-Loup, o mais afastado na direção leste. ("A circunstância de o forte Saint-Loup[14] estar tão perigosamente distante mostrava até que ponto os ingleses desdenhavam o inimigo na ocasião", nota o mesmo estudioso militar.) Joana sem dúvida ouviu o rumor da batalha, já que censurou seu pajem por não tê-la acordado a tempo ("Ah, maldito rapaz,[15] você não me disse que o sangue da França estava sendo vertido!", lembrou-se mais tarde de ter gritado para ele). Quando o cavalo de Joana foi selado e ela já envergava a armadura, franceses feridos refluíam em grande número para a cidade. Pior ainda, um dos oficiais ingleses, capitão Talbot, advertido do ataque, saíra a campo com um destacamento e, recrutando reforços das diversas bastilhas ao longo do caminho, avançava contra o exército francês a fim de conter a ofensiva e esmagar o inimigo.

À vista de Talbot e seus homens, os soldados franceses em geral perdiam a coragem e recuavam. Mas não dessa vez. Agora tinham Joana. Sem se abalar com as baixas sangrentas que constatou fora da Porta da Borgonha, ela esporeou o cavalo em direção ao centro da refrega. "Os ingleses preparavam a defesa[16] quando Joana caiu sobre eles; e os franceses, ao vê-la, puseram-se a gritar com entusiasmo", relatou Luís de Coutes, que seguira sua senhora ao campo de batalha.

Então, algo de surpreendente aconteceu. Os franceses, inspirados pela jovem que se juntara a eles, retomaram a ofensiva em vez de recuar e, para seu próprio espanto, capturaram o forte Saint-Loup, queimando-o até os alicerces. Talbot avistou as chamas e compreendeu que a fortificação estava perdida; e, quando o grosso do exército francês se voltou contra suas tropas, percebeu de imediato que não dispunha de forças suficientes para garantir a vitória. Então, ocorreu algo ainda mais inesperado e incomum: Talbot deu ordem de retirada e voltou para seu forte, deixando os franceses senhores do campo de batalha e permitindo que, pela segunda vez, suprimentos entrassem sem mais obstáculos na cidade.

O dia seguinte, Festa da Ascensão, foi dedicado ao repouso e à prece. Joana ficara impressionada com o número de ingleses mortos e temia que houvessem sucumbido sem o benefício do sacramento. "Chorou muito por eles[17] e confessou-se comigo, pedindo-me publicamente que exortasse os soldados a também confessarem seus pecados, dando graças a Deus pela vitória alcançada; caso contrário, não mais ficaria com eles e partiria", recordou o confessor de Joana. No dia seguinte, 5 de maio, quinta-feira, Joana ditou uma última carta de advertência aos inimigos: "A vocês ingleses, que não têm direito nenhum[18] a este reino de França, o Rei do Céu ordena por intermédio de mim, Joana, a Donzela, que deixem suas fortalezas e voltem para seu país; do contrário, eu lhes imporei uma *babay* [o sentido exato dessa palavra não é claro, talvez ela quisesse dizer *bataille*, 'batalha'] cuja memória permanecerá para todo o sempre". A fim de garantir que receberiam a mensagem, atou a carta a uma flecha e ordenou que um arqueiro a atirasse na direção do inimigo, gritando: "Leiam, são notícias!".[19] "Notícias dos Armagnacs, sua prostituta!", rugiram de volta os soldados ingleses. Joana então "se pôs a gemer e a chorar[20] copiosas lágrimas, invocando a ajuda do Rei do Céu. Mas logo se recompôs, consolada, como disse, pelas palavras do Senhor", lembrou mais tarde João Pasquerel. "Naquela noite, depois do jantar, pediu que eu me levantasse no dia seguinte antes que de costume... pois queria se confessar de manhã bem cedo, o que de fato fez."

Finalmente, a 6 de maio, sexta-feira, o Bastardo lançou um ataque em larga escala contra o exército sitiante. De novo, a estratégia francesa foi bem concebida e executada. Em vez de aproveitar a vitória contra Saint-Loup enfrentando as tropas de Talbot ao norte, os franceses inesperadamente mudaram de rumo e acossaram as forças inimigas postadas ao sul, na outra margem do Loire. Logo ao amanhecer, um regimento francês cruzou de barco até a ilhota de Saint-Aignan, situada bem no meio do rio, e, apanhando o inimigo de surpresa, começou imediatamente a atacar o forte inglês de Les Tourelles. A coberto dessa iniciativa, mais soldados franceses desembarcaram em Saint-Aignan e puseram-se a construir uma ponte da ilhota até a margem sul, o que os ingleses de La Tourelle, mal se sustentando em sua posição, não puderam evitar. Completada a ponte, o corpo principal do exército francês atravessou para a margem sul do Loire. Sob a pressão dos atacantes, os ingleses de Les Tourelles buscaram refúgio na bastilha mais próxima, chamada forte dos Agostinhos, maior e mais bem protegida. Só então começou a batalha de verdade.

Embora as evidências históricas indiquem que as tropas francesas eram muito mais numerosas que as do inimigo – cerca de 4 mil combatentes franceses contra menos de mil ingleses –, os ingleses estavam protegidos pelas muralhas de pedra e as armas do forte dos Agostinhos, de modo que a luta desesperada durou o dia inteiro, com baixas enormes. Outra vez, a participação de Joana foi crucial. Ela e La Hire atravessaram o rio ao mesmo tempo, chegando justamente no momento em que os ingleses organizavam um contra-ataque. "Ao perceber que os inimigos[21] saíam da fortaleza para enfrentar seus homens, imediatamente a Donzela e La Hire, que estavam sempre diante deles para protegê-los, empunharam as lanças e foram os primeiros a irromper pelo meio dos adversários", relatou João de Aulon. "Os outros não tardaram a segui-los e caíram sobre os ingleses de tal forma que os forçaram a retirar-se de novo para o forte dos Agostinhos... Com fúria e muita diligência, assaltaram a posição por todos os lados, de modo que em pouco tempo conseguiram tomá-la; ali, foi morta ou aprisionada a maior parte dos inimigos e os que escaparam correram a abrigar-se no forte das Tourelles, ao pé da ponte. Assim, naquele dia, a Donzela e seus homens derrotaram o inimigo."

Após a conquista do forte dos Agostinhos, Joana e o restante do exército francês passaram ali a noite. Mas a batalha recrudesceu bem cedo na manhã seguinte, 7 de maio, sábado. Já então o grande cavaleiro inglês sir William Glasdale chegara com reforços das bastilhas do norte a fim de dominar a área. Abrigando-se nas Tourelles, montou uma vigorosa defesa. A própria Joana foi ferida por uma flecha no peito logo às primeiras horas e, embora "com medo e chorando", [22] continuou a lutar para grande inspiração dos que a cercavam, tal como o jovem Henrique V, vítima de ferimento semelhante, fizera em sua primeira batalha. O combate durou outra vez o dia inteiro; e outra vez o ânimo dos franceses arrefeceu, para logo ser reerguido por Joana. "O assalto prosseguiu do amanhecer[23] até às oito horas das vésperas, não havendo grande esperança de vitória naquele dia", lembrou-se o Bastardo. "Achei melhor então interromper a batalha e voltar com o exército para a cidade. Mas a Donzela, aproximando-se, pediu-me que esperasse ainda algum tempo. Montada a cavalo, retirou-se sozinha para um vinhedo a certa distância da massa de homens. Ali, ficou orando por metade de um quarto de hora. Depois voltou e, empunhando sem demora seu estandarte, postou-se no alto da trincheira. Vendo-a, os ingleses vacilaram, aterrorizados. Os soldados do rei, recuperando a coragem, começaram a subir, carregando contra o baluarte sem encontrar a mínima resistência."

Quando os ingleses recuavam diante desse assalto final, a ponte levadiça do forte das Tourelles de repente cedeu sob seus pés. Homens e cavalos, vergados ao peso do equipamento, caíram no Loire e se afogaram; o comandante, sir William, de armadura completa e empunhando seu estandarte até o fim, foi um deles. "Joana, movida de piedade,[24] começou a chorar muito pela alma de Classidas [Glasdale] e dos outros que haviam se afogado no local em grande número. Nesse dia, todos os ingleses que estavam além da ponte foram apanhados e mortos", afirmou seu confessor.

A tomada do forte das Tourelles representou uma grande vitória para os franceses; além de derrotar o formidável Glasdale, podiam agora transportar comida e provisões para a cidade sem ser molestados. Os cidadãos de Orléans, ao som dos sinos, cantaram hinos de louvor a Deus a noite inteira, "expressando sua alegria de todos os modos[25] possíveis enquanto gabavam os valorosos defensores da cidade, sobretudo Joana, a Donzela". O ferimento de Joana, que parece não ter sido sério, foi tratado e ela tomou algum alimento.

Na manhã seguinte, o que restava da força de assédio inglesa avaliou suas baixas. Haviam perdido homens, armas e, mais importante ainda, a crença na própria invencibilidade: estavam agora não apenas superados em número como desmoralizados. Depois de ridicularizar e insultar Joana, o soldado comum passara a temê-la, julgando-a uma bruxa – sendo muito provável que os oficiais pensassem o mesmo. Não havendo mais possibilidade de prosseguir no cerco com alguma esperança de sucesso, os ingleses tomaram a decisão de suspendê-lo e as tropas saíram dos fortes, incendiando-os em seguida. Contudo, não se retiraram. Ao contrário, dispuseram-se em ordem de batalha diante das muralhas de Orléans como se desafiassem os franceses a sair para enfrentá-los.

Joana levanta o cerco de Orléans.

O desafio foi respondido não apenas por Joana e o exército real, mas também por uma grande milícia de cidadãos comuns de Orléans que, armando-se como melhor puderam, deixaram a proteção das muralhas e, juntando-se aos soldados, perfilaram-se diante de seus antigos opressores. Mas, como fosse sábado, Joana proibiu que qualquer de seus homens iniciasse a luta.

Segundo a crônica oficial da cidade, muitos objetaram a essa proibição, mas ela os apaziguou afirmando que, "se os ingleses atacassem,[26] eles poderiam defender-se com força e bravura, conforme desejavam; e nada temessem: ficariam senhores do campo de batalha". Por uma boa hora os dois exércitos, cujos soldados em alguns pontos estavam tão perto uns dos outros que podiam se olhar nos olhos, permaneceram imóveis, ninguém se atrevendo a desfechar o primeiro golpe.

Por fim, como nenhuma das partes iniciasse as hostilidades, e cumpridas as tradicionais exigências de exibição de coragem, os ingleses subitamente voltaram as costas e, sem mais incidentes, se afastaram em boa ordem.

A cidade de Orléans fora salva do inimigo e recuperada para a França.

O JÚBILO IMPRESSIONANTE com que a notícia da vitória foi saudada na corte real de Chinon é digno de menção. O rei mal tivera tempo de se inteirar da partida do exército de Blois e já a onda benfazeja refluía ao seu encontro. Os acontecimentos se deram com tamanha rapidez que uma carta que Carlos compunha para seus leais partidários precisou ser revista três vezes de 9 a 10 de maio para refletir a situação atualizada da campanha. "O rei a seus súditos bem-amados: acreditamos que saibam da contínua diligência de nossa parte para levar todo o socorro possível à cidade de Orléans, há muito sitiada pelos ingleses, velhos inimigos de nosso reino", começara Carlos (um tanto maliciosamente, pois seus esforços para ajudar a cidade antes dessa iniciativa podiam ser tudo, menos enérgicos). "Pela graça de Deus, da qual tudo procede, conseguimos restaurar as forças da cidade de Orléans duas vezes numa única semana, abundantemente e sem problemas, bem à vista dos ingleses, que não puderam resistir." Mais tarde, após nova atualização, ele continuou: "Depois que essas cartas haviam sido escritas, um arauto chegou cerca de uma hora após a meia-noite informando-nos, com penhor de sua vida, que na última sexta-feira nosso povo cruzou o rio de barco em Orléans e atacou, do lado de Sologne, a fortaleza no fim da ponte, tomando no mesmo dia o forte dos Agostinhos. No sábado, continuou atacando a citada fortaleza... guarnecida por pelo menos seiscentos combatentes ingleses... Por fim, dando mostras de grande empenho e coragem, mas sempre com a ajuda de Nosso Senhor, tomou-a inteiramente, matando ou capturando todos os defensores". E, depois de receber o relatório definitivo: "De novo, antes de terminadas essas cartas, dois gentis-homens se apresentaram... certificando e confirmando... que, depois da tomada e demolição do forte da ponte no último sábado, na manhã seguinte os ingleses da guarnição levantaram acampamento e fugiram com tanta pressa que deixaram para trás bombardas, canhões e outras peças de artilharia, além da maior parte de suas provisões e bagagens. Dada em Chinon no décimo dia de maio. Ass.: Carlos". O rei não deixou de atribuir a Joana o crédito pela natureza miraculosa da vitória: "Pois, mais do que nunca, devemos dar graças ao Criador, reverenciando-o por não se ter esquecido de nós em Sua divina clemência. E não podemos honrar suficientemente os atos virtuosos e os feitos extraordinários que o arauto, tendo-os presenciado, nos relatou, como também a Donzela, que em pessoa participou sempre das mencionadas conquistas",[27] escreveu ele.

O passo seguinte era, obviamente, completar essas conquistas com uma perseguição contínua das forças inimigas. O Bastardo, impaciente, escoltou ele próprio a Donzela até a corte real a fim de apressar o lançamento de uma nova ofensiva. Os militares mais experientes do rei desejavam aproveitar a vitória em Orléans para invadir a Normandia ocupada. Mas esse parecer ia contra as vozes de Joana, que exigiam a coroação de Carlos em Reims o mais depressa possível. Irrompendo numa reunião do conselho – ainda não fora autorizada a participar dessas sessões de planejamento –, Joana se atirou aos pés de Carlos e, abraçando-lhe as pernas em súplica, gritou: "Nobre delfim, não perca[28] mais tempo em tão longas discussões, mas vá a Reims o mais breve possível para receber a coroa a que tem direito". Como antes, esse apelo humilde e caloroso impressionou vivamente Carlos, que lhe pediu para explicar melhor sua ideia. "Lembro-me de que...[29] os senhores de sangue real e os capitães aconselhavam o rei a ir à Normandia e não a Reims; mas a Donzela persistia na opinião de que deveríamos partir para Reims a fim de consagrar o rei, pois, a seu ver, caso ele fosse coroado e ungido, a força dos inimigos decairia aos poucos e por fim não conseguiria mais prejudicá-lo ou ao reino", lembrou-se o Bastardo.

A origem da insistência de Joana na coroação em Reims – um objetivo que, até a crise de Orléans, parece ter sido a principal preocupação de suas vozes – talvez fosse a referência desdenhosa a Carlos como "rei de Bourges" e a subsequente promoção de Henrique VI a legítimo herdeiro de são Luís. O ducado de Bar era bem perto de Reims e todo habitante daquela área sabia que são Luís fora coroado na catedral dessa cidade; nada mais lógico que o mesmo acontecesse ao verdadeiro herdeiro do santo. Esse aspecto da filosofia local que os ingleses, pouco afeitos aos inúmeros costumes e ao *ethos* do reino que ocupavam, ainda não haviam levado em conta.*

Mas havia um problema com a coroação em Reims: Carlos teria de ir lá *em pessoa*, pois aquela não era uma cerimônia que pudesse ser conduzida por um representante ou delegada a um inferior. Precisaria, portanto, deixar a corte real, localizada a uma distância segura das linhas inimigas, e aventurar-se por um território bem mais perigoso. Diversas cidades em mãos dos ingleses e dos borguinhões erguiam-se no caminho, cheio de soldados inimigos, entre Orléans e Reims. Para se tornar rei, Carlos teria de se comportar como tal e seguir o exército enquanto este abrisse caminho à força até a catedral. Eis, sem dúvida, uma perspectiva assustadora para um homem cujo maior medo era ser capturado. Que ele confiava em Joana e que o argumento desta era evidente por si mesmo – "Todos partilharam sua opinião",[30] declarou o Bastardo –, prova-o o fato de ele concordar em empreender a jornada.

O duque de Alençon assumiu o comando das forças do rei. Seu pai fora morto em Azincourt e ele próprio capturado pelos ingleses em 1424 na batalha de Verneuil, situação da qual só havia pouco se safara pagando um resgate considerável de 80 mil *saluts* de ouro. A esposa do duque, temendo por sua segurança, implorou-lhe que não aceitasse o encargo e apelou para Joana. A Donzela respondeu: "Madame, não tema,[31] vou trazê-lo de volta para você são e salvo, tão bem ou melhor do que está agora". O exército se reuniu em Selles-en-Berry, entre Tours e Bourges, perto de Romorantin. "Na segunda-feira, meu senhor o duque de Alençon chegou a Selles,[32] em numerosa companhia... Diz-se que meu senhor o Condestável virá com seiscentos combatentes e quatrocentos carregadores, como também João de la Roche. Nunca o rei teve tanta gente junto de si como a que aqui se espera", relata uma testemunha ocular que participou da campanha.

---

* Mesmo quando sabiam de algum costume especial, os ingleses muitas vezes não lhe davam nenhuma importância. Por exemplo, era tradição parisiense a realeza promover festas para o povo na época do Natal. Sob o domínio inglês, o duque de Bedford, a fim de economizar dinheiro, ignorou esse costume, falha que custou a Henrique V a perda do apoio de boa parte da população da cidade.

Esse súbito afluxo de homens e armas era consequência direta da vitória de Orléans. Quando a notícia da derrota inglesa se espalhou, muitos dos antigos aliados de Carlos que o julgavam perdido voltaram a seu campo. Entre eles estava o velho duque da Bretanha que no ano anterior, desgostoso com a inércia do rei, de novo se aliara aos ingleses e borguinhões. (Por esse motivo, astutamente explorado por La Trémoïlle, o condestável Artur de Richemont caíra em desgraça.) Agora, tal como Iolanda e seu partido haviam esperado, o duque da Bretanha mandava seu confessor e um arauto cumprimentar Carlos pela vitória. O confessor perguntou a Joana se ela fora realmente enviada por Deus em socorro do rei. "Em tal caso",[33] continuou, "meu senhor o duque da Bretanha está também disposto a prestar serviço ao rei... Não pode vir em pessoa por estar muito doente, mas enviará seu filho mais velho com um grande exército."

A 6 de junho de 1429 Joana, acompanhada pelo duque de Alençon e os soldados do rei, saiu de Selles para se juntar ao Bastardo e seus homens em Orléans. De novo o exército era precedido por clérigos, agora frades mendicantes instruídos por Joana a rezar em voz alta à medida que caminhavam, dando à companhia o ar de uma procissão religiosa. Ela própria, de armadura branca e capuz, cavalgava atrás num vigoroso corcel negro. Essa tropa se juntou ao Bastardo, diante de Orléans, no dia 9 de junho. Entre os presentes, estavam também La Hire e o aliado de Iolanda, o conde de Vendôme, que escoltara Joana à presença de Carlos. As estimativas dos efetivos do exército francês reunido em Orléans variam de 5 a 8 mil homens. O duque de Alençon avaliou sua força em "cerca de 1.200 lanças",[34] às quais devem se acrescentar os infantes e os arqueiros, além de uma milícia de voluntários da própria cidade. No sábado, 11 de junho, essas tropas saíram de Orléans ao encontro dos ingleses.

Os remanescentes do exército inimigo original, ainda sob o comando do conde de Suffolk, haviam se refugiado em três localidades vizinhas – Jargeau, Meung e Beaugency – às margens do Loire. Depois de ser informado de que um forte contingente francês estava a caminho, o conde de Suffolk, com quinhentos cavaleiros e duzentos arqueiros, entrincheirou-se na cidade de Jargeau, cerca de cinco quilômetros apenas a sudeste de Orléans. Jargeau, bem menor que esta, era protegida por muralhas e torres; além disso, a cidade contava com uma ponte fortificada por dois altos baluartes de pedra.

Tão logo Joana e suas tropas atingiram os subúrbios de Jargeau, receberam a notícia de que consideráveis reforços inimigos – os informantes falaram em pelo menos 2 mil homens, chefiados pelo temível comandante inglês sir John Fastolf – se aproximavam a passo de carga. O duque de Alençon, ainda jovem e inexperiente (lutara em apenas duas batalhas antes de ser capturado, o que explica a ansiedade de sua esposa), perdeu o controle e convocou um conselho de guerra. Alguns capitães sugeriram interromper o ataque a Jargeau e interceptar Fastolf, enquanto outros recomendaram suspender a campanha por completo. Joana, porém, insistiu em que mantivessem o objetivo original. "Não temam nenhuma hoste armada[35] e não hesitem em atacar os ingleses, pois *Messire* [Deus] os guia", garantiu ela. À parte, disse ao duque de Alençon, que temia ser cedo demais para iniciar o assalto: "Ah, gentil duque, está receoso?[36] Pois não sabe que prometi à sua esposa levá-lo de volta são e salvo?".

Na manhã seguinte, 12 de junho, tendo o povo de Orléans apontado alguns de seus canhões para Jargeau, os franceses abriram fogo e, com três descargas, destruíram o baluarte maior da ponte. (Por alguma razão, Joana não objetou ao início do ataque num sábado, como fizera antes; talvez se esquecesse da data.) Os ingleses responderam e Joana, que tinha mais experiência de combate que seu oficial comandante, aconselhou o duque de Alençon, posicionado diretamente na linha de fogo, a afastar-se. "Aquela máquina... poderá matá-lo",[37] disse-lhe, mostrando um dos canhões ingleses. O duque se apressou a obedecê-la e outro cavaleiro francês que ocupou seu lugar não teve a sorte de contar com o desvelo de Joana – e foi morto.

Com os ingleses francamente superados em número, a batalha por Jargeau só durou quatro horas. De novo, Joana foi fonte de grande inspiração para suas tropas. Subiu bem alto numa escada, de estandarte em punho, e os soldados franceses, seguindo seu exemplo, galgaram em massa as muralhas e tomaram a cidade. O conde de Suffolk tentou negociar a rendição, mas ninguém lhe deu ouvidos e ele foi detido por um escudeiro francês. ("Você é um fidalgo?",[38] perguntou o conde, desconfiado, a seu captor, depois de perceber que não tinha escapatória. O escudeiro respondeu que sim. "É mesmo um fidalgo?", insistiu Suffolk. Ao ouvir a resposta negativa, o conde armou-o ali mesmo cavaleiro. Só então, salvas a honra e a estrutura social, embora não a cidade, o conde entregou sua luva e consentiu em ser levado prisioneiro.) Os homens de Suffolk não tiveram a mesma sorte. Com exceção de uns poucos membros da guarnição que, por sua linhagem, poderiam pagar resgate, todos os defensores de Jargeau foram executados e a cidade, saqueada.

Era domingo; na quarta-feira, os franceses tomariam a ponte de Meung; no sábado, 18 de junho, toda a guarnição inglesa de Beaugency capitularia e, como parte dos termos da rendição, abandonaria a cidade logo cedo, sem combate. Mas quando os franceses voltaram para Meung a fim de completar a reconquista da cidade, receberam notícias inquietantes. "Enquanto os ingleses [de Beaugency] se retiravam,[39] apareceu um enviado do regimento de La Hire me alertando, e aos capitães do rei, de que tropas inimigas se aproximavam, com as quais logo nos defrontaríamos e cujo número orçava por mil combatentes", lembrou-se o duque de Alençon.

Era Fastolf com os reforços longamente esperados. O arauto de La Hire deve ter subestimado essa força, pois o número de ingleses que agora avançavam contra os franceses parece ter sido pelo menos duas vezes maior que o informado na ocasião. O comandante inglês marchava em socorro de Beaugency quando, parando perto de Meung, encontrou o capitão John Talbot à frente dos restos do exército que sitiara Orléans – apenas quarenta lanças, duzentos arqueiros e os infantes, ao todo aproximadamente trezentos homens –, que ali esperava para se juntar a Fastolf e atacar os franceses. Ouvindo de Talbot que Beaugency caíra e ciente da superioridade numérica do inimigo, Fastolf sugeriu o recuo para Patay, cerca de trinta quilômetros ao norte de Orléans. Talbot concordou com relutância e os soldados ingleses receberam ordem de dar meia-volta e retirar-se para o norte.

A notícia da chegada dos reforços inimigos lançou o pânico entre os chefes militares franceses, como sempre. O duque de Alençon imediatamente voltou à antiga indecisão – é difícil imaginar um comandante menos capaz de comandar – e pediu conselho a Joana. "Então o senhor duque de Alençon,[40] na presença do senhor condestável, de mim e de vários outros, perguntou a Joana o que devia fazer", lembrou-se o Bastardo. "Ela lhe respondeu em altos brados: 'Ponham todos suas melhores esporas', ao que os demais replicaram: 'Que quer dizer? Pede que voltemos as costas ao inimigo?'. E Joana explicou: 'Não. Os ingleses é que não resistirão e serão vencidos, por isso precisamos de boas esporas para galopar atrás deles'."

Os franceses sabiam que o inimigo, àquela altura, recuava para se concentrar no norte e a decisão foi obedecer ao conselho de Joana e persegui-los. A fim de evitar que os ingleses escapassem, o exército real se dividiu em três grupos: o primeiro contava aproximadamente com 1.100 cavaleiros dos mais velozes, sob o comando de La Hire; o segundo era o corpo principal, às ordens do Bastardo e do duque de Alençon; por fim, vinha a retaguarda, liderada por Joana e Artur de Richemont. A Donzela não queria ficar para trás, mas teve de se conformar (talvez não fosse suficientemente habilidosa para seguir na vanguarda). No fim, isso pouco importou, pois ela já dera aos soldados franceses, sobretudo La Hire, aquilo de que precisavam: a confiança na vitória. Aquela batalha seria sua, não deles.

A pleno galope, livres da sobrecarga da artilharia pesada, os cavaleiros franceses alcançaram as tropas de Fastolf nos bosques das imediações de Patay por volta das duas horas da tarde. Alguns arqueiros ingleses, sem perceber a aproximação do inimigo, tinham ido caçar um veado que se embrenhara na floresta. À chegada dos franceses, o capitão Talbot posicionou-se apressadamente com seus homens num ponto que julgava vantajoso. Sua força principal, como sempre, eram os arqueiros, dos quais quinhentos, escolhidos a dedo pelo comandante por sua experiência e habilidade, receberam ordem de desmontar e cravar suas lanças no chão numa linha extensa, a fim de dificultar a carga dos franceses. Fastolf e o resto do contingente inglês se postaram atrás dos arqueiros e, buscando uma posição mais elevada, firmaram-se numa colina, prontos a enfrentar o corpo principal do exército francês que se aproximava.

Esse plano de batalha era semelhante ao que os ingleses haviam adotado, com efeitos devastadores, em Azincourt. Mas, no curto prazo de dois meses, Joana apagara o estigma de derrota associado àquele combate. Embora tivesse consigo apenas uma força pequena, La Hire não precisava esperar pelo resto do exército: sabia que poderia vencer os homens de Talbot sozinho e não hesitou em atacar. Assim, ao contrário do que ocorrera em Azincourt, não ficou de lado para permitir que os arqueiros ingleses se posicionassem em segurança e alvejassem os franceses de longe. Num movimento descrito pelos historiadores ingleses como muito pouco "esportivo", La Hire atacou imediatamente.* Os arqueiros foram derrubados em questão de minutos. A segunda onda do exército francês não tardou a chegar e Fastolf, observando-os do alto da colina, ordenou que seus soldados descessem para enfrentá-los. Mas, tão logo chegou ao

---

* "Os franceses não deram tempo aos arqueiros ingleses[43] de cravar estacas no chão, como seria de esperar, mas com sua cavalaria atacaram a pequena força", queixou-se o renomado medievalista inglês E. F. Jacob.

local, percebeu que não havia esperança nenhuma e, abandonando o posto, fugiu com um punhado de homens. "Antes que ele escapasse,[41] os franceses já haviam lançado o senhor de Talbot ao chão, capturando-o e matando todos os seus soldados. Avançaram a tal ponto pelo campo de batalha que podiam, à vontade, prender ou liquidar quem quisessem", declarou uma testemunha ocular. O corpo principal do exército francês só precisou de uma hora para dizimar seus adversários: ao fim desse prazo, 2 mil ingleses jaziam mortos no chão.

Esse combate, conhecido como a batalha de Patay, foi ainda mais decisivo que o levantamento do cerco de Orléans. Depois dele, por todo o reino, os ocupantes ingleses se puseram subitamente na defensiva, sabendo bem que corriam o risco de perder tudo – e, mais importante ainda, a atitude de seu país para com a guerra mudou. "Graças ao renome de Joana, a Donzela",[42] escreveu um cronista borguinhão da época, "a coragem dos ingleses decaiu muito e logo desapareceu. Parecia-lhes que a roda da fortuna agora girava contra eles, pois haviam perdido várias cidades e fortalezas que passaram a prestar obediência ao rei da França... Viam seus homens tombar já sem a firmeza e a prudência de antes." O desgaste do moral inglês na guerra começou naquele momento. "Assim, estavam todos... desejosos de recuar para as fronteiras da Normandia, abandonando o que possuíam no reino da França e imediações", observou o cronista.

Os oficiais experientes do comando do duque de Alençon, compreendendo a importância dessa vitória e não desejando conceder ao inimigo tempo para se recuperar e juntar forças, pressionaram pela continuidade da ofensiva com uma marcha rumo a Paris a fim de libertar a cidade, golpe que poderia significar o fim da guerra. (O duque de Bedford tinha tanta certeza de que isso iria acontecer que, ao receber a notícia da derrota do exército inglês em Patay, imediatamente se refugiou no forte de Vincennes.) Entretanto, seria necessário um líder corajoso para ordenar semelhante movimento, justamente o tipo de pessoa que o duque de Alençon não era; além do mais, Joana se opunha ao plano e insistia em que o delfim fosse coroado. "Tudo isso [perseguir os ingleses até Paris] não significa nada para mim;[44] agora, temos de ir a Reims", disse ela.

Assim, o exército real sustou o avanço para o norte e marchou para o sul até Gien, onde Carlos (bem longe da confusão) instalara sua corte. Joana precisou de mais duas semanas para convencer o rei a empreender a viagem, a que ele continuou fazendo objeções mesmo quando já estavam a caminho. Apesar de escoltado por um forte exército, Carlos sentia medo toda vez que se aproximavam de uma cidade dominada pelos borguinhões – Auxerre, Troyes, Châlons – e falava em regressar. Sempre, porém, era dissuadido por Joana, que "o aconselhava a ir adiante com coragem[45] e sem temer coisa alguma, pois assim recuperaria seu reino inteiro", relembrou Simon Charles. Ela ditou cartas a várias cidades, informando-as da aproximação do rei. "Leais franceses, saiam[46] para receber o rei Carlos", pedia. "Se fizerem isso, prometo-lhes, com penhor de suas vidas, que entraremos pela graça de Deus em todas as praças do reino sagrado, cobrindo-as de benefícios e paz duradoura, não importa quem a isso se oponha." A maioria das cidades, embora ostensivamente leais aos borguinhões, logo notou o tamanho do exército do rei e abriu suas portas após breves períodos de negociação. (Auxerre, a primeira, estabeleceu o precedente; os habitantes concordaram em "prestar ao rei a mesma obediência[47] das praças de Troyes, Châlons e Reims", uma hábil jogada diplomática que claramente transferia a decisão de escolher entre o rei e o duque da Borgonha à próxima cidade no trajeto.) Só em Troyes foi necessário fazer uma pequena exibição de força para que ela se rendesse.

À medida que cidade após cidade ia se rendendo sem luta, ficou evidente que nem os ingleses nem os borguinhões tentariam deter o rei. Isso convenceu de vez a todos de que a coroação ocorreria mesmo e o entusiasmo entre os partidários de Carlos aumentou proporcionalmente. O povo começou a se dirigir a Reims para assistir à cerimônia. "Eram tantos que seria[48] tarefa infinita contá-los ou descrever a alegria que todos sentiam", escreveu um observador. A própria Domrémy enviou uma pequena delegação, chefiada por parentes de Joana, a fim de presenciar a magnífica solenidade que uma filha da aldeia arquitetara, provando novamente que, a despeito de sua remota localização, notícias do rei e da corte não tardavam a chegar àquele posto avançado. Contudo, não existe nenhuma referência de que Roberto de Baudricourt estivesse em Reims na ocasião e isso é de surpreender, considerando-se o fato de ele ter sido o incentivador da carreira de Joana. Já o filho de Iolanda, Renato de Anjou, futuro duque de Bar e Lorena, compareceu, segundo os relatos.

Embora, a princípio, Carlos houvesse desejado que sua esposa o acompanhasse, nem Iolanda de Aragão nem sua filha Maria presenciaram a cerimônia, realizada a 17 de julho na catedral de Nossa Senhora de Reims. A viagem deve ter sido considerada perigosa demais para Maria, grávida de novo, embora haja a possibilidade de que, se ela comparecesse, seria coroada juntamente com o marido e era importante manter o foco apenas em Carlos como herdeiro de são Luís. Iolanda ficou em casa, com a filha.

Mas a circunstância de estar ausente não significava que Iolanda renunciasse ao desejo de saber tudo o que se passava por lá e três membros de seu círculo foram encarregados de ir a Reims para manter mãe e filha a par dos mínimos detalhes. Temos o relatório enviado por esses agentes à rainha da Sicília e sua filha, a rainha da França, descrevendo em pormenor a cerimônia da coroação e o que aconteceu depois. "Nossas rainhas e mui veneradas senhoras",[49] começa a carta, "seja-lhes grato saber que ontem o rei chegou à sua cidade de Reims, onde recebeu plena e cabal obediência. Hoje ele foi ungido e coroado; esse maravilhoso mistério foi impressionante de ver principalmente porque se revestiu de todas as exigências solenes essenciais a tal cerimônia, como se houvesse sido preparada com um ano de antecedência... Nossos senhores o duque de Alençon, o conde de Clermont, o conde de Vendôme, os fidalgos de Laval e La Trémoïlle compareceram com suas indumentárias reais; sua alteza de Alençon armou o rei cavaleiro... o senhor de Albret manteve a espada erguida diante do rei... e nosso senhor de Reims oficiou o mistério e portanto a consagração." O santo óleo usado para ungir o rei foi trazido a cavalo por quatro nobres, com roupas magníficas e empunhando estandartes; a coroação demorou cinco horas, das nove da manhã às duas da tarde. "No momento em que o rei foi ungido e a coroa posta sobre sua cabeça, todos gritaram em uníssono *Noël!* As trombetas soaram tão fortemente que o teto da igreja parecia na iminência de ruir. Durante o mistério [o rito místico da coroação], a Donzela permaneceu o tempo todo ao lado do rei, erguendo bem alto seu estandarte. Foi agradável contemplar as graciosas maneiras do rei e da Donzela. Deus sabe que as senhoras fizeram falta", apressaram-se a acrescentar os correspondentes.

Tendo comunicado os pormenores mais importantes da coroação – que foi esplêndida e solene o bastante, sob todos os aspectos, para dar legitimidade e apagar a lembrança da desenxabida cerimônia em que Carlos se declarara rei logo após a morte de seu pai; que o número de nobres presentes significava a retomada da antiga aliança dos Armagnacs; e que o papel de Joana na consecução daquele importantíssimo evento fora publicamente reconhecido pelo rei, como o provava a presença dela ao seu lado –, os três mensageiros passaram aos desdobramentos políticos mais recentes, assunto de grande interesse para as duas mulheres. "Amanhã o rei deve seguir⁵⁰ no rumo de Paris", escreveram. "Soubemos aqui que o duque da Borgonha esteve lá a caminho de Lião, onde se acha agora. Enviou um arauto ao rei logo à sua chegada. Presentemente, temos esperanças de que um sólido tratado esteja preparado antes que partam. A Donzela acredita que conseguirá obter a submissão de Paris."

A coroação de Carlos VII em Reims.

Era a notícia que Iolanda de Aragão desejava receber. Carlos fora persuadido a agir e, em consequência, reconquistara seus antigos aliados; portanto, a solução diplomática que ela vinha defendendo havia tanto tempo – afastar o duque da Borgonha dos ingleses graças a um acordo em separado – estava à vista. Mais: o marido de sua filha fora firmemente estabelecido como o autêntico herdeiro de são Luís e o legítimo rei da França, ou seja, Maria, coroada ou não, era agora uma rainha igualmente legítima e seus filhos subiriam ao trono. De Reims, o exército marcharia para Paris com grande esperança de vitória. E tudo isso acontecera por causa da apresentação da Donzela à corte em Chinon.

Para Joana, as horas que passou na cerimônia foram fonte de muito orgulho. Conseguira o impossível, o miraculoso; percebia que ter ocupado o lugar mais próximo do rei significava o reconhecimento concreto de sua façanha. Quando, mais tarde, os inquisidores lhe perguntaram: "Por que seu estandarte[51] teve mais destaque na igreja de Reims, durante a consagração do rei, que os de outros capitães?", Joana respondeu simplesmente: "Ele arcou com o peso maior e, portanto, merecia essa honra".

CAPÍTULO 10

Joana É capturada em Compiègne

Viverei um ano,[1] dificilmente mais.
— *Joana d'Arc a Carlos VII na corte real de Chinon, 1429*

SOB QUALQUER ÂNGULO, a coroação em Reims foi um impressionante feito político. Não era mais possível aos ingleses zombar de Carlos e negar suas pretensões ao trono; como Joana compreendera e previra, a incerteza quanto à sua legitimidade logo desapareceu e ele se tornou inquestionavelmente Carlos VII, rei da França. Em consequência, já não se guerreava para saber quem era o herdeiro legítimo do trono, Carlos VII ou Henrique VI, mas para expulsar, graças à união do povo e seu soberano, uma força de ocupação.* Depois de considerar seriamente a possibilidade de fugir

---

* Tarde demais os ingleses compreenderam seu erro e, no ano seguinte, levaram o jovem Henrique VI à França para também ungi-lo em Reims – empreendimento no qual fracassaram, precisando coroá-lo na Nossa Senhora de Paris em solenidade celebrada pelo cardeal de Winchester a 17 de setembro de 1431. Essa cerimônia nem se comparou em grandiosidade à outra, sendo mais inglesa que francesa e sem as usuais amenidades esperadas pela população. "A comida era horrí-

para a Escócia, Carlos passara de súbito a ocupar uma posição bem mais sólida do que há dez anos, quando decidira precipitadamente assassinar João Sem Medo na ponte de Montereau.

Guerras, porém, não se vencem apenas com gestos simbólicos, por mais brilhantes que sejam, e quaisquer ganhos políticos obtidos em Reims foram logo ofuscados pelo agravamento das perspectivas militares do rei em virtude da interrupção das hostilidades. Pois tão logo o duque de Bedford, mal acreditando em sua boa sorte, percebeu que o exército francês não iria capitalizar sua vitória em Patay, marchou rapidamente para Paris e pediu reforços urgentes da Inglaterra. Uma nova força de 3.500 cavaleiros e arqueiros, acompanhados por seus numerosos escudeiros e infantes, desembarcou em Calais no começo de julho e, no dia da coroação de Carlos, estava a uma semana de marcha de Paris.

Nessa emergência, a atitude de Filipe, o Bom, duque da Borgonha, perante a revigorada campanha de Carlos era decisiva. Se Filipe pudesse ser convencido a renunciar à aliança inglesa, ainda que só para permanecer neutro, sem abraçar a causa do rei francês, as chances militares poderiam mudar novamente em favor deste. Os ingleses não conseguiriam manter a França sem o apoio do duque da Borgonha.

Filipe sabia disso e explorou a oportunidade para obter o máximo de vantagens pessoais. Embora membro da dinastia francesa reinante por sua linhagem – o avô de Filipe, afinal de contas, fora irmão do avô de Carlos –, em se tratando de posição política ele não se considerava francês. Ao contrário, via-se como uma entidade soberana independente, mais ou menos à maneira dos reis de Aragão ou da Escócia, cuja participação na guerra era voluntária. "Mui válido senhor,[3] recomendo-me a você com toda a humildade. Vossa majestade e seus conselheiros se lembrarão sem dúvida de que participei da guerra francesa a seu pedido, então urgente", escreveria mais tarde a Henrique VI. Filipe, no entanto, acreditava firmemente que não poderia apoiar a campanha do assassino de seu pai – sentimento que ocultou para manter ambos os lados à espera de seus serviços.

---

vel,[2] ninguém teve sequer uma palavra de elogio para ela. Pior ainda, a que se destinava ao povo comum fora preparada na quinta-feira anterior, o que pareceu estranhíssimo aos franceses – e a culpa de tudo coube aos ingleses", torceu o nariz uma testemunha ocular parisiense.

Assim, quando Carlos, logo depois da coroação em Reims, lhe acenou com propostas de soluções diplomáticas, Filipe concordou em parlamentar. Obviamente, não tinha intenção nenhuma de aceitar os termos do rei, por mais generosos que fossem. Sem o conhecimento de Carlos e seus conselheiros, na semana anterior à cerimônia, Filipe fizera um acordo secreto com o governo da regência pelo qual se comprometia a ajudar na defesa de Paris contra um ataque do exército do rei. O duque de Bedford, que chegara ao extremo de desposar a irmã de Filipe para manter a aliança, agora conhecia bem o caráter do cunhado e não ignorava quais vantagens teria de lhe oferecer a fim de garantir sua amizade. Segundo uma testemunha ocular, organizou uma cerimônia pública solene em homenagem ao pai de Filipe, João Sem Medo, durante a qual denunciou seu traiçoeiro assassinato por Carlos e os Armagnacs, pedindo que "levantassem as mãos[4] todos quantos desejassem ser leais ao regente e ao duque da Borgonha". Ao mesmo tempo, Filipe, o Bom, recebeu a generosa soma de 20 mil francos "de meu senhor o regente[5] do reino da França [Bedford]... para pagar os soldados e arqueiros que o dito senhor da Borgonha pretendia trazer de seu país para os territórios da França, a serviço do rei [Henrique VI], contra os inimigos que na ocasião ganhavam força", segundo os registros contábeis oficiais dos ingleses. A tática de apelar ao mesmo tempo para o orgulho e a cobiça de Filipe surtiu o efeito desejado. Bedford e o duque da Borgonha "prometeram... por sua fé,[6] defender a boa cidade de Paris".

Em tais circunstâncias, era bem do interesse do duque da Borgonha fingir querer participar de conversações diplomáticas a fim de garantir que Carlos nada fizesse para lançar uma ofensiva contra Paris até ele e o duque de Bedford estarem militarmente preparados para desfechar um contra-ataque. Nisso, contou com um ótimo aliado na pessoa do rei. Carlos positivamente se superava na inação.

Para facilitar a assinatura de um tratado de paz, Carlos aceitou logo uma trégua de quinze dias que o proibia explicitamente de marchar contra Paris. Jorge de la Trémoïlle, cujo irmão, Jehan, era um membro de destaque no círculo de Filipe, o Bom, ficou encarregado das negociações em nome do rei – escolha que, em maior ou menor grau, subordinava quaisquer considerações militares ao processo diplomático. Em agosto, os embaixadores de Carlos apresentaram a Filipe termos magnânimos em troca da reconciliação: o rei prometeu fazer reparações e praticar atos de penitência pelo assassinato de

João Sem Medo; de seu próprio bolso, repassaria ao duque por sua aliança uma grande quantidade de ouro (que infelizmente, no momento, não possuía) e alguns territórios; além disso, Filipe ficava isento da obrigação de homenagear Carlos, atitude que, o rei bem sabia, lhe era repugnante. Mesmo depois da trégua de quinze dias, o rei evitou avançar pelo território do duque da Borgonha, "tanto porque muitos supunham[7] esse território forte em soldados quanto pela esperança que ele alimentava num bom tratado entre ambos", escreveu o cronista Monstrelet. Embora suas propostas a Filipe fossem sem dúvida sinceras, a insistência de Carlos nessas negociações também lhe permitia mascarar a relutância que experimentava em prosseguir nas hostilidades. De fato, o rei já estava farto de lutas. De Reims, ele só queria voltar à segurança e ao conforto de Bourges, onde tentaria, por meios diplomáticos, recuperar de vez seu trono.

Essa atitude o pôs em confronto com Joana, que defendia ardorosamente a marcha contra Paris o mais rápido possível. Embora ela soubesse que os emissários de Carlos estavam buscando um acordo diplomático com Filipe, o Bom, e aprovasse esse plano – chegou mesmo a escrever ao duque pedindo-lhe que "fizesse uma paz boa,[8] firme e duradoura" –, Joana não fora deliberadamente informada dos detalhes, sobretudo a trégua que proibia um ataque a Paris. Para se esquivar dela e ganhar tempo enquanto aguardava o resultado da negociação, o rei, com seu séquito e o exército, deixou Reims e iniciou uma viagem lenta, sem rumo certo, pelo território vizinho, parando em qualquer burgo insignificante ao longo da rota e desfilando pelas ruas aos gritos de "Noël!". Em um mês, só chegou até Crépy, menos de cem quilômetros a oeste.

O duque de Bedford, é claro, soube usar muito bem essa pausa. O exército inglês alcançou Paris no final de julho e a cidade foi fortificada contra assaltos. Levaram-se canhões e munição para as muralhas; cavaram-se trincheiras diante das portas e repararam-se os fossos. O exército auxiliar prometido pelo duque da Borgonha apareceu no devido prazo. O regente se sentiu então à vontade para desafiar o rei ao combate numa carta que se esforçou para tornar o mais humilhante possível. "Nós, João de Lancaster,[9] regente da França e duque de Bedfort, fazemos saber a você, Carlos de Valois, que se intitula delfim de Viennois e agora também, sem razão nenhuma, rei... A você, que se deixa enganar por gente ignorante, aceitando a ajuda de pessoas supersticiosas e repreensíveis, como a tal mulher tresloucada e de má fama, com suas roupas de homem e conduta libertina... escolha no país de Brie, onde ambos estamos, ou na Île de France, um lugar nos campos... para breve e em dia adequado... nessa hora e local, se quiser comparecer em pessoa na companhia da tal mulher infame e apóstata, nós, se a Deus prouver, também lá iremos pessoalmente", escreveu.

A carta, com suas pesadas ofensas a Joana, sem dúvida afligiu Carlos, mas não tanto quanto a constatação de que o inimigo recebera reforços substanciais. Esse estado de coisas se tornou claro no dia 15 de agosto, quando o rei e o exército francês, ainda em seu passeio descontraído, deparou com aproximadamente 8.500 soldados ingleses e borguinhões que o duque de Bedfort trouxera de Paris e concentrara diante de Senlis, barrando o caminho para o sul. Embora nenhum dos lados oferecesse batalha, a ameaça bastou para que Carlos fizesse meia-volta e voltasse para o norte, retornando a Crépy e tomando em seguida o rumo de Compiègne.

Joana precisou de mais duas semanas para convencer o rei a finalmente arriscar um ataque a Paris e só o conseguiu depois de persuadir o duque de Alençon a tomar a iniciativa, postando uma vanguarda nas imediações da cidade. "Na sexta-feira seguinte ao dia 26 de agosto,[10] a Donzela, o duque de Alençon e sua hoste estavam acampados em Saint-Denis. Quando o rei soube disso... dirigiu-se muito aflito para Senlis. Segundo parece, agiu contra a vontade da Donzela, do duque de Alençon e de suas tropas", observou um cronista. Entre os que insistiam com Carlos para ouvir Joana e atacar Paris, estava o filho de Iolanda, Renato de Anjou, que após a coroação deitara fora o manto do anonimato e se unira abertamente ao exército real, "bem acompanhado de homens".[11]

Seguiu-se uma semana mais ou menos de escaramuças, pois o exército real procurava descobrir falhas nas defesas parisienses a fim de determinar o ponto mais vulnerável a um ataque. O duque de Bedford estava tão confiante em sua capacidade de conservar Paris que deixou as forças de Filipe, o Bom, para proteger sozinhas a cidade, enquanto ele e o exército inglês se dirigiam a Le Mans, no condado do Maine, lar de Iolanda, a fim de obstruir uma surtida independente chefiada por Artur de Richemont. (O condestável ainda gozava de tanto desfavor por parte de Carlos que não lhe foi permitido sequer assistir à coroação, de modo que saíra por conta própria a combater o inimigo.) Finalmente, a 8 de setembro de 1429, quinta-feira, pouco antes do meio-dia, o exército real se perfilou em ordem de batalha diante das muralhas de Paris, perto da porta de Saint-Honoré. Dessa vez, não havia padres rezando e cantando na frente dos soldados; nenhum esforço foi feito para criar um clima de cruzada ou guerra santa. O assalto parecia ser exatamente o que era: um ataque em larga escala por uma força secular e belicosa.

Paris era a maior cidade da Europa ocidental. Uma vasta metrópole pelos padrões medievais, com cerca de 200 mil habitantes e poderosas fortificações, representava um desafio muito mais difícil do que qualquer empreendimento até então tentado por Joana ou o duque de Alençon. Embora a capital já houvesse sido invadida no passado, isso só fora possível graças ao concurso de partidários em seu interior, com quem se contava para abrir uma ou duas portas, evitando assim a necessidade de escalar as muralhas. Sem dúvida, inúmeros parisienses defendiam a causa de Carlos contra a de Henrique VI, mas estavam de mãos atadas havia mais de dez anos. Ao que parece, alguns esforços foram feitos para aliciá-los; não se achavam, porém, em condições de tentar uma empresa tão arriscada como roubar as chaves das portas. Além disso, a maioria dos cidadãos de Paris – ou, pelo menos, os que controlavam a cidade – eram borguinhões de confiança. Para eles, coroado ou não, Carlos não passava de outra encarnação do velho partido Armagnac, que mesmo depois de tanto tempo eles continuavam a associar a corrupção governamental, cupidez e impostos extorsivos. Além do mais, tomando a história por modelo, aquela gente sabia muito bem que, caso o exército real entrasse na cidade, todos seriam perseguidos e chacinados. Assim, ao contrário dos habitantes de Orléans, que se rejubilaram com a chegada do exército real e tudo fizeram para ajudar, a maioria dos parisienses desprezava Joana e suas forças. Tinham todos os incentivos para combatê-la – e foi o que fizeram.

A batalha durou todo o dia, seguindo o curso agora costumeiro. As tropas do rei chegaram munidas de artilharia pesada, além de carroças cheias de troncos e galhos com que os soldados esperavam atulhar os fossos em torno da cidade, improvisando assim uma ponte até as muralhas. Por horas, o exército francês acossou valentemente as defesas, disparando suas armas enquanto torrentes de flechas e balas de pedra choviam do alto, disparadas pelos borguinhões e as milícias de cidadãos postados nas ameias. "O assalto, cruel para ambos os lados,[12] durou até as quatro horas da tarde, sem que se pudesse prever qual deles levaria a melhor", relatou uma testemunha ocular. À medida que a tarde caía e a noite se aproximava, os soldados franceses, já considerando difícil uma vitória definitiva, começaram a cansar-se e a pensar em retirada, de modo que Joana precisou fazer o que fazia sempre quando o ânimo de suas tropas arrefecia. Com grande coragem, plantou-se na linha de frente e ergueu o estandarte para ordenar um novo assalto, ao mesmo tempo que gritava em altas vozes para os parisienses nas muralhas: "Rendam-se logo,[13] em nome de Jesus, pois se não o fizerem antes da noite entraremos à força quer queiram, quer não, e serão todos dizimados sem piedade".

Mas, dessa vez, o inimigo não recuou nem tremeu diante dela, como se fosse uma bruxa, tal qual haviam feito os ingleses em minoria diante de Orléans. Os cidadãos de Paris não tinham medo de Joana; para eles, ela era apenas uma vil, desagradável e provavelmente louca camponesa Armagnac de alguma província distante. Assim, quando a Donzela ergueu seu estandarte e exigiu que se rendessem, eles responderam à altura. "Olhe o que temos para você,[14] sua puta suja!", replicou um arqueiro borguinhão – e alvejou-a na perna. Quando Joana gritou e caiu, seu pajem agarrou o estandarte e bravamente o ergueu de novo – e outro arqueiro o feriu *também* na perna! Ao levantar a viseira para extrair a flecha da ferida, um terceiro atirador o acertou no rosto, matando-o. Naquele instante, as chances de Carlos de tomar Paris morreram igualmente.

Embora Joana continuasse tentando reunir as tropas para prosseguir no ataque, não conseguia ficar de pé por causa da dor e vê-la caída era um choque para todos. Os soldados do rei perderam a autoconfiança e os inimigos, percebendo sua vulnerabilidade, redobraram de entusiasmo. "Pouco depois das quatro horas,[15] os parisienses, cheios de ânimo, dispararam tamanha quantidade de balas de canhão e flechas contra seus adversários que estes tiveram de recuar, renunciando ao assalto, e ir embora", escreveu o mesmo observador. Mais tarde, a coberto da noite, Joana era retirada, ferida, do fosso onde caíra. Curiosamente, entre todos os cavaleiros que lutaram a seu lado naquele dia ou estiveram com ela desde o princípio, em Orléans, foi Renato quem a levou do campo de batalha para a segurança de seu próprio acampamento.

Na manhã seguinte, embora Joana e o duque de Alençon pressionassem pela volta a Paris e o prosseguimento da luta, avisos mais prudentes prevaleceram e o exército recebeu ordem de recuar para Senlis, onde estava instalada a corte de Carlos. Uma semana depois, com a capital ainda firmemente nas mãos de ingleses e borguinhões, o rei licenciou o exército e retirou-se para o conforto de sua base ao sul do Loire. "Em setembro",[16] escreveu um cronista borguinhão, "os Armagnacs assaltaram as muralhas de Paris, que esperavam tomar, mas só o que conseguiram foi sofrimento, vergonha e infortúnio. Muitos deles, com boa saúde antes do ataque, ficaram feridos pelo resto de suas vidas. Mas o insensato nada teme na prosperidade. Digo isso àqueles que amargaram a desgraça e a má-fé... dando ouvidos a uma criatura em forma de mulher que os acompanhava. Quem era ela? Só Deus sabe."

O FIASCO DIANTE DE PARIS – pois *foi* um fiasco, dado que apenas um assédio disciplinado, bem planejado e bem conduzido, do tipo que Carlos não tinha intenção nenhuma de autorizar, poderia ter subjugado a cidade – pôs à mostra a precariedade das relações de Joana com o rei. Carlos não era homem de engolir facilmente humilhações. Insultos o deixavam ressentido. Pior ainda, de caráter desconfiado, mostrava-se extremamente sensível a qualquer ameaça à sua dignidade. O cronista Jorge Chastellain afirmou que os principais traços de caráter do rei eram "volubilidade, intransigência e, acima de tudo, inveja".[17] Até a coroação em Reims, Carlos, rodeado de conselheiros que acreditavam na santidade de Joana, depositara nela uma fé que o protegia como uma carapaça; mas a desdenhosa carta de desafio do duque de Bedford revelou-lhe claramente como a proteção confiante que dispensava à Donzela era vista fora de seu círculo. Carlos conseguira ignorar esse fato a princípio; mas, após o fracasso diante de Paris, as zombarias do regente inglês voltaram a persegui-lo. Mensageiros de Deus não falhavam.

Para se poupar futuros embaraços, Carlos separou Joana do exército. O duque de Alençon foi mandado de volta para os braços da esposa, enquanto a Donzela era escoltada até Bourges pelo meio-irmão de Jorge de la Trémoïlle, o duque de Albret. Com o declínio da fortuna de Joana, veio também a redução da influência do partido de Iolanda. La Trémoïlle detinha de novo, firmemente, as rédeas do poder na corte e tudo fez para impedir que a Donzela de Orléans recuperasse sua antiga glória. Quando, ainda naquele ano, o duque de Alençon reuniu outra força para expulsar os ingleses do Maine e da Normandia, escreveu pedindo encarecidamente ao rei que lhe enviasse Joana, pois conseguiria recrutar um número bem maior de soldados caso ela estivesse presente para conduzir as tropas. Mas "*Messire* Reginaldo de Chartres[18] e o senhor de la Trémoïlle... que agora dirigiam o conselho do rei e os assuntos de guerra, jamais consentiriam ou permitiriam que a Donzela e o duque de Alençon voltassem a se reunir, de sorte que ele não mais a teve consigo", escreveu Perceval de Cagny, o cronista do duque de Alençon.

Para afastar Joana, em novembro de 1429, La Trémoïlle mandou-a sitiar a cidade de La Charité-sur-Loire, cerca de trinta quilômetros a leste de Bourges, que fora capturada por um mercenário local aliado dos ingleses (esse mercenário, coincidentemente, já extorquira um pesado resgate de 14 mil escudos de La Trémoïlle). Joana sem dúvida iria fracassar; outro cronista relatou que "o senhor de La Trémoïlle enviou Joana...[19] no auge do inverno... com pouquíssimos homens à cidade de La Charité, onde permaneceram por cerca de um mês. Retiraram-se depois, desacreditados, porque não obtiveram a ajuda dos moradores, deixando no local bombardas e outras peças de artilharia". Perceval de Cagny também comentou essa missão malograda a La Charité. "Após algum tempo, como o rei[20] nada fizesse para lhe enviar provisões ou dinheiro com quem mantivesse a tropa, ela foi obrigada a levantar o cerco e partir com enorme desgosto", escreveu ele.

A incapacidade de levar a termo até mesmo essa missão sem importância destruiu o pouco de credibilidade que ela porventura ainda conservasse na corte como profetisa autêntica. A fim de poupá-la – e a si próprio – da humilhação, Carlos nobilitou Joana e sua família, recompensando-a pelos serviços que ela prestara à coroa. A Donzela recebeu mais cinco arautos e seis cavalos, além de uma generosa doação para manter uma casa convenientemente aristocrática. O infeliz duque de Orléans, ainda prisioneiro em Londres – passara metade da vida, quinze anos, no cativeiro e os ingleses se recusavam a aceitar resgate por ele –, também demonstrou sua gratidão pelos esforços de Joana enviando-lhe um caro e elegante vestido vermelho-vivo enfeitado com as mais delicadas rendas de Bruxelas. Portanto, ela deixara de ser a modesta pastora Jeannette de Domrémy ou a Donzela de Orléans: era agora Joana d'Arc, uma dama de posses e posição. Claramente, tanto o rei quanto os que o cercavam, como La Trémoïlle, esperavam que esse suborno bastasse para induzi-la a despir a armadura de uma vez por todas, vestir o belo traje novo e ir embora.

Mas Joana não queria partir: queria lutar. Embora as vozes não mais a orientassem – quando questionada mais tarde pelos inquisidores se atacara Paris por ordem dos anjos, ela replicou: "Foi a pedido dos oficiais[21] que ocorreu o assalto a Paris e, de meu rei, o ataque a La Charité" –, Joana estava ainda assim decidida a expulsar os ingleses da França. Sem perceber que já não tinha influência, irritou-se com a inação de Carlos, exprimiu abertamente seu descontentamento e continuou a pressionar o rei para que a enviasse com um exército às regiões do país ainda ocupadas pelos ingleses ou aliadas do duque da Borgonha. Não se discute que, apesar de sua popularidade (considerável ainda), ela foi mantida a distância durante esse período, sendo considerada um empecilho e um perigo potencial pelos poderosos da corte. Mais tarde, Reginaldo de Chartres escreveria que Joana "não dava ouvidos a nenhum conselho[22] e fazia tudo a seu modo".

Os fatos se precipitaram na primavera de 1430. Em março, era óbvio, mesmo para Carlos (embora ele não o admitisse publicamente por mais dois meses), que Filipe, o Bom, de fato não tinha interesse algum em fazer a paz e prolongara as conversações apenas para aumentar seu poderio e seu território. O duque da Borgonha, que aceitara recentemente dos ingleses o título de tenente-geral da França, foi por eles promovido a segundo no comando do reino depois de seu cunhado, o duque de Bedford, recebendo ainda por cima os territórios da Champanha e Brie do governo de Henrique VI. Enquanto isso, outro reforço inglês de 2 mil homens desembarcava em Calais a fim de retomar Reims e ali coroar Henrique VI, então com 8 anos de idade. Um plano de batalha conjunto foi elaborado pelos duques da Borgonha e de Bedford. Espiões comunicaram que um de seus primeiros objetivos seria Compiègne, a qual, ironicamente, era uma das localidades cedidas por Carlos a Filipe a fim de induzi-lo a assinar um tratado de paz, mas cujos cidadãos, inspirados por Joana e pela coroação em Reims, não quiseram entregar aos borguinhões.

Joana conversou com o rei no começo de março de 1430, quando ele transferiu a corte para Sully-sur-Loire, perto de Orléans, onde a Donzela permanecera mais ou menos vigiada num dos castelos da família de La Trémoïlle. Segundo parece, essa foi a primeira vez, em meses, que teve permissão de se encontrar com Carlos ou comparecer a um conselho real. Como seria de esperar, mostrou-se impaciente com a tagarelice infindável e a indiferença de todos à ameaça das armas inglesas. Concluindo que não conseguiria demover o rei como fazia antes, resolveu agir por sua própria conta e risco. "Estando o rei na cidade[23] de Sully-sur-Loire, a Donzela, inteirada do que ele e seus conselheiros tencionavam empreender para recuperar o reino, ficou muito descontente com o que ouviu. Então, achando meios de se afastar dali sem mesmo se despedir do rei, pretextou assuntos a resolver, saiu e não voltou, mas dirigiu-se à cidade de Lagny-sur-Marne, onde o povo movia boa guerra aos ingleses de Paris e outras partes", escreveu Perceval de Cagny. Joana partiu com o pajem que lhe restava, seu irmão, e um bando de cerca de duzentos mercenários chefiados por um salteador italiano – expedição muito diversa da que no ano anterior, sancionada pelo rei e bem equipada, levantara o cerco de Orléans. Embora Perceval de Cagny insinue que Joana partiu recorrendo a um estratagema, a corte sem dúvida conhecia suas intenções, mas não fez nada para detê-la, sinal de que fora oficialmente desligada do serviço do rei. Assim, caso Joana conseguisse repelir os ingleses, Carlos poderia capitalizar o crédito pela vitória; mas, se falhasse, o que era mais provável, diria que ela agira por iniciativa própria e contra a vontade de seu soberano.

Joana e seu bando de soldados rumaram para Compiègne, ao norte, mas a jornada levou quase dois meses porque ao longo do caminho tinham de enfrentar a resistência de ingleses e borguinhões em escaramuças o tempo todo. Pelo menos dois desses encontros foram bem-sucedidos: em abril, Joana libertou a cidade de Melun de sua pequena guarnição inglesa e logo a seguir pôs em debandada um destacamento de borguinhões, aprisionando seu comandante perto de Senlis. No entanto, quando ela chegou a Compiègne, a 14 de maio de 1430, o duque da Borgonha, com o ouro de seu cunhado inglês, conseguira reunir um poderoso exército e já tomara o pequeno burgo de Choisy-au-Bac, nas imediações da cidade.

Joana não era a única a querer defender Compiègne das maquinações de Filipe, o Bom. Carlos já enviara Reginaldo de Chartres, arcebispo de Reims, e o conde de Vendôme para verem o que poderia ser feito em auxílio da cidade. O arcebispo de Reims, em especial, não deve ter gostado muito de ver Joana e sua tropa chegando sem serem anunciadas, mas não lhe restava alternativa exceto aceitar sua presença. Para os cidadãos de Compiègne, "decididos a arriscar sua vida[24] e a de seus filhos para não se submeter ao duque [da Borgonha]", Joana era ainda a Donzela de Orléans, a mulher santa que levara o rei para ser coroado em Reims, a Mensageira respeitada em toda a França por suas já célebres façanhas; acolheram-na, pois, como a um sinal do favor divino.

Durante dois dias, Joana e seus homens manobraram diante de Choisy-au-Bac na tentativa de libertar a cidade dos borguinhões. Essas surtidas foram facilmente barradas pelo inimigo, mais bem provido de efetivos e artilharia pesada. Para conseguir reforços, Reginaldo de Chartres e o conde de Vendôme, acompanhados por Joana e seus mercenários, deixaram Compiègne por Soissons no dia 18 de maio. Todavia, não sendo bem recebidos como esperavam – o capitão de Soissons impediu a entrada dos homens de Joana e, mais tarde, entregou a cidade ao duque da Borgonha sem luta –, conde e arcebispo concluíram que a causa estava perdida. No dia seguinte, recuaram para a região ao sul de Reims, mas, aparentemente, não conseguiram convencer Joana a segui-los; ela e seus mercenários voltaram às ocultas para Compiègne no início da manhã de 23 de maio. Decisão fatídica. Talvez Reginaldo de Chartres se referisse a isso ao dizer que ela não ouvia conselhos de ninguém.

Tão logo Joana e seus homens chegaram, foram convencidos por um comandante local a ajudá-lo num assalto a Margny, recentemente tomada pelos borguinhões. Margny localizava-se na outra margem do rio Oise, bem ao norte de Compiègne, e chegava-se até lá por uma ponte levadiça. Naquela tarde, Joana, de armadura completa e "com um rico gibão de brocado[25] sobre o peitoral", segundo um cronista borguinhão, saiu a campo montada num grande corcel pardo e liderando um batalhão de cavaleiros cujo número é desconhecido (registrou-se apenas que estava "bem acompanhada por inúmeros fidalgos").[26] Atravessando a ponte, atacaram duas vezes o posto avançado e duas vezes foram repelidos. Joana reagrupava os homens para uma terceira tentativa quando o rumor da batalha alcançou João de Luxemburgo, um dos melhores generais de Filipe, o Bom, que fez soar o alarme. Imediatamente, chegaram reforços e "os borguinhões tiveram mais assistência[27] do que precisavam": o próprio duque da Borgonha galopou para Margny.

Os cavaleiros que acompanhavam Joana, temendo ser logo desbaratados, recuaram em pânico para Compiègne. Todos correram ao mesmo tempo para a ponte; só Joana manteve o sangue-frio e procurou proteger sua gente. Até o cronista borguinhão ficou impressionado: "A Donzela, indo além da natureza feminina,[28] realizou uma grande façanha e tudo fez para salvar sua companhia, postando-se na frente como um chefe e como o membro mais corajoso do grupo", relatou. No entanto, o capitão da cidade, vendo que numerosos soldados inimigos se aproximavam, ergueu sem aviso a ponte levadiça para impedir sua entrada em Compiègne, deixando Joana e um punhado de homens sozinhos e desprotegidos no campo, fora dos muros. Foram prontamente cercados pelos borguinhões e "um arqueiro, homem rude[29] e de má catadura, não tolerando que uma mulher de quem muito se falava houvesse vencido tantos homens valentes, agarrou-a por uma aba do gibão de brocado e arrancou-a da sela, fazendo-a cair de costas no chão; já não podia esperar que seus homens a socorressem, ajudando-a a montar de novo", escreveu o cronista borguinhão. Quase no mesmo instante, um nobre a serviço de Filipe, o Bom, aproximou-se a galope e exigiu que Joana se rendesse.

Sabendo que não tinha escapatória, ela concordou com relutância.

A captura de Joana d'Arc em Compiègne.

A importância da prisão de Joana foi logo notada por todos os envolvidos. Afora a questão do resgate, perguntava-se como pudera Deus permitir que ela, sua reconhecida Mensageira, fosse capturada? De que lado estava Deus? Os ingleses "exultavam mais do que se tivessem[30] prendido quinhentos combatentes", enquanto os franceses de Compiègne "lamentavam aflitos suas perdas, desgostosos principalmente com a captura de Joana", escreveu Chastellain. O duque da Borgonha correu a interrogá-la e mais tarde enviou uma carta a todos os seus súditos, avisando-os de que, "por graça de nosso abençoado Criador,[31] a mulher conhecida como a Donzela caiu em nossas mãos, reconhecendo-se assim o erro e a crença errônea de todos quantos se mostraram simpáticos e favoráveis aos atos dessa criatura... Rendam homenagem a Deus, a quem aprouve levar a bom termo nossos esforços em nome de nosso senhor, o rei da Inglaterra e da França". O cavaleiro a quem Joana se rendera não podia acreditar em sua sorte: "mais feliz do que se houvesse capturado um rei",[32] apressou-se a levá-la do campo de batalha para a fortaleza de Margny, onde a teria segura.

A fim de impedir qualquer tentativa de salvamento, ela logo foi transferida para o castelo de João de Luxemburgo em Beaulieu-les-Fontaines, ao norte de Noyon. Os inimigos de Carlos nem precisavam se preocupar; não era crível que o rei, incapaz de agir para libertar Orléans ou mesmo de organizar um exército decente em socorro de Compiègne, se animasse de súbito a reunir um exército forte o bastante para salvar um único prisioneiro. Mesmo a questão do resgate estava fora de cogitação. Carlos, que tinha uma guerra cara pela frente e precisara licenciar seu exército depois do ataque a Paris porque não conseguiria pagar os soldados, jamais desperdiçaria um bom dinheiro com Joana apenas para vê-la voltar à corte e aborrecê-lo novamente.* O distanciamento entre o rei e sua ex-profetisa pode ser medido pela carta de Reginaldo de Chartres ao povo de Reims, logo após a captura de Joana. Esta, disse ele, "se enchera de soberba[33] devido aos ricos trajes que passara a envergar. Não ouvira as ordens de Deus e sim sua própria vontade".

Nem Iolanda de Aragão deve ter considerado seriamente a ideia de arrancar Joana de seu cativeiro. Por essa época, a rainha da Sicília se retirara da corte real e vivia em seu castelo de Saumur, onde se concentrava no apoio à campanha do duque de Alençon para libertar a importante cidade de Le Mans, no ducado do Maine, que pertencia a ela. No ano anterior, gastara muito com a expedição de reabastecimento de Orléans e suas finanças ainda

---

* Carlos era notoriamente avarento nessas questões. Bem mais tarde, quando os ingleses finalmente concordaram em aceitar resgate pelo duque de Orléans, o rei se recusou a contribuir como soberano para libertar seu primo e o dinheiro teve de ser levantado por outros.

não estavam recuperadas, pois toda a renda do condado da Provença ia para seu filho mais velho, Luís III, em campanha para conquistar o reino de Nápoles. Além disso, ela não considerava sua obrigação comprar a liberdade de Joana; o dinheiro era precioso demais para ser desbaratado no resgate de alguém que não pertencia à família imediata. Ela aprendera essa lição com Maria de Blois, junto ao leito de morte da sogra. Com um filho guerreando na Europa e outro lutando pelo rei da França, Iolanda precisava resguardar a todo custo seu patrimônio.

Entretanto, mesmo dispondo de recursos para libertar Joana, é pouco provável que a rainha da Sicília ou outro membro qualquer de sua família o fizesse. Joana alegava ter se apresentado por ordem de Deus; portanto, interferir no destino dela seria o mesmo que questionar o imperativo divino. Conhecedora que era do romance de João de Arras, Iolanda recordava sem dúvida a passagem em que Raimundino gemia o pecado cometido por um de seus filhos e Melusina lhe lembrava expressamente que "a vontade de Deus é inescrutável;[34] Seus juízos são tão secretos que nenhuma criatura humana pode entendê-los".

Se Deus decretara que Joana fosse presa, fizera isso por alguma razão; se tivesse de ser libertada, os anjos e não a rainha da Sicília seriam os responsáveis. E nem se discutia que a vontade de Deus talvez fosse mantê-la prisioneira. Afinal, Melusina acabou traída por Raimundino e condenada ao sofrimento.

Para sermos justos com Carlos e Iolanda, não havia razão, apesar do cativeiro, para acreditar que Joana corresse perigo. Gerações futuras têm a vantagem de saber o que aconteceu, mas na ocasião todos ignoravam o que seria de Joana. O código militar medieval, nos tópicos referentes a captura, resgate e cativeiro, fora ditado pelas veneráveis regras da cavalaria. Se, durante a batalha, um membro da nobreza de um dos lados se rendesse voluntariamente a um membro da nobreza do outro – e Joana, que conhecia o protocolo, apressou-se a fazer isso –, então nada sofria da parte do captor. Estabelecia-se um resgate e, se ele fosse pago, o cativo era solto; se não, continuava sem ser molestado no castelo do senhor que o reivindicara até o dinheiro ser conseguido, combinar-se uma troca de prisioneiros ou assinar-se um tratado de paz. A prisão nem sempre era confortável, mas não ameaçava a vida. Além disso, o fato acontecia com frequência – tanto o duque de Alençon quanto o conde de Vendôme, por exemplo, haviam sido capturados no campo de batalha e passado algum tempo na cela, sem nunca se queixar muito do tratamento recebido. Essas regras, é claro, não se aplicavam aos soldados rasos ou aos membros das classes inferiores, que arriscavam a vida em combate, mas Carlos cuidara disso nobilitando Joana no mês de dezembro anterior.

De fato, nos primeiros meses do cativeiro da Donzela, essa versão dos acontecimentos obedeceu exatamente à etiqueta e ela foi tratada como um cavaleiro comum. Logo depois de transferida para o castelo de Beaulieu, tentou escapar (e quase conseguiu), mas isso não se deveu a maus-tratos. "Eu nunca fora prisioneira[35] em lugar nenhum e procuraria de todos os modos fugir. No castelo, trancafiei meus carcereiros na torre, exceto o porteiro, que me viu e me deteve. Parece que minha fuga na ocasião não agradaria a Deus", disse mais tarde aos inquisidores, aludindo ao incidente. Também não foi punida pela tentativa, embora, como precaução suplementar, a levassem para mais longe no território borguinhão, a outra fortaleza de João de Luxemburgo, o castelo de Beaurevoir. Ali, continuou sendo tratada com respeito e mesmo ternura. Ficou presa num quarto da torre, mas nunca algemada, e com permissão de gozar a companhia da esposa e da tia de Luxemburgo. Essas duas senhoras tentaram gentilmente convencê-la a despir seus trajes masculinos e retomar os femininos; e, embora Joana se recusasse, claramente as estimava muito. "A senhorita de Luxemburgo e a senhora de Beaurevoir[36] me ofereceram um vestido ou o pano para confeccionar um, pedindo-me para colocá-lo; respondi que não tinha permissão de Deus para tanto e que ainda não era tempo... Se fosse para eu usar roupas de mulher, faria isso mais rapidamente a pedido daquelas mulheres do que de qualquer outra na França, exceto minha rainha", atestou depois.

Mas essa situação relativamente boa não durou. Uma conspiração estava sendo tramada por duas entidades aparentemente sem vínculos entre si, mas poderosas – a Universidade de Paris e o governo da regência –, que calcaria aos pés todas as leis laboriosamente construídas do comportamento cavalheiresco frente aos prisioneiros de guerra. Em resultado, uma jovem de 19 anos seria submetida a um tratamento tão bárbaro, tão desumano, que sua crueldade e horror ecoam ainda hoje, após a lenta passagem de muitos séculos.

CAPÍTULO 11

O Julgamento de Joana d'Arc

Considera-se meu juiz.[1] Pense bem no que realmente é, pois em verdade fui enviada por Deus e você está correndo um grande perigo.
– *Joana d'Arc em resposta à pergunta de um inquisidor durante seu julgamento, 1431*

UNIVERSIDADE DE PARIS era, sem contestação, a escola de teologia mais distinta e influente da Europa no século XV. Os estudantes que conseguiam sobreviver a seus cursos exaustivos – seis anos de trabalho preparatório nas artes gerais seguidos de outros nove sob a rígida tutela da faculdade de teologia – podiam contar com uma carreira garantida e de destaque no clero. Uma instituição tão vasta e complexa quanto a Igreja medieval tinha necessidade constante de funcionários competentes para administrar seus muitos benefícios, e os melhores cargos – cônego, deão, bispo, arcebispo, cardeal – exibiam um número desproporcional de mestres em teologia formados na Universidade de Paris. Como esses cargos eclesiásticos implicavam todos uma renda ou "manutenção" paga por seus administradores, os mestres de teologia também podiam esperar obter fortuna além de prestígio. Naturalmente, havia acirrada disputa pelos melhores postos – quanto maior e mais importante a diocese, mais próspera a vida. Além disso, aqueles que conseguiam atingir os degraus mais elevados da hierarquia eclesiástica alcançavam posições de autoridade também nas cortes dos príncipes seculares. Sacerdotes e mestres de teologia de nível superior eram muito procurados para atuar como embaixadores e conselheiros, sendo regiamente recompensados por seus esforços com gratificações em dinheiro ou benefícios adicionais. Essa associação simbólica entre Igreja e Estado implicava que a Universidade de Paris funcionasse como uma instituição tanto política quanto acadêmica – talvez mais política.

Consequentemente, a escola e seus inúmeros funcionários não ficavam acima das paixões civis que avassalavam o resto do reino. Ao contrário, os mestres de teologia haviam desempenhado um papel de relevo na guerra desde seu início. Como acontecera com a população em geral, alguns de seus membros defendiam a posição dos Armagnacs, enquanto outros apoiavam os borguinhões. As fortunas de cada lado subiam e desciam conforme o desenrolar do conflito, e, com o triunfo de Henrique V, os mestres Armagnacs, mesmo os mais reverenciados pela erudição, foram coagidos a fugir de Paris para junto de Carlos, que fez bom uso de seu talento. Do mesmo modo os que permaneceram, todos partidários dos borguinhões, festejaram a ocupação inglesa e colocaram toda a força da universidade a serviço de Henrique V e seus sucessores.

Como seria de esperar, a influência da Donzela sobre o curso da guerra, seu poder sobre a alma do povo e, em particular, sua afirmativa de que viera como mensageira de Deus deixaram extremamente ofendidos os mestres borguinhões agora no controle da faculdade de teologia. Essa irritação aumentou ainda mais depois que alguns de seus ex-colegas, os mestres Armagnacs refugiados junto a Carlos, examinaram Joana em Poitiers e aprovaram sua missão, chegando até a declará-la profetisa. A gota d'água que faltava foi acrescentada quando, imediatamente após o levantamento do cerco de Orléans, o grande teólogo Armagnac João Gerson, ex-chanceler da universidade e o mais distinto acadêmico do período, publicou uma monografia prodigiosamente erudita a respeito da Donzela, em que, citando várias instâncias da Lei Divina, assegurou que Joana não devia ser impedida de trajar roupas masculinas. Sua tese foi mais tarde reforçada pelo arcebispo de Embrun, outro estudioso Armagnac, que considerou o vestuário de Joana não apenas necessário à sua ocupação, mas também imprescindível, pois em seu caso, convivendo o tempo todo com guerreiros, isso era uma simples questão de decência. Foi nessa altura que a questão da natureza divina da missão de Joana chegou ao nível de um conflito acadêmico, coisa levada muito a sério na Universidade de Paris. No século anterior, um chanceler fora obrigado a se explicar diante do papa e posteriormente despedido de seu cargo por causa de uma disputa em torno dos assentos preferenciais por ocasião do banquete anual de encerramento das atividades.

A captura de Joana em Compiègne deu aos mestres borguinhões a oportunidade que esperavam. Enviaram uma carta a Filipe, o Bom, em nome do Inquisidor da França, pedindo que a Donzela fosse entregue à universidade o mais breve possível, a fim de se submeter a julgamento por falsa doutrina. "Como todos os príncipes cristãos[2] fiéis e os outros católicos verdadeiros têm o dever de extirpar os erros que se erguem contra a fé... e sendo agora de conhecimento geral que uma mulher, Joana, chamada de Donzela pelos inimigos deste reino, esteve em várias cidades, boas aldeias e outros lugares deste país propalando e divulgando... diversos erros... imploramos carinhosamente a vós, poderosíssimo príncipe... que o mais rápida, segura e convenientemente nos envieis prisioneira a dita Joana, fortemente suspeita de muitos crimes de heresia, para se apresentar a nós e a um representante do Santo Inquisidor a fim de se explicar", escreveram eles. Até que ponto a universidade desejava rebater os argumentos de seus ex-colegas, vê-se pela pressa com que agiram. A notícia da captura de Joana chegou a Paris em 25 de maio; a carta era datada de 26.

O duque da Borgonha, logo depois de receber esse comunicado, foi entrevistar Joana no dia 6 de junho e ali encontrou seu vassalo, João de Luxemburgo. Embora não haja registro de sua conversa, provavelmente discutiram que fim dariam a ela. Aparentemente, nem cogitaram de entregá-la à universidade, pois nada se fez nesse sentido. A faculdade de teologia, não obtendo resposta satisfatória à sua primeira solicitação, reconheceu que medidas mais duras deveriam ser implementadas e confiaram a responsabilidade pela segurança de Joana a um homem qualificado como nenhum outro para a tarefa: Pedro Cauchon, bispo de Beauvais.

A carreira de Pedro Cauchon era um exemplo notável das vantagens de um envolvimento assíduo com as ambições partilhadas da Igreja e do Poder. Ex-reitor – cargo equivalente a diretor de escola – e porta-voz apaixonado da causa dos borguinhões, Cauchon lançara todo o peso da universidade em favor do duque da Borgonha e da ocupação inglesa. Sob sua supervisão, a faculdade de teologia fornecera os argumentos intelectuais e escolásticos, conhecidos como a "teoria da monarquia dupla", que justificaram a coroação de Henrique V; e ele próprio ajudara a negociar o Tratado de Troyes, pelo qual o delfim fora deserdado. Por esses serviços, o duque da Borgonha o recompensara com o bispado de Beauvais. Em seguida, caiu a tal ponto nas boas graças do duque de Bedford que conseguiu ser nomeado conselheiro de Henrique VI, posição em que auferia um estipêndio de mil libras pagas pelo tesouro inglês.

Mas depois a carreira de Cauchon estacionara. A despeito de seus melhores esforços para se fazer valer aos olhos dos patrões ingleses durante toda a década anterior, continuava apenas bispo. Mas Cauchon ainda tinha esperanças, pois, justamente na época da captura de Joana, o arcebispado de Ruão, uma diocese bastante rica, ficara vago. Haveria, é claro, muita disputa por aquele posto, de modo que o bispo de Beauvais teria de prestar um serviço inestimável ao duque de Bedford para garantir sua nomeação. O julgamento e a condenação de Joana significavam uma grata confluência de interesses. Não era nenhum segredo que os ingleses desejavam tê-la em suas mãos para executá-la.

Não bastasse isso, Cauchon odiava Joana. Estivera em Reims pouco antes da coroação de Carlos, mas, com a chegada da Donzela e do exército real, fora obrigado a fugir de um modo que considerava indigno de sua posição. Refugiara-se depois em Beauvais, sede de seu bispado, apenas para ter de fugir novamente porque a cidade abraçou a causa de Carlos após a cerimônia em Reims. Pior ainda para Joana, a entrega da cidade à oposição inflara ainda mais a cobiça de Cauchon, em vez de moderá-la. O fato o privava das rendas de seu bispado e Cauchon não era homem para perder dinheiro sem reclamar.

Com essa disposição, o bispo de Beauvais pôs-se a trabalhar, abrindo um canal de comunicação entre o duque de Bedford e a Universidade de Paris. Embora, no campo inglês, muitos achassem que a melhor estratégia com relação a Joana seria simplesmente obrigar o duque da Borgonha a entregá-la para que a metessem amarrada dentro de um saco e a jogassem no rio, Cauchon não tardou a fazer ver a seus aliados as vantagens de um julgamento e condenação da Donzela por heresia. Graças à sanção da Santa Igreja – pois Joana certamente seria considerada culpada –, os oposicionistas que ela havia iludido abririam os olhos, e Carlos e os teólogos do círculo dos Armagnacs ficariam desacreditados e humilhados. Além disso, como a punição por heresia (que, como todos sabiam, era a morte na fogueira) sempre fosse aplicada pela autoridade secular dentro da jurisdição onde ocorresse o julgamento, os ingleses teriam a grande satisfação de executar Joana da forma mais dolorosa possível.

Os méritos desse plano para ambos os lados eram tão óbvios que acertar os detalhes não exigiu muito tempo. A 14 de julho de 1430, numa audiência privada, Pedro Cauchon conseguiu entregar pessoalmente a João de Luxemburgo uma petição oficial. "Por este instrumento,[3] o bispo de Beauvais solicita de seus senhores o duque da Borgonha e o senhor João de Luxemburgo... da parte do rei nosso senhor [Henrique VI] e em seu próprio nome como bispo de Beauvais que a mulher vulgarmente chamada Joana, a Donzela, prisioneira, seja enviada ao rei para ficar à disposição do tribunal da Igreja, onde será julgada por suspeita e voz geral de haver cometido inúmeros crimes, sortilégios, idolatria, invocações de inimigos e outros muitos atentados à nossa fé." A linguagem do documento podia ser agressiva, mas não era em palavras que o bispo de Beauvais confiava para garantir o sucesso de sua missão. Juntamente com os papéis seguiu um resgate de 10 mil libras tornesas tiradas do tesouro inglês.

Resgates pagos pelo inimigo não constavam, em definitivo, do processo cavalheiresco. Quando soube da oferta, Carlos se viu obrigado a pelo menos simular uma atitude corajosa. Enviou uma embaixada aos borguinhões informando-os agressivamente de que "não deveriam por nada no mundo[4] envolver-se em semelhante transação, do contrário ele infligiria o mesmo tratamento aos prisioneiros que tinha em seu poder". Era uma ameaça vazia – nenhum rei da Escócia, por exemplo, pagaria muita coisa por um prisioneiro de guerra borguinhão –, mas pelo menos revelava que aquele curso de ação era inusitado o bastante para não ter sido previsto pelos franceses. Carlos reagiu também enviando ajuda militar a Compiègne, então assediada pelos borguinhões. É verdade que Carlos não se ofereceu para cobrir o resgate (nem tinha dinheiro para isso), mas, ainda que tivesse, isso seria inútil: os ingleses jamais permitiriam ao duque da Borgonha devolver Joana aos franceses. Temiam muito a influência dela sobre a população civil e o andamento da guerra. O melhor resultado que Carlos poderia esperar era que Joana permanecesse onde estava.

Dez mil libras tornesas não eram uma soma considerável, mas também não eram desprezível, e dá a medida de quanto os ingleses desejavam que Joana lhes fosse entregue. Mesmo assim, João de Luxemburgo hesitava. Estava cercado de mulheres que simpatizavam com Joana e não gostavam dos ingleses. Casara-se com Joana de Béthune, cujo primeiro marido, Roberto, duque de Bar, morrera lutando contra Henrique V em Azincourt. Roberto era tio de Iolanda de Aragão, de modo que Joana de Béthune se tornara sua tia por casamento.* A Donzela tinha uma defensora ainda mais forte na pessoa da tia mais velha de João, a senhora de Luxemburgo, madrinha de batismo de Carlos VII, que parece ter prometido a João torná-lo seu herdeiro caso recusasse a oferta dos ingleses. A própria Joana relatou: "A senhora de Luxemburgo pediu[5] ao meu senhor de Luxemburgo que não me entregasse aos ingleses".

A despeito dessa promessa de proteção, Joana, que não alimentava ilusões quanto ao significado da oferta de Cauchon, passou o verão e o início do outono mergulhada no terror de ser vendida ao inimigo e implorando às suas vozes que a socorressem. "Preferiria morrer[6] a cair nas mãos dos ingleses", disse a santa Catarina; e a resposta, segundo Joana, foi que "Deus a ajudaria e também ao povo de Compiègne." Tamanha era a aflição da Donzela que, apesar das garantias e instruções explícitas do anjo, entrou em desespero e jogou-se pela janela do alto da torre onde era mantida prisioneira. Os ferimentos que sofreu com a queda foram tão graves que, a princípio, os carcereiros borguinhões julgaram-na morta e só depois de vários dias ela se recuperou o suficiente para comer ou beber. Quando, mais tarde, os inquisidores lhe perguntaram: "Por que saltou da torre[7] de Beaurevoir?", ela respondeu: "Tinha ouvido que os habitantes de Compiègne com mais de 7 anos de idade seriam queimados e passados a fio de espada; preferi então morrer a viver após tamanha destruição de pessoas boas; esse foi um dos motivos pelos quais saltei; o outro foi saber que havia sido vendida aos ingleses e eu não toleraria cair nas mãos de meus inimigos".

Os piores medos de Joana se materializaram quando, no outono, ocorreram dois eventos que selaram sua sorte. A 18 de setembro, a idosa senhora de Luxemburgo sucumbiu ao esforço excessivo e faleceu enquanto empreendia uma cansativa viagem a Avinhão, privando assim Joana de seu mais poderoso sustentáculo. E a 24 de outubro, o cerco de Compiègne foi levantado com a ajuda de um exército enviado por Carlos sob o comando do conde de Vendôme

---

* Esta foi, talvez, outra razão pela qual Iolanda não se preocupou inicialmente com a segurança de Joana d'Arc e estava feliz por saber que ela continuava prisioneira de João de Luxemburgo.

e do senhor de Boussac, que lutara ao lado de Joana em Orléans. João de Luxemburgo, que comandava o assédio por ordem do duque da Borgonha, teve de retirar-se ignominiosamente do campo, deixando para trás sua artilharia pesada. Voltou ao castelo de Beaurevoir, como bem se pode imaginar, de péssimo humor e, sob pressão de Filipe, o Bom, e do governo da regência, acabou por aceitar a oferta dos ingleses. O preço do resgate foi apressadamente enviado no dia 6 de dezembro e Pedro Cauchon, satisfeito com o sucesso e ansioso para deitar a garra a seu prêmio, logo apareceu para providenciar a remoção de Joana sob escolta armada. "O bispo de Beauvais, que vi[8] de regresso após ir buscá-la [Joana]... [apresentou] um relatório de sua embaixada... estava muito alegre e exultante", lembrou uma testemunha ocular. No Natal, Joana foi transferida para Ruão, bem dentro do território inglês, onde aguardaria o interrogatório pela Inquisição sobre assuntos pertinentes à verdadeira fé, como preliminar para o julgamento sob a acusação de heresia e feitiçaria.

A AÇÃO JUDICIAL CONTRA Joana d'Arc teve início a 9 de janeiro de 1431 e durou quase cinco meses. Durante esse período, tanto os carcereiros quanto os homens vingativos que se erigiram em seus examinadores tudo fizeram para quebrantar-lhe o ânimo, sujeitando-a a uma torrente ininterrupta de agressões mentais, verbais e físicas. Embora, como ré num tribunal da Inquisição, Joana tivesse o direito de permanecer num cárcere eclesiástico, protegida por freiras, foi, ao contrário, entregue às autoridades civis, que a colocaram sob a guarda de um homem na cela da torre do castelo de Ruão, de propriedade do duque inglês de Warwick. A pretexto de impedir sua fuga, mantiveram-na algemada durante todo o processo. "Sei, com certeza,[9] que à noite ela dormia com duas argolas de ferro nas pernas, ligadas por uma corrente bem esticada a outra corrente presa ao pé da cama, esta, por sua vez, imobilizada com uma prancha de madeira de quase dois metros de comprimento. O dispositivo era fechado a chave", testificou mais tarde João Massieu, membro da escolta francesa encarregada de acompanhar Joana no trajeto entre a cela e o tribunal. Joana também permanecia acorrentada o tempo todo diante dos juízes, que chegaram a ameaçar colocá-la numa jaula de ferro feita especialmente para ela, onde ficaria de pé, "atada pelo pescoço,[10] mãos e pés", caso se comportasse mal ou tentasse fugir. Dos cinco soldados que a vigiavam, três permaneciam dentro da própria cela e dois à porta. Todos eram "ingleses da mais baixa extração,[11] chamados pelos franceses de *houssepaillers* [algozes]", contou outra testemunha ocular. Quando chegou, Joana teve de se submeter a outro exame físico íntimo para que se confirmasse sua virgindade, agora sob a orientação da duquesa de Bedford (enquanto o duque, escondido num "lugar secreto",[12] espiava-a para satisfazer sua curiosidade). Confirmada a virgindade da prisioneira, a duquesa "proibiu que os guardas e os demais[13] lhe fizessem qualquer violência". No entanto, se essa ordem evitou que Joana fosse desonrada pelas sentinelas, não impediu que os soldados a maltratassem de muitas outras maneiras. Eles procuravam humilhá-la fazendo gestos impudicos e eram evidentemente incentivados a desrespeitá-la por todos os modos, pois Joana se queixaria do tratamento que recebera na prisão.

De novo contrariando as normas estabelecidas, ela não recebeu nenhuma orientação legal e quando um eminente advogado da Igreja e um clérigo local objetaram a essa irregularidade, o primeiro foi banido e o segundo, aprisionado. Pedro Cauchon enviou um espião a Domrémy para obter provas incriminadoras do passado de Joana, a serem usadas contra ela no tribunal; quando o homem relatou que não encontrara nada, "concernente a Joana,[14] que não gostaria de ver em sua própria irmã", o bispo se enfureceu e recusou-se a pagar seu tempo e despesas, chamando-o de "traidor, má pessoa[15] que não fizera o que devia ter feito e recebera ordem para fazer". Ato ainda mais odioso, em flagrante violação à lei canônica segundo a qual somente eclesiásticos da diocese de Ruão tinham autoridade para adjudicar o caso, o bispo de Beauvais intrigou para ser nomeado o segundo juiz de Joana. Sua nomeação, apoiada pelo duque de Bedford, arrancou veementes protestos do outro magistrado principal, o vice-inquisidor ("tanto para a paz de sua consciência[16] quanto para garantir uma conduta mais justa no julgamento, ele não queria se envolver naquele caso"). Cauchon precisou apelar para o chefe dos inquisidores da França a fim de obrigar o colega juiz a cumprir seu dever; o vice-inquisidor por fim reapareceu no tribunal, mas sempre irritado, e sua relutância em colaborar era óbvia a todos quantos participavam do processo.

Embora apenas Cauchon e o vice-inquisidor tivessem poder para julgar e sentenciar Joana, dezenas de outros clérigos, ao todo 63 representando a Inglaterra e a França, além de um ilustre contingente de mestres da Universidade de Paris, tomaram parte no inquérito e no julgamento como grupo consultivo. Muitos desses "assessores" eram prelados tão ansiosos quanto Cauchon para desempenhar papel de destaque na condenação de Joana e assim dar impulso às suas carreiras. Fizeram tamanha algazarra no primeiro dia de interrogatório que o escrivão encarregado de registrar as perguntas e respostas não conseguia ouvi-las para fazer corretamente seu trabalho. "Os assessores dos juízes[17] dirigiram perguntas à ré, mas, quando um perguntava e ela começava a responder, outro a interrompia; isso se repetiu a tal ponto que Joana frequentemente tinha de lhes pedir: 'Senhores, por obséquio, um de cada vez'", relatou João Massieu.

Todo artifício e falácia que pudessem comprometer seu testemunho foram usados tão descaradamente que até a equipe administrativa do tribunal protestou. Para garantir que o documento oficial reproduzisse as declarações de Joana como suficientemente heréticas, dois padres escondidos, um deles cônego de Ruão, faziam outro registro separado e distorcido do andamento do processo. "No início dos trabalhos,[18] por cinco ou seis dias, enquanto eu escrevia sentado as respostas e justificativas da Donzela, não raro os juízes tentavam constranger-me traduzindo frases para o latim com o objetivo de complicá-las, alterar o sentido das palavras ou, por qualquer modo, confundir-me", queixou-se mais tarde Guilherme Manchon, o escrivão oficial do tribunal. "Dois homens, por ordem de meu senhor de Beauvais, postaram-se a uma janela próxima do lugar onde estavam os juízes. Uma cortina de sarja cobria a janela, impedindo que fossem vistos. Eles anotavam o que Joana dizia, suprimindo suas justificativas... Depois da sessão, examinando o que haviam escrito, os dois reescreviam tudo, eliminando os argumentos que Joana apresentara em sua defesa." Manchon protestou contra esse expediente furtivo, apontando as diferenças entre o documento clandestino e seu próprio registro oficial. "Por causa disso,[19] meu senhor de Beauvais ficou extremamente irritado comigo", lembrou ele. O cônego de Ruão, amigo íntimo de Cauchon, captou as boas graças de Joana para melhor traí-la. "Fingiu ser conterrâneo da Donzela[20] e, assim, logrou manter contatos, entrevistas e conversas íntimas com a jovem, dando-lhe notícias de casa que muito a contentavam e chegando a sugerir ser seu confessor", continua Manchon. "E o que a Donzela lhe disse em segredo, ele encontrou meios de fazer chegar aos ouvidos dos escrivães." De novo, o bispo de Beauvais empregava subterfúgios e armadilhas para apanhar Joana em flagrante de heresia. "Com efeito, no início do julgamento,[21] eu mesmo e

Boisguillaume, acompanhados de testemunhas, fomos conduzidos secretamente a um quarto em cuja parede havia um buraco por onde podíamos ouvi-los, de modo a registrar o que ela dizia ou confessava ao dito cônego", queixou-se o escrivão.

A essas e a todas as outras tentativas de confundi-la, enganá-la, intimidá-la ou humilhá-la, Joana respondeu com um grau de coragem que superava qualquer de suas façanhas no campo de batalha. Durante a fase de inquérito do processo, que durou da primeira apresentação ao tribunal em 21 de fevereiro até 26 de março de 1431, Joana frequentemente ficava até sete horas por dia – das oito às doze da manhã, mais outra sessão após o almoço – respondendo com paciência às perguntas dos inquisidores, mas, às vezes, recriminava-os quando o interrogatório se tornava repetitivo ou fútil. O tempo todo acorrentada, tinha de suportar a curiosidade sem fim e pouco sutil dos assessores por sua vida pregressa e suas crenças religiosas, após o que era reconduzida no começo da noite, arrastando suas correntes, à cela onde enfrentaria os insultos e os gestos obscenos dos guardas ingleses. Ainda com as argolas de ferro nas pernas, era ligada a outra série de correntes. Ali dormia como bem pudesse, consciente da presença dos soldados ao lado da cama e da necessidade de defender-se deles caso necessário – para, bem cedo na manhã seguinte, ser levada de novo à presença dos acusadores, que a submeteriam a outro interrogatório interminável.

Durante todo esse tempo, ela jamais fraquejou. O inquérito parecia um teste de vontade entre Joana e seus juízes, enquanto os assessores tentavam, falhando às vezes miseravelmente, quebrantar-lhe o ânimo. Na primeira sessão, por exemplo, Cauchon passou quase o tempo todo exortando Joana a prestar o juramento de que "falaria a verdade...[22] em todos os assuntos sobre os quais fosse questionada" e a exibir sua educação religiosa rezando o Pai-Nosso. Joana replicou que não poderia prestar semelhante juramento, "pois talvez me perguntem[23] algo que não deverei dizer", e que só rezaria o Pai-Nosso ou a Ave-Maria se Cauchon aceitasse ouvi-la em confissão e absolvê-la, ato que impediria o bispo de continuar participando do processo. Depois de muito arengar, o melhor que Cauchon conseguiu foi esta promessa de Joana: "Com respeito a meu pai e minha mãe,[24] bem como meus atos desde que tomei o caminho da França, jurarei de boa vontade; mas eu nunca disse nem divulguei nada sobre as revelações feitas a mim por Deus, exceto a Carlos, meu soberano. E mesmo que me cortem a cabeça, não as divulgarei, pois minhas visões me pedem para mantê-las em segredo". Joana mostrou-se igualmente surda à segunda exigência de Cauchon: como o bispo se recusava a ouvi-la em confissão, ela não rezaria o Pai-Nosso.

No segundo dia e por muitas das sessões que se seguiram, o inquérito passou a contemplar a infância de Joana, o aparecimento das vozes, a viagem à corte real de Chinon e a missão que ela desempenhou na França. As perguntas foram feitas pelo mestre João Beaupère, outro ex-reitor da Universidade de Paris que, como Cauchon, estava a serviço do rei inglês. Cabia a Beaupère, como homem de profundo saber teológico, induzir Joana a uma declaração herética. Isso ele não conseguiu, apesar de inúmeras tentativas. "A voz que você diz ouvir vem de um anjo, de um santo ou diretamente de Deus?", perguntou-lhe; em seguida: "Acha que contar a verdade desagrada a Deus?"; e finalmente: "Tem certeza de estar na graça de Deus?". A isso, a célebre resposta de Joana foi: "Se não estou, que Deus me faça estar; se estou, que Deus nela me conserve"[25] – declaração de religiosidade tão óbvia e intensa que Beaupère renunciou a semelhante linha de questionamento.

Apesar desse revés, Beaupère voltou a ser o principal interrogador de Joana no dia seguinte. Sob sua direção, o inquérito tomou um rumo bastante curioso. Numa discussão sobre sua infância em Domrémy, o assessor de repente questionou a ré sobre a Árvore da Fada e a fonte.

"Indagada sobre a árvore, [Joana] explicou que em Domrémy havia uma árvore chamada por alguns de Árvore das Damas e, por outros, Árvore das Fadas, perto de uma fonte (*fontaine*). Segundo ouvira dizer, pessoas com febre bebiam de suas águas e frequentavam a fonte para se curar. Ela, porém, ignorava se ficavam curadas ou não...

Que com outras meninas, no verão, fora até lá algumas vezes a fim de confeccionar guirlandas para Nossa Senhora de Domrémy... que, no dizer de muitos velhos da geração passada, fadas visitavam o local; que uma mulher, Jhenne, esposa do prefeito da cidade de Domrémy, sua madrinha, lhe contara tê-las visto ali. Se isso era verdade ou não, ela não sabia... pois jamais vira fada alguma, naquele lugar ou em qualquer outro."[26]

No século XV, a linguagem da bruxaria (pois os ingleses queriam que Joana fosse julgada como bruxa) era muito específica. O termo para "feitiçaria" era o latim *maleficium*, que se referia de um modo geral a demônios, nigromantes, bruxas e satanismo. De 1400 a 1430, registraram-se pelo menos setenta casos de feitiçaria[27] julgados na Europa. As atas desses processos mencionam o diabo, maldições, magia negra, sabás de bruxas, sodomia, culto ao diabo, tentativas de assassinato por meio de feitiços, sortilégios, possessões, encantamentos, invocações de espíritos, apostasia, cultos pagãos, sacrilégios, infanticídios, fantasmas, canibalismo, divinações e pactos secretos com Satã. Contudo, a palavra "fada" não aparece em nenhuma dessas atas. "Sabe-se há muito tempo[28] que quase todas as acusações feitas a Joana foram falsificações deliberadas", escreveu Jeffrey Burton Russell, especialista em feitiçaria medieval. "Mas a irrelevância da feitiçaria, em seu caso, é ainda mais gritante... Essas acusações... já tinham sido eliminadas da tradição da bruxaria. Dançar com fadas ou adorá-las eram acusações extraídas do folclore antigo, não das tradições de bruxaria que ainda subsistiam em meados do século XV."

No entanto, os inquisidores passaram a insistir neste ponto: a árvore (simbolizando a floresta por onde Raimundino vagou desconsoladamente depois de matar seu tio), a fonte (representando o lago onde ele conheceu a fada Melusina) e, em seguida, as pessoas com quem Joana porventura houvesse convivido, além da madrinha que "andara com as fadas".[29] É óbvio que os assessores também conheciam a história de Melusina e tentavam comprometer Joana com ela. Mas Joana negou tudo repetidamente. "Afirmou ter ouvido do irmão[30] que, no campo, atribuíam suas revelações à árvore e às fadas; mas não era verdade e ela lhe disse isso claramente", lê-se no registro oficial.

A alusão de Beaupère ao mito de Melusina, já ocupara lugar num julgamento de feitiçaria de fins da Idade Média, é uma das maiores provas de que a decisão de levar Joana à corte real de Chinon tinha sua origem nesse romance clássico. Muita gente, tanto no círculo do rei quanto no seio da Inquisição francesa, considerava a semelhança entre a missão da Donzela e a obra bem conhecida de João de Arras grande demais para ser mera coincidência. Só a própria Joana, analfabeta e desconhecedora do romance, não percebeu essa conexão. As vozes da Donzela vinham de uma profunda espiritualidade e de uma fé inabalável em Deus; ainda que tivesse ouvido alguma coisa sobre o conto de Melusina, não associaria essa história com a sua. Joana sabia que não era uma fada.

O JULGAMENTO SE ARRASTAVA. Os assessores exploravam cada incidente da vida de Joana para tentar arrancar-lhe respostas que pudessem depois ser usadas contra ela no auto de acusação. Joana, por sua vez, exibiu a língua pronta e a atitude desafiadora que tanto impressionaram os conselheiros religiosos de Carlos em Poitiers. Indagada sobre se são Miguel lhe aparecera nu, ela replicou: "Acham que Deus[31] não poderia vesti-lo?". Sondada sobre se o santo tinha cabelos ou não, perguntou por sua vez: "Por que ele os cortaria?".[32] Incansavelmente, Pedro Cauchon tentou descobrir que sinal ela dera a Carlos para fazê-lo acreditar em sua condição de mensageira de Deus; e incansavelmente Joana se recusou a responder, até desabafar por fim: "Já lhe disse que isso você[33] nunca saberá de minha boca. Vá perguntar a ele!".

Como era natural depois que os mestres Armagnacs justificaram o uso de roupas masculinas por parte de Joana, os assessores borguinhões da Universidade de Paris apressaram-se a trazer esse tópico à tona. Beaupère, o teórico, foi de novo o responsável por interrogá-la a respeito do assunto. Considerando a afirmação de Joana de que Deus a proibira de responder a certas perguntas, ele indagou: "Como consegue fazer a distinção entre o que pode e o que não pode declarar?".

"Com relação a certos pontos, pedi permissão [às vozes] e obtive-a", explicou ela. "Preferiria ser esquartejada por quatro cavalos do que ir à França sem a autorização de Deus."

"Ele lhe ordenou vestir roupas masculinas?", continuou Beaupère, pressentindo sua chance.

"Roupas são ninharias, objetos insignificantes", respondeu Joana. "Não vesti roupas de homem a conselho de ninguém neste mundo. Não fiz isso nem qualquer outra coisa exceto por ordem de Deus e dos anjos."

"Acha que agiu acertadamente trajando roupas masculinas?", pressionou Beaupère.

"Tudo o que fiz foi por ordem de Deus e acredito que tenha feito bem; por isso, espero garantias e socorro."

"Mas no caso das roupas masculinas, acha que agiu acertadamente?", insistiu Beaupère.

"Não fiz nada no mundo a não ser por ordem de Deus",[34] retorquiu Joana, mostrando sua habilidade em responder honestamente sem cair na heresia.

Bem mais tarde, Beaupère recordaria a destreza de Joana a esse respeito. "Ela era muito sutil,[35] como é próprio das mulheres", observou aborrecido.

Amparada na fé e na certeza de que suas vozes a salvariam, a Donzela conservou o autocontrole e a firmeza de caráter durante as longas semanas de interrogatório sem trégua. A piedade humilde, mas jovial, que permeou muitas de suas respostas ecoa ainda hoje. "Como as vozes lhe asseguraram que no fim você subiria ao Paraíso, tem certeza de estar salva e não condenada ao inferno?", perguntou um inquisidor. "Após aquela revelação, julga-se incapaz de cometer um pecado mortal?" Joana respondeu: "Quanto a isso, nada sei, mas creio em Deus em todas as coisas". "Resposta grave", advertiu o inquisidor. "Considero-a então um grande tesouro",[36] replicou Joana.

Sem dúvida, no fim, de nada valeram a argúcia de suas respostas, a pureza de seu espírito ou sua inocência dos crimes pelos quais estava sendo investigada. Joana caíra em poder dos ingleses – e os ingleses a queriam condenada e queimada na fogueira. A 26 de março, terminou a fase de inquérito e no dia seguinte um documento acusou oficialmente Joana de heresia e bruxaria em setenta instâncias, com três artigos se referindo de modo especial ao contato da ré com fadas e seis condenando seu uso de roupas masculinas, "que as leis de Deus[37] e dos homens a proíbem de usar". A ata foi redigida e proclamada em voz alta pelo secretário do tribunal.* A segunda fase do julgamento de Joana, ao fim da qual o bispo de Beauvais e o vice-inquisidor proferiríam sua sentença, começou.

ESSA NOVA ETAPA do processo não se concentrou no problema da culpa ou inocência de Joana, mas na tentativa de forçá-la a reconhecer seus erros e a autoridade da Igreja para puni-la. A isso ela se opusera veementemente até então. "Se a Igreja Militante [a Igreja dos vivos] lhe disser que suas revelações são fantasias ou coisa diabólica, você se submeterá a ela?", perguntaram-lhe. "Nesse caso, eu me submeterei a Deus, a quem sempre obedeci", respondeu Joana, "e ainda que a Igreja Militante me ordenasse o contrário, não me

---

* As setenta acusações originais contra ela foram mais tarde resumidas e reduzidas a doze, para simplificar.

curvaria a homem algum no mundo, apenas a meu Senhor, cuja boa orientação sempre segui." "Suas vozes lhe ordenaram não obedecer à Igreja Militante, que está na terra, e a seus julgamentos?", pressionaram os inquisidores. "Elas não me ordenam desobedecer à Igreja, desde que Deus seja servido primeiro",[38] replicou Joana.

Essa posição – segundo a qual, por intermédio de suas vozes, Joana recebera instruções divinas que iam além dos ensinamentos da Igreja estabelecida – enfureceu os inquisidores. Obrigar Joana à obediência tornou-se o objetivo principal de seus esforços pelos meses seguintes. Cauchon tentou submetê-la proibindo-a de ouvir missa e confessar-se enquanto permanecesse obstinada, e por fim ameaçou-a de tortura, ao que ela replicou corajosamente: "Em verdade, podem arrancar[39] meus membros e libertar minha alma do corpo, mas não lhes direi mais nada; e se disser, sempre poderei denunciar depois que a isso fui constrangida pela violência". O processo foi interrompido durante algum tempo porque Joana adoeceu gravemente, em abril, depois de comer peixe estragado, mas nem isso impediu o bispo de levar o caso adiante. Quando Joana, aparentemente perto da morte por causa do envenenamento alimentar, implorou para receber os últimos sacramentos, Cauchon entreviu sua oportunidade. "Para receber os sacramentos da Igreja, deve declarar-se boa católica e submeter-se à Igreja", advertiu-a severamente. "Nada mais tenho a lhe dizer no momento", declarou Joana. "Quanto mais temer pela vida em virtude de sua doença, mais rapidamente deve se emendar", entoou Cauchon. "Como pede que a Igreja lhe ministre o sacramento da Eucaristia, irá submeter-se à Igreja Militante sob promessa de que ele lhe será concedido?" "Nada posso fazer com respeito a essa submissão",[40] obstinou-se a prisioneira. Joana se recuperou logo depois com a ajuda de vários médicos proeminentes, convocados às pressas para cuidar dela. "O conde de Warwick[41] nos contou que Joana estava doente... e que nos chamara para atendê-la, pois por nada neste mundo o rei [da Inglaterra] desejaria vê-la morrer de morte natural", relatou mais tarde um dos médicos. "O rei a considerava muitíssimo preciosa, pagara caro por ela e não queria que sucumbisse a não ser nas mãos da justiça, queimada na fogueira."

Foi por essa altura, depois de quase perdê-la para a doença, que o governo inglês começou a ficar impaciente. O julgamento estava custando ao tesouro muito dinheiro e a condenação ainda não fora proferida. O conde de Warwick convidou Cauchon a um farto banquete no dia 13 de maio, sábado, e pediu-lhe que apressasse as coisas. No dia 19, o bispo, que já então recebera da Universidade de Paris sanção oficial para condenar Joana por heresia e feitiçaria, reuniu todos os assessores a fim de concluírem o processo.

Mas a Igreja ainda não lograra seu objetivo principal, que era quebrantar o ânimo da herege e forçá-la à obediência "voluntariamente",[42] como observou um dos assessores, e isso a preocupava. Num derradeiro esforço para induzi-la a reconhecer os próprios erros, a 24 de maio, terça-feira, Joana foi submetida a uma espécie de ensaio de sua execução. Conduziram-na sob guarda ao cemitério de uma abadia próxima onde, contra o pano de fundo dos túmulos – assustador lembrete da realidade desses procedimentos –, juízes e assessores a aguardavam em postura solene sobre plataformas erguidas para a ocasião. À vista do carrasco, que aguardava para levá-la numa carreta, um dos mestres da Universidade de Paris proferiu um sermão longo e vingativo contra Joana e os Armagnacs. "Ó Casa Real da França!",[43] trovejou ele. "Nunca conheceste um monstro até agora! Mas hoje te desonraste confiando nesta mulher, nesta bruxa herege e supersticiosa!", ao que Joana replicou, gritando: "Não fale mal de meu rei, ele é um bom cristão".

Ao fim da arenga, o mestre se virou para Joana e conclamou-a a se arrepender publicamente. Ela solicitou que seu caso fosse submetido ao papa. Isso lhe foi negado. O mestre instou-a novamente a admitir seus erros. "Apelo a Deus[44] e ao nosso santo padre, o papa", reiterou Joana.

Um pedaço de pergaminho foi subitamente colocado em suas mãos, com cerca de oito linhas escritas em latim. Enquanto o mestre a exortava a abjurar pela terceira vez, Joana era aconselhada a assinar o documento. "Faça isso agora,[45] do contrário terminará seus dias na fogueira", ameaçou o mestre. Sem saber o que dizia o documento, ela a princípio traçou um círculo na folha. Isso foi considerado insuficiente e um dos clérigos guiou-lhe a mão para que desenhasse uma cruz. Em seguida, "um grande murmúrio se ergueu[46] entre os presentes". Joana assinara uma carta de retratação.

Eu, Joana, chamada a Donzela,[47] miserável pecadora, tendo reconhecido o antro de pecado em que mergulhei e retornado, pela graça de Deus, à nossa Santa Madre Igreja, para que se saiba que não voltei a ela constrangida, mas de bom coração e boa vontade, confesso que pequei ignominiosamente, alegando falsamente que tive revelações de Deus e de seus anjos, santa Catarina e santa Margarida. Repudio todas as minhas palavras e atos contrários à Igreja, com a qual desejo permanecer unida, nunca a deixando.

Em testemunho de minha assinatura: X

O documento foi em seguida lido para Joana; e a pessoa que o fez se lembrava, bem mais tarde, de que também continha as palavras "no futuro, ela não envergaria armas,[48] não se vestiria de homem e não cortaria o cabelo curto". Embora se conte que Joana riu ao ouvir a leitura, não a repudiou e naquele mesmo dia soltou os cabelos, voltando a usar roupas de mulher.

Os ingleses ficaram furiosos. Arrependida, Joana não mais podia ser condenada e queimada viva. A seus olhos, o julgamento todo fora um desperdício de tempo, dinheiro e prestígio. Cauchon perdeu imediatamente o arcebispado com que tanto sonhava. "O rei empregou muito mal seu dinheiro[49] com você", apostrofou-o, segundo se diz, um membro do círculo de Warwick na ocasião.

Mas o bispo de Beauvais não tardou a se recuperar. Passara meses interrogando Joana; conhecia-lhe o caráter. Ela podia ter cedido à pressão do momento, mas essa fraqueza sem dúvida não deixava de atormentá-la. A Igreja, obrigando-a a abjurar publicamente, conseguira seu intento; a "profetisa" de Carlos admitira ter mentido e enganado seus patronos, violando as leis da verdadeira religião ao vestir roupas masculinas; os mestres Armagnacs que haviam justificado semelhante comportamento foram refutados e humilhados. Agora o bispo podia satisfazer ao apetite inglês de vingança. Warwick advertia ameaçadoramente que "o rei levaria muito a mal[50] o fato de Joana ter-lhe escapado", mas Cauchon e os outros mestres tinham pronta a resposta: "Meu senhor, não se preocupe; nós a pegaremos de novo".

O PROBLEMA era como fazer isso rapidamente, pois os ingleses não estavam com ânimo de esperar. De novo, Cauchon se viu forçado a contornar o procedimento habitual. Como Joana se arrependera dos erros passados e se dispunha a prestar plena obediência à Igreja, a lei canônica exigia que fosse liberada da autoridade civil. A própria Donzela parece ter entendido isso porque, após a cerimônia, pediu: "Alguns de vocês, homens da Igreja,[51] ponham-me em sua prisão, livrando-me desses ingleses". Mas Cauchon faria tudo para devolvê-la a seus antigos carcereiros. "Levem-na de volta[52] ao lugar onde a encontraram", ordenou.

Assim Joana, ainda acorrentada mas agora trajando um vestido feito por uma costureira da duquesa de Bedford, regressou à sua cela no castelo de Ruão. Ali permaneceu vigiada pelos mesmos guardas, com a diferença de que perdera qualquer conforto espiritual ou proteção simbólica dos quais porventura gozara graças às suas roupas de homem.

Os ingleses esperaram dois dias para que ela reincidisse na heresia por conta própria. Como ela não o fez, eles a forçaram. Os trajes de cavaleiro que Joana usara não haviam sido removidos da cela, permanecendo num saco bem à mão. Na manhã de 27 de maio, domingo, ela despertou e pediu suas roupas para se levantar e ir ao banheiro. O guarda, que escondera o vestido na noite anterior, tirou a roupa masculina do saco e jogou-a para ela. Joana resistiu a princípio – "Senhores, sabem que isso me foi proibido[53] e não a usarei de modo algum" –, mas continuaram negando-lhe o vestido e ela teria de escolher entre se levantar nua para urinar ou vestir as roupas masculinas. O pudor prevaleceu e, no instante em que ela envergou os trajes proibidos, Cauchon foi informado de que a prisioneira reincidira na heresia.

No dia seguinte, seus dois juízes, o bispo de Beauvais e o vice-inquisidor, acompanhados por um grupo de assessores, visitaram-na na cela e selaram seu destino confrontando-a com o significado de sua retratação pública. "Você disse, no cadafalso[54] e na tribuna, diante de nós, juízes, de outras pessoas e do povo, quando abjurou, que mentiu ao atribuir aquelas vozes às santas Catarina e Margarida", lembrou-lhe Cauchon. "Não tive intenção de fazer ou dizer tais coisas", foi a resposta fatal de Joana. "Não afirmei isso nem pretendi repudiar minhas aparições... Prefiro sofrer minha penitência de uma vez por todas, isto é, morrer, do que continuar padecendo as dores da prisão. Nunca pequei contra Deus nem contra a fé, por mais que me tenham forçado a abjurar; e quanto ao que estava escrito na *cédule* de retratação [o pergaminho que assinara], não o entendi. Não queria renegar nada, exceto se isso prouvesse a Deus. Se os juízes quiserem, voltarei a trajar roupas de mulher; quanto ao resto, nada farei."

Era a confissão que Cauchon esperava ouvir. Foi devidamente anotada e registrada. Quando todos saíam da cela, o bispo de Beauvais se virou para os oficiais ingleses que esperavam no corredor: "Adeus, está feito",[55] disse.

Amanheceu o dia 30 de maio de 1431, quarta-feira, que os juízes marcaram para a condenação e a execução pública de Joana. A fim de tranquilizar o conde de Warwick, o bispo de Beauvais não perdeu tempo e convocou imediatamente uma reunião dos assessores, durante a qual a reincidência de Joana foi confirmada por maioria de votos. Os ingleses empregaram as horas seguintes na construção de tribunas para os oficiais que presenciariam a execução e de uma barricada circular de pedra, de pouca altura, no meio da praça pública do Mercado Velho de Ruão, o melhor local para acomodar a multidão esperada. Bem no centro, ergueu-se uma estaca.

Joana foi informada de sua morte iminente, logo ao acordar naquela quarta-feira, pelo irmão Martinho Ladvenu, que Cauchon enviara para confessá-la – outra irregularidade, pois a heresia da prisioneira vedava a concessão desse lenitivo. Dessa vez, não haveria adiamento e ela o sabia muito bem. "'Ai, tratam-me de maneira tão horrível[56] e cruel para que meu corpo, puro e íntegro, jamais corrompido, seja hoje devorado pelas chamas e reduzido a cinzas! Ah, estivesse eu na prisão eclesiástica que reivindiquei, guardada por homens da Igreja e não por meus inimigos e adversários, e não enfrentaria a desgraça que agora me sucede! Apelo a Deus, o Grande Juiz, dos grandes males e ofensas que me fizeram!' Naquele lugar, queixou-se longamente das opressões e violências de que fora vítima na prisão por parte dos carcereiros e outros que lá iam", lembrou-se uma testemunha ocular. Apesar de todo esse desespero, Joana não deixou de identificar seu verdadeiro inimigo. Após a confissão, o próprio Cauchon foi visitá-la para a última entrevista. "Bispo, morro por sua causa",[57] gritou ela veementemente quando o viu entrar.

Obrigaram-na a vestir o hábito longo e o capuz dos condenados, trajes em que foi exibida pelas ruas até o Mercado Velho. Os ingleses, para não correr riscos, escoltaram-na com nada menos que oitocentos homens armados de espadas e achas-de-armas, enquanto outros muitos a esperavam na praça. Por volta das nove horas, quando Joana chegou, as tribunas já estavam totalmente ocupadas pelos juízes e assessores, além de numerosos oficiais ingleses, enquanto uma enorme multidão se apinhava na praça. Curiosos observavam debruçados das janelas ou encarapitados nos tetos.

De novo, Joana teve de suportar um longo sermão sobre os males da heresia e a necessidade, para todos os cristãos, de extirpá-la a todo custo, evitando assim que um elemento contaminasse o todo; dessa vez, porém, não lhe deram a oportunidade de abjurar. Ao contrário, finda a arenga, Cauchon se adiantou e leu o veredicto dos juízes:

"Declaramos que você,[58] Joana, comumente chamada a Donzela, incidiu em diversos erros e crimes de cisma, idolatria, invocação de demônios e outros mais... E depois de abjurar, é evidente que retornou aos mesmos crimes e erros, tendo seu coração sido ludibriado pelo autor do cisma e da heresia... Nós, pois, a declaramos relapsa e herege". Depois, o bispo proferiu as palavras tão esperadas pelos ingleses desde que haviam desembolsado as 10 mil libras tornesas no mês de dezembro anterior: "Por esta sentença...[59] decretamos que, como um membro podre, seja amputada e desligada da unidade da Igreja, e entregue ao braço secular".

De novo, segundo os precedentes, Joana deveria ter sido então entregue ao xerife e conduzida a um tribunal civil, para se submeter ao processo oficial de condenação e punição; mas os ingleses não queriam saber de formalidades. Mal Cauchon parou de falar, Joana foi agarrada pelo carrasco e arrastada para a estaca.

A execução de Joana d'Arc.

Foi então que Joana esmoreceu: Joana que, na ânsia de exortar os franceses à vitória, tantas vezes erguera desafiadoramente seu estandarte em nome de

Deus e do rei, suportando com ânimo firme a chuva de flechas e balas de canhão disparadas pelo inimigo; Joana, que enfrentara sem temer nem vacilar homens muito superiores a ela em idade, sapiência e linhagem, rebatendo habilmente farpa com farpa, sutileza com sutileza durante meses, sem jamais perder a compostura; Joana, que com apenas 19 anos padecera mais privações, humilhações e opressões que qualquer mercenário endurecido na guerra e, ainda assim, não perdera a límpida melodia e o doce júbilo de sua fé – sucumbia finalmente ao terror e à angústia que a aguardavam. Gritando e chorando em desespero, "implorando e invocando[60] sem cessar a ajuda dos santos do paraíso" a ponto de comover até os partidários dos ingleses, foi amarrada à estaca. Acendeu-se o fogo. Mas, por causa de sua juventude e vitalidade, e como o baixo parapeito de pedra em redor da estaca impedia que as chamas a alcançassem rapidamente, a agonia de Joana durou mais do que era comum nessas execuções. Por mais de meia hora, tempo que levou para morrer em meio à fumaça e às chamas, continuou a implorar a misericórdia dos anjos e a proclamar sua fé em Deus: "Na fogueira, gritou[61] mais de seis vezes 'Jesus!' e, sobretudo no último alento, bradou 'Jesus!' com voz tão forte que todos os presentes puderam ouvi-la; e muitos choravam de dó", narrou uma testemunha. Em seguida, sua cabeça descaiu sobre o peito, as chamas finalmente saltaram por cima da cerca de pedra e ela pereceu.

Os ingleses continuaram cautelosos com Joana mesmo depois de sua morte, de tal modo que, quando o fogo se apagou, o carrasco recebeu ordem de atirar o coração, que permanecera intacto, e o resto das cinzas ao Sena. Isso evitaria que fossem recolhidos como relíquias ou, segundo uma testemunha, "por medo de que ela escapasse[62] ou alguém dissesse que escapara".

Mas os ingleses conseguiram o que haviam comprado: a Donzela, responsável por tantas humilhações infligidas a seu exército, padecera tormentos e se fora. No entanto, pelo menos um dos presentes teve um vislumbre do que a vitória isolada sobre aquela francesa mística lhes custaria. Mestre João Tressard, secretário de Henrique VI, testemunhou a execução e voltou ao castelo muito perturbado.

"Estamos todos perdidos",[63] murmurou ele.

Parte III
Depois de Joana

Os franceses derrotam os ingleses nas fases finais da Guerra dos Cem Anos.

Capítulo 12

Sobre Política
e Prisioneiros

ERIA GRATIFICANTE confirmar a crença amplamente disseminada de que esse ato isolado, o terrível martírio de Joana d'Arc – tão injusto, tão cruel, tão iníquo –, resultou, como previra mestre João Tressard, na derrota imediata dos ingleses e no retorno triunfal de Carlos VII a seu trono hereditário. Ou de que, mesmo não sendo o catalisador para uma rendição precipitada, a morte de Joana pelo menos assinalou a virada moral no conflito, o momento em que a população francesa nativa, furiosa com o acontecido, insurgiu-se contra a ocupação e iniciou o lento processo de sacudir o jugo estrangeiro. A triste verdade é que o suplício de Joana *não influiu em nada na guerra,* na política do período ou no desfecho da luta em que ela tanto se envolvera e na qual, por um breve período, desempenhara um papel importantíssimo. Para os contemporâneos, a condenação e a morte de Joana, embora deploradas por aqueles cujas inclinações políticas coincidiam com as suas, nada mais foi que um espetáculo à parte, uma diversão momentânea – observada de passagem e logo esquecida.

Até certo ponto, esse desinteresse se deveu à falta de informação sobre os aspectos mais perturbadores do julgamento. O registro oficial do processo foi mantido em sigilo em Ruão. Isso não impediu que tanto os ingleses quanto a Universidade de Paris espalhassem boatos e informações incriminadoras em apoio de suas ações. Um mês depois da execução de Joana, Henrique VI enviou uma circular aos "prelados, duques, condes[1] e outros nobres, e cidades do reino da França" conclamando-os a propalar, "com preces, sermões públicos e outros meios", a história das muitas impiedades de Joana, enfatizando que antes de morrer ela reconhecera suas vozes como uma impostura. Os mestres da Universidade de Paris endereçaram uma carta semelhante a Roma. Essas medidas influíam, é claro, na opinião pública. Para as massas, as palavras e ações de Joana tinham sido examinadas com imparcialidade por membros doutos e eminentes do clero, sendo consideradas (conforme suspeitavam muitos dos partidários dos borguinhões na guerra) heréticas. Um cronista borguinhão anônimo, conhecido apenas como "Burguês de Paris", dedicou uma longa passagem em seu diário à filosofia e ao martírio de Joana, bastante esclarecedora sobre como a viam as pessoas comuns do campo adversário. "Ela cavalgava com o rei todos os dias,[2] entre grande número de soldados, sem nenhuma mulher por perto, trajando roupas de homem, armas e armadura, e empunhando um pesado bastão", escreveu o Burguês. "Se alguém fazia algo de errado, ela o espancava violentamente com o bastão, como uma megera brutal... Em vários lugares provocou a morte de homens e mulheres, tanto em batalha quanto por vingança deliberada, pois havendo oportunidade mandava executar imediatamente, sem dó, qualquer pessoa que não obedecesse às suas cartas. Afirmava que fazia tudo em obediência às ordens de Deus, transmitidas frequentemente pelo arcanjo são Miguel, por santa Catarina e por santa Margarida, que a forçavam a perpetrar aquelas coisas – não como Nosso Senhor a Moisés no monte Sinai, mas pessoalmente, informando-a de fatos secretos que estavam por acontecer. Portanto, os santos é que a mandaram fazer tudo o que fez, vestir roupas de homem e o resto.

Esses, e outros ainda piores, foram seus erros e falsidades, assacados contra ela diante do povo, que ficou horrorizado ao ouvir tamanhas ofensas à nossa fé, as quais ela cometera e continuava cometendo. Pois, embora seus crimes e infrações graves lhe fossem mostrados com a maior clareza, ela nunca titubeou ou se sentiu constrangida, mas retrucou petulantemente a todos os artigos lidos e enumerados em sua presença, como alguém inteiramente entregue a Satã", concluiu o cronista.

Hoje é difícil acreditar, mas essa visão negativa de Joana como uma pecadora empedernida, desagradável e impenitente foi a que, logo após sua execução, parecia destinada a prevalecer. Para avaliar o heroísmo da Donzela, seria necessário ouvir sua voz, sentir a força de sua religiosidade e ponderar a magnitude de sua coragem, de suas façanhas – e tudo isso corria enorme perigo de se perder ou ser destruído deliberadamente por seus adversários. Três acontecimentos altamente improváveis teriam de ocorrer para poupar Joana a esse destino: Carlos VII precisaria vencer uma batalha decisiva (perspectiva duvidosa, na melhor das hipóteses) ou, fosse como fosse, encontrar um modo de se fazer reconhecido como rei legítimo da França pelas municipalidades, sobretudo Paris, então ocupadas pelo inimigo; os ingleses teriam de ser depois expulsos de todas as suas fortalezas no país; e, por fim, cumpriria empreender um esforço consciente para desacreditar e revogar a condenação por heresia proferida pela Igreja, uma instituição famosa por não alterar suas posições nem admitir seus erros. Essa era uma tarefa pesada para qualquer soberano, quanto mais para Carlos, com suas habilidades reconhecidamente medíocres.

Portanto, a despeito de toda a coragem de Joana e da incontestável legitimidade política conferida a Carlos pela coroação em Reims, não havia nenhum indício, ao tempo do martírio da Donzela, de que seu rei iria vencer a luta contra os ingleses. A prova disso é que a guerra ainda se arrastaria por *vinte anos*. No fim, caberia exclusivamente a outra mulher, ignorada pela história, retomar a missão que Joana não conseguira concluir.

IRONICAMENTE, em termos de esforço de guerra, o período do cativeiro de Joana – de maio de 1430 até sua morte em maio do ano seguinte – revelou-se o intervalo mais dinâmico e produtivo do reinado de Carlos. As reuniões do conselho em Sully-sur-Loire, no mês de março de 1430 (dos quais Joana, frustrada, fora excluída, decidindo então agir por conta própria para não suportar o que considerava tagarelice sem fim), produziram ao menos uma vez algo parecido a um plano de ataque coordenado. O rei foi finalmente convencido de que Filipe, o Bom, na verdade não estava negociando a paz e sim usando as propostas de Carlos para reforçar sua aliança com os ingleses. Mais que tudo, o rei não gostava de passar por tolo e sua cólera explodiu numa carta datada de 6 de maio de 1430 a seus partidários, onde se referia desdenhosamente a Filipe como "nosso adversário da Borgonha".[3] O duque, esbravejava o rei, "durante algum tempo[4] zombou de nós, ludibriando-nos com tréguas e outros expedientes sob a máscara da boa-fé, pois disse e confirmou que desejava obter o benefício da paz. Essa paz, alívio para nosso pobre povo que, confrangendo nosso coração, tanto sofreu e sofre diariamente por causa das hostilidades, nós a esperávamos e esperamos ansiosamente, mas ele a desprezou aliando-se a certas forças para mover guerra a nós, aos nossos territórios e aos nossos leais súditos". A amargura de Carlos frente a essa duplicidade induziu-o a aprovar uma campanha militar agressiva, boa parte da qual conduzida diretamente contra as áreas dominadas ou cobiçadas pelo duque da Borgonha. La Hire partiu para a Normandia, o senhor de Barbazan correu a prestar ajuda ao duque de Bar, na Champanha, e o marechal de Boussac, secundado pelo conde de Vendôme, dirigiu-se a Compiègne. Muitos de seus esforços lograram êxito. Renato sitiou e tomou a cidade borgonhesa de Chappes, fortemente defendida por um exército enviado pelo marechal da Borgonha; o Bastardo de Orléans juntou-se a La Hire na Normandia, ameaçando os ingleses em Louviers, perto da fronteira borgonhesa ao norte; e o senhor de Boussac e o conde de Vendôme não só levantaram o sítio de Compiègne como alcançaram logo depois uma vitória em Peronne.* Filipe não tardou a perceber que sua participação na guerra estava lhe custando bem mais do que calculara.

Mas a energia mostrada pelos militares franceses mal disfarçava a natureza viciosa da corte real, movida a rivalidades, intrigas e corrupção. Duas facções políticas principais haviam se formado, uma sob a chefia de Jorge de la Trémoïlle que, depois de vencer Joana, retomara o antigo posto de conselheiro mais próximo e influente de Carlos, vantagem que explorava ao máximo em proveito próprio; a outra, composta pelos angevinos e seus aliados, trabalhava para reconciliar o rei com Artur de Richemont, o ex-condestável afastado por Carlos, como forma de consolidar uma amizade franca com seu irmão, o

---

* Talvez por isso Reginaldo de Chartres tenha ficado tão frustrado com a ação independente de Joana em Compiègne: ela sabia que um exército francês estava sendo reunido e não quis esperar por ele. Em Orléans, quando a Donzela insistira em atacar antes que as tropas de apoio voltassem com nova carga de suprimentos, o Bastardo conseguira demovê-la; em Compiègne, não. Isso foi desastroso, pois, se concordasse em aguardar o grosso das tropas, teria tido muito mais proteção e talvez não fosse capturada.

sempre vacilante duque da Bretanha. Repor Artur de Richemont nas boas graças de Carlos significava assegurar ao condestável um papel destacado na corte e no conselho real, nomeação que La Trémoïlle, cioso de sua autoridade (e fortuna), procurava desesperadamente impedir.

Embora Iolanda de Aragão ainda fosse o principal apoio de Artur e a líder ostensiva do partido angevino, na primavera de 1430 parecia estar se retirando aos poucos da vida cotidiana da corte. Afinal, tinha quase 50 anos e vinha sendo uma força dominante na política francesa desde 1415, quando a batalha de Azincourt a colocara, juntamente com o marido, em posição de poder na velha aliança Armagnac. Seu grande golpe, a apresentação de Joana a Carlos em Chinon, superara todas as expectativas. Orléans ficara livre do inimigo, e, pela coroação em Reims, a condição de sua filha Maria como rainha legítima da França estava garantida. Além disso, graças à intervenção de Joana, Carlos já não duvidava de sua ascendência e parecia a caminho de recuperar seu reino. O terceiro filho e sucessor designado de Iolanda, Carlos de Anjou, já era quase um adulto. Ela jamais o enviara para longe, como Luís III para Nápoles ou Renato para Bar, de modo que Carlos se beneficiou de sua experiência e conselho desde a infância. Conhecia bem as atividades da corte real e era um confidente fiel tanto de sua irmã, a rainha Maria, quanto do marido dela. A situação política se estabilizara a tal ponto que a rainha da Sicília, já entrando na velhice, podia se preparar para uma existência mais calma e pacata. No dia 30 de março de 1430, cartas-patentes nomearam Carlos de Anjou, então com 16 anos de idade, membro oficial do conselho do rei e sua mãe se retirou para o castelo de Saumur.

Jorge de la Trémoïlle viu sua chance nessa mudança de cenário. Em abril, embaixadores do duque da Bretanha chegaram para discutir de novo a possibilidade de uma aliança formal com Carlos VII. Carlos de Anjou, ainda não tão versado em intrigas quanto sua mãe, foi facilmente posto de lado por La Trémoïlle e parece que não participou das conversações. Não pôde, pois, protestar quando os embaixadores decidiram selar a amizade entre o rei francês e o duque da Bretanha casando a filha deste, Isabel, com o conde de Laval, amigo íntimo do condestável, uma forma de proteger ainda mais os interesses bretões na corte.

Normalmente, Iolanda ficaria muito satisfeita com esse arranjo. Afinal, tentava havia anos separar o duque da Bretanha dos ingleses e borguinhões, aproximando-o de Carlos VII. Mas agora havia um pequeno problema: Isabel da Bretanha fora publicamente prometida havia tempos ao filho mais velho de Iolanda, Luís III, que se achava na Itália e, portanto, convenientemente distante para poder defender seus interesses maritais. Isso era um ato de traição (e lembrava de perto o que a própria Iolanda fizera ao devolver inesperada e peremptoriamente a primeira noiva de Luís III, a filha do duque da Borgonha, muitos anos antes). Jorge de la Trémoïlle estava bem consciente do caráter ofensivo do acordo e sugeriu que o rei enviasse o próprio Artur de Richemont a Saumur para dar a notícia à rainha da Sicília, esperando assim provocar a ruptura entre o condestável e seu apoio mais sólido.

Quase conseguiu. Iolanda se preocupava acima de tudo com o bem-estar e a carreira de seus filhos; e, como o senhor de la Trémoïlle esperava, considerou a quebra do compromisso matrimonial entre seu filho mais velho e a filha do duque da Bretanha um insulto inominável. A mulher que não se abalara com o assassinato de João Sem Medo, a deserdação de seu genro, o delfim, e as turbulências de uma guerra de décadas com a Inglaterra, que aconselhara serenidade e diplomacia em quase todas as emergências, perdeu todo o sangue-frio e o autocontrole quando essas notícias lhe foram comunicadas por seu infeliz protegido. "O condestável chegou,[5] em nome de seu irmão, para ver Iolanda, acompanhado pelo conde de Étampes e os embaixadores bretões, a fim de obter sua concordância [com o casamento de Isabel e o conde de Laval]. Ela ficou tão furiosa que o caso quase desandou numa declaração de guerra", escreve G. du Fresne de Beaucourt, o biógrafo definitivo de Carlos VII. Embora o condestável conseguisse preservar o bom relacionamento com sua protetora, a rainha da Sicília só se conformou com a traição quando Carlos VII, mais tarde, acalmou-a ratificando um casamento de compensação entre sua segunda filha, Iolanda de Anjou, e o filho mais velho do duque da Bretanha. Ela deve também ter recriminado o filho mais novo por se deixar enganar, pois Carlos de Anjou se vingou depois de um modo que mostrava bem quanto o assunto o afetara. Mas o principal resultado do episódio foi que Iolanda de Aragão renunciou ao isolamento – e nisso La Trémoïlle errou em seus cálculos, já que, uma vez desafiada, a rainha da Sicília podia se tornar uma inimiga perigosa.

Iolanda não recuperou a antiga influência imediatamente: o poder de La Trémoïlle sobre Carlos VII ainda era grande. Graças a uma combinação de solicitude excessiva por seu bem-estar e manipulação astuta de suas inúmeras fraquezas, o conselheiro se fez aparentemente indispensável ao rei. (Um dos muitos serviços que o senhor de La Trémoïlle prestou ao soberano foi incentivar e facilitar descaradamente suas frequentes infidelidades. Isso, é claro, não agradava nada à rainha.) O casamento planejado entre Isabel da Bretanha e o conde de Laval se realizou apesar das violentas objeções de Iolanda. Embora as despesas com a pomposa coroação em Reims houvessem quase esgotado os recursos do tesouro real, Jorge de la Trémoïlle continuou a colher do rei

Renato em seu castelo, trabalhando num livro de cavalaria.

recompensas substanciais, em impostos ou ouro e terras, como pagamento pelas "grandes, notáveis, proveitosas e agradáveis" [6] tarefas que cumpria em benefício de Carlos.*

Quanto tempo seria necessário para afastar esse favorito pelos meios costumeiros da política, ninguém sabia. Mas no verão de 1431 ocorreu outra crise na família angevina, agora envolvendo Renato, a qual, bem mais que a quebra do contrato de casamento, obrigou Iolanda de Aragão a intervir novamente nos negócios do reino de seu genro e, com isso, vencer a guerra.

DE CERTA FORMA, é bastante lógico que Renato, o primeiro (embora oculto) protetor de Joana, fosse o instrumento (embora indireto) que Iolanda usou para alcançar seus objetivos. Após o desastre de Paris, Renato permanecera fiel a seu cunhado, o rei, prosseguindo na luta contra os inimigos de Carlos VII sem sair do ducado de Bar e Lorena, empreendimento de molde a atender maravilhosamente ao seu interesse, pois gostava de preservar o que obtinha. A fim de encorajar ainda mais aquele parente tão útil, Carlos enviou-lhe tropas e um capitão experiente, o senhor de Barbazan, para que Renato lançasse uma ofensiva contra o condado vizinho da Champanha. Em 1430, essa estratégia resultou numa grande vitória sobre os borguinhões: Renato tomou a cidade de Chappes, feito pelo qual foi lisonjeiramente descrito por um cronista como "um bravo e magnânimo cavaleiro[7] que se mostrou altivo e corajoso".

Então, no início do ano seguinte, a 15 de janeiro de 1431, justamente quando começava o julgamento de Joana por heresia em Ruão, o sogro de Renato, o velho, gotoso e libertino duque da Lorena, sucumbiu por fim aos seus inúmeros achaques e Renato entrou na posse de sua herança. Recebeu oficialmente o título de duque de Bar e Lorena (seu tio, o cardeal, morrera no mês de junho anterior), com todas as vantagens que essa distinção implicava:

---

* Por exemplo, em cartas de maio de 1431, Carlos concedeu a La Trémoïlle o direito de levantar quinze *deniers* sobre cada tonel de vinho e barrica de sal que passasse, por terra ou rio, diante de um de seus castelos situado perto de uma movimentada rota comercial às margens do Loire. E isso num momento em que a coroa não conseguia pagar o soldo dos militares empenhados na guerra.

posse de uma vasta extensão de terras suplementada pela abundância de suas rendas e uma posição de destaque no mundo.

Infelizmente, concessões de propriedades lucrativas como as que o velho duque legara ao genro eram quase sempre impugnadas por outros membros da família que se consideravam lesados por semelhantes arranjos. O ducado da Lorena não foi exceção a essa regra. O sogro de Renato tivera um irmão mais novo, cujo filho, Antônio, achava que, independentemente de acordos feitos no passado, ele tinha mais direito aos bens do tio do que Renato. A fim de reforçar sua posição, Antônio apelou a Filipe, o Bom, que estava furioso com Renato por ele ter invadido impudentemente a Champanha e tomado sua cidade de Chappes. Em consequência, o duque da Borgonha enviou de bom grado a Antônio um exército de aproximadamente 4 mil homens. A 2 de julho de 1431, as forças de Antônio encontraram as de Renato perto de Bulgnéville, cerca de quinze quilômetros a sudeste de Neufchâteau.

Embora Renato, ainda acompanhado pelo senhor de Barbazan, comandasse um exército maior – aproximadamente 7.500 guerreiros –, Antônio tinha a vantagem da posição. Os borguinhões estavam na outra margem de um rio e tomaram a precaução de cavar trincheiras e erigir a costumeira estacada, por trás da qual se perfilava um sólido destacamento de quatrocentos arqueiros às ordens de Filipe. Antônio também não se esquecera de trazer consigo alguma artilharia pesada. Renato não dispunha de arqueiros nem de canhões, desvantagem séria que o mais experiente Barbazan não deixara de ressaltar com insistência. Mas Renato, com uma vitória a seu crédito, queria ansiosamente outra e era ali o comandante supremo. Ignorou Barbazan e ordenou que seus homens cruzassem o rio para atacar. Renato se justificou mais tarde dizendo que, "à frente de tantos homens,[8] julguei poder enfrentar o mundo todo durante um dia inteiro".

Essa impressão era otimista demais. As forças de Renato arremeteram sob uma chuva de balas e flechas mortíferas. Foi uma das batalhas mais curtas da história da França. O pobre senhor de Barbazan tombou com seus homens na primeira onda de assalto. O próprio Renato foi golpeado no rosto e ficou fora de combate. Vendo seus comandantes incapacitados, o resto das forças de Renato debandou, permitindo a Antônio cantar vitória num prazo nunca visto de quinze minutos (embora os borguinhões precisassem de mais duas horas para perseguir e liquidar os fugitivos). No caos resultante, o duque de Bar e

Lorena, ferido, foi inicialmente intimado a render-se por um escudeiro, que queria tirar vantagem do nobre cativo, mas Antônio logo descobriu a identidade do prisioneiro e reivindicou-o. Entretanto, nem Antônio logrou obter esse valioso prêmio, pois Renato foi imediatamente entregue ao duque da Borgonha, que o mandou para Dijon e o manteve na cela da torre de um de seus castelos, onde aguardaria seu destino.

A derrota e a captura de Renato de Anjou causaram muito mais impacto na corte de Carlos VII do que a execução de Joana d'Arc seis semanas antes. "Espalhou-se pelas terras de Bar e Lorena a notícia da derrota[9] e da prisão de seu senhor, para enorme tristeza de quantos eram ligados a ele", escreveu o cronista Enguerrand de Monstrelet. Não que amigos e parentes temessem por sua vida. As diferenças entre os cativeiros de Renato e Joana são gritantes. O duque de Bar e Lorena era um homem de alto nascimento e posição. As leis da cavalaria haviam sido expressamente elaboradas para proteger um fidalgo como ele, que gozou de todos os benefícios dessa salvaguarda, embora de certa forma tivesse infringido as regras rendendo-se a um simples escudeiro e não a um membro da nobreza, conforme exigia a etiqueta. Renato nunca foi posto a ferros nem ameaçado por carcereiros. Também não se cogitava de vendê-lo aos ingleses, qualquer que fosse a soma oferecida; essa simples ideia era ridícula e o duque da Borgonha jamais suportaria tamanha desonra. Renato, apesar de obviamente abatido pelo confinamento, decerto não foi em momento algum reduzido ao desespero a ponto de achar necessário atirar-se pela janela. Ao contrário, podia receber visitas e sair a passeio. Na verdade, parece ter passado a maior parte do tempo pintando figuras nas paredes do quarto e preparando esboços de vidraças coloridas.

Mas saber que o irmão mais novo da rainha estava em poder de "nosso adversário da Borgonha" era uma pílula amarga para Carlos VII. Filipe, o Bom, tinha plena consciência do fortalecimento de sua posição de barganha e não consideraria sequer a possibilidade de estabelecer um resgate para seu refém. Para tentar demovê-lo, Carlos VII viu-se obrigado a agir. A ofensiva militar contra o território borguinhão, tanto ao norte quanto a leste, foi consideravelmente intensificada após a captura de Renato. Por uma carta de 22 de julho, o senhor de Albret, nomeado sucessor do falecido Barbazan, dirigiu-se à Champanha a fim de continuar reclamando a região para Carlos. A 20 de julho, o duque da Áustria finalmente concordou em declarar guerra a Filipe e iniciou uma série de incursões na fronteira que, embora não ameaçasse seriamente seu território, ainda assim forçou o duque da Borgonha a deslocar tropas para a área. Carlos chegou a enviar embaixadores ao sacro imperador romano, que tinha suas próprias disputas com Filipe, para conseguir uma aliança contra a Borgonha.

Mas, acima de tudo, a captura de Renato serviu para convencer sua mãe de que finalmente chegara a hora de separar Filipe, o Bom, da aliança inglesa. Ela sempre se esforçara, confiantemente, para alcançar essa meta, mas agora tinha de alcançá-la com urgência. Só uma trégua não era mais aceitável; houvera tréguas no passado, mas apenas como um meio de obter vantagens: facilmente negociadas e facilmente desfeitas. Agora, impunha-se um sólido tratado de paz entre o rei da França e o duque da Borgonha, pois só dessa maneira seu filho reconquistaria a liberdade. Exercer pressão militar contra o duque poderia convencê-lo a ceder, mas esse seria apenas um componente da estratégia geral. De idêntica importância era abrir um canal diplomático confidencial entre as duas cortes, para sondar o ânimo de Filipe e explorar qualquer fricção potencial entre ele e a regência da França. O problema consistia em descobrir a melhor maneira de fazer isso – e o próprio prisioneiro logo deu a solução.

ORA, NO VERÃO de 1431, bem no momento crítico em que ele tão fortuitamente capturara Renato, Filipe, o Bom, na verdade começava a ter certas reservas quanto ao seu relacionamento com os ingleses. Isso ocorria porque o tesouro público inglês percebera, de súbito, que a guerra na França estava custando dinheiro demais. Na Idade Média, conquistas estrangeiras eram empreendidas tanto por lucro quanto por glória; tudo se resumia a assolar as terras inimigas e levar para casa o espólio que se conseguisse reunir. Mas, na França, os nobres ingleses já suspeitavam que ocorria justamente o contrário: os franceses é que estavam ficando com todo o dinheiro! Padres e oficiais franceses enchiam a folha de pagamentos inglesa; havia uma demanda aparentemente sem fim de soldados, suprimentos, armas; após a coroação de Carlos em Reims, o tesouro inglês tivera de pagar pela cerimônia rival de entronização de Henrique VI, então com 10 anos de idade, em Paris. Os franceses, aparentemente, não conseguiam fazer nada sozinhos: foi o governo da regência quem arcou com o resgate e à custa do processo da bruxa Armagnac que tantos problemas causara em Orléans. Durante toda a década de 1420, enquanto os ingleses venciam e a resistência de Carlos fraquejava, a guerra até certo ponto compensara. Mas em 1429, com a chegada de Joana d'Arc, os gastos de repente superaram os ganhos em preocupantes 10 mil libras. E desde então a tendência se acentuou, com pouquíssimo retorno pelo menos aos olhos da nobreza inglesa nativa. As forças de Henrique VI possuíam menos territórios na França em 1431 do que em 1428 e aparentemente seriam necessários fundos consideráveis apenas como garantia contra futuras perdas. Embora o rei inglês nunca o percebesse, o maior dano causado por Joana a seus inimigos foi *tornar a guerra cara*.

E com relação aos aliados, sempre à espera de pagamento por sua assistência, mão alguma mergulhava mais fundo nos bolsos do tesouro inglês, conforme notou o governo da regência, que a de Filipe, o Bom. O duque da Borgonha já enriquecera bastante – de maneira suspeita, como acreditavam alguns ingleses – tanto em termos de autoridade e terras quanto de dinheiro vivo. Todavia, em novembro de 1430, teve a petulância de escrever uma carta a Henrique VI queixando-se de que perdera Compiègne porque não recebera seu subsídio a tempo; caso suas despesas não fossem cobertas logo, a Borgonha abandonaria de vez a guerra! "É verdade, mui formidável senhor",[10] dizia antipaticamente o duque ao rei menino, "que, conforme os acordos feitos em seu nome com meu povo, vossa majestade deveria pagar-me a soma de 19.500 francos em dinheiro real mensalmente para as despesas de minhas tropas diante de Compiègne, bem como o custo da artilharia... Foi confiante em que o senhor faria isso e em que o pagamento viria pontualmente, segundo o combinado, que eu e meus homens permanecemos diante de Compiègne por tanto tempo. Contudo, mui formidável senhor, esses pagamentos não foram feitos, estando atrasados dois meses... Meu mui formidável senhor, não posso continuar lutando sem adequada provisão para o futuro de sua parte... e sem o pagamento a mim devido."

A resposta inglesa a essa cobrança importuna foi dada a Filipe numa longa carta escrita pelo conselho da regência de Ruão em 28 de maio de 1431, apenas dois dias antes da morte de Joana. Era uma obra-prima de tergiversação. "Primeiro, no que toca... aos grandes danos, gastos e despesas com que meu dito senhor da Borgonha e suas terras... arcaram durante a guerra, o rei [Henrique VI] está tão desolado com eles quanto se houvessem ocorrido em seu próprio país", começava diplomaticamente a carta, antes de mencionar, com certa minúcia, "a grande diligência" que o rei inglês estava investindo na continuação da guerra, bem como quanto fazia e já tinha feito em benefício de Filipe. A questão da elevada quantia devida ao duque só era citada no final dessa infindável carta. "Relativamente ao décimo artigo, alusivo ao que o meu senhor da Borgonha pede para a manutenção das tropas e da artilharia estacionadas diante de Compiègne, o rei mandará examinar os contratos e arranjos feitos e aceitos nesses assuntos... e se for do agrado de meu dito senhor da Borgonha enviar-lhe alguns de seus auxiliares, ele determinará que se providencie um acordo satisfatório",[11] concluía o conselho inglês. Aparentemente, o que era satisfatório para o rei da Inglaterra não envolvia pagar Filipe, pois o duque teve de escrever a Henrique VI, em termos igualmente vigorosos, outra carta com data de 12 de dezembro de 1431, seis meses depois, queixando-se de que ainda não recebera os subsídios. "Apesar de todas as missivas,[12] declarações, pedidos e súplicas, não consegui obter de vossa majestade sequer o que incontestavelmente me deve pelo acordo feito com meu povo e que é uma soma vultosa... Em consequência, tive de licenciar meus exércitos... e permitir que tréguas e dilações de guerra fossem combinadas em meus territórios, especialmente a Borgonha, com nossos inimigos comuns", concluía Filipe em tom sombrio. Para enfatizar ainda mais seu desagrado com essa inoportuna interrupção de seu fluxo de caixa, o duque da Borgonha não compareceu de propósito à coroação de Henrique VI em Paris, ainda naquele mês, mas concretizou sua ameaça assinando uma trégua com o inimigo (que não pretendia cumprir, é claro), reunindo-se com os representantes de Carlos em Lille. Com isso, esperava evitar novas incursões ao seu território enquanto reunia tropas e aguardava reforços.

No passado, atitudes semelhantes sempre forçavam os ingleses a ceder às exigências do duque, muitas vezes entregando dinheiro, territórios ou honras como incentivo extra para que ele permanecesse fiel à aliança. Filipe, sem dúvida, agora esperava confiantemente que isso voltasse a acontecer; e deve ter ficado chocado quando não aconteceu. Tão logo o duque da Borgonha concluiu que, inexplicavelmente, chantagens não funcionariam, seu chanceler e conselheiro mais confiável, um homem chamado Nicolau Rolin ("é ele quem decide e faz tudo,[13] tudo passa por suas mãos", disse uma testemunha ocular), encontrou uma brecha oportuna no tratado entre a Borgonha e a Inglaterra. Segundo seu entendimento do direito internacional, Filipe não estava obrigado a honrar a aliança com o soberano inglês porque Henrique V morrera antes do rei louco Carlos VI. Nicolau (que exagerara a devastação provocada pela guerra nas propriedades do rei e decidira que a paz seria bem mais vantajosa para todos, inclusive ele mesmo) argumentava que, embora Henrique V houvesse sido *nomeado* sucessor de Carlos VI, não chegara realmente a *assumir* a coroa francesa, pois já estava morto quando o monarca francês reinante falecera, deixando o trono vago. Portanto, como Henrique V jamais usara a coroa da França, seu filho não poderia herdá-la, sutileza jurídica que de algum modo passara despercebida durante a década anterior, quando os ingleses venciam e ainda pagavam.

Enquanto isso, em fevereiro de 1432, Filipe finalmente se encontrou com seu cativo para combinarem as condições do resgate de Renato. As negociações se arrastaram até abril. Nenhum valor foi estipulado durante esse tempo, mas surgiu a proposta de casar a filha mais velha de Renato (que tinha então 4 anos de idade) com o filho de seu rival, Antônio. O duque de Bar e Lorena recebeu permissão de abandonar temporariamente sua cela, mas com a condição de pagar um adiantamento de 20 mil peças de ouro e deixar em seu lugar, como reféns, seus dois filhos (o mais velho com 6 anos). Renato concordou e foi libertado a 30 de abril. Em seguida, viajou a Bruxelas para continuar as discussões com Antônio, sob a influência mediadora de Filipe, o Bom, a respeito de quem herdaria a Lorena após sua morte. Nicolau Rolin, o chanceler de Filipe, também compareceu às reuniões como responsável pela redação dos documentos.

Em resultado dessas tratativas, Renato pôde conhecer melhor Filipe, o Bom, e Nicolau Rolin. Não tardou a perceber que o duque da Borgonha estava muito pouco satisfeito com seus aliados ingleses e que o chanceler encontrara um meio de escapar às exigências do tratado. (Parece provável, tendo em vista eventos posteriores, que Nicolau transmitiu deliberadamente essa informação a Renato para abrir um canal diplomático paralelo com a corte de Carlos.) Mas não importa de que maneira Renato se inteirou do caso, a mensagem era a mesma: surgira de súbito uma oportunidade de afastar Filipe de sua aliança até então inabalável com a Inglaterra.

O aproveitamento dessa rara abertura era importante e delicado demais para ficar em mãos de funcionários comuns. Findas as negociações de Bruxelas, em fevereiro de 1433, Renato não voltou diretamente para casa e para os braços da esposa, em Nancy. Foi ver sua mãe.[14]

Capítulo 13

A Rainha Assume o Controle

IOLANDA DE ARAGÃO era suficientemente astuta em política — durante duas décadas, talvez o diplomata mais experiente do partido de Carlos na guerra — para reconhecer de imediato as implicações do que ouvira de Renato. Se o que seu filho lhe dizia era verdade, o chanceler borguinhão estava dando sinais de que o duque poderia se mostrar receptivo, ou pelo menos de que a ocasião era propícia, sendo então possível convencer Filipe, o Bom, a examinar a proposta de uma paz em separado com Carlos VII. Iolanda compreendeu também por que aquele comunicado lhe viera da parte de Renato, sem chegar diretamente aos ouvidos dos embaixadores reais. É que Nicolau Rolin não confiava em Jorge de la Trémoïlle, o qual, como sabiam todos nas cortes tanto da França quanto da Borgonha, era um desafeto também da rainha da Sicília, que, sem fazer segredo, desejava substituí-lo por seu próprio candidato, o condestável Artur de Richemont.

Os receios de Nicolau Rolin com relação ao conselheiro favorito de Carlos eram bem fundados. La Trémoïlle não tivera uma visão clara da situação: em vez de tentar trabalhar com Rolin, procurava livrar-se dele. Sua ideia de uma iniciativa diplomática resumia-se a sequestrar ou assassinar Nicolau e, de fato, chegara a urdir uma emboscada ao chanceler borguinhão. Este era obrigado a cercar-se de uma escolta de 24 arqueiros toda vez que aparecia em público. Detestava ter de tomar tantas precauções e pensou que, talvez, a rainha da Sicília pudesse fazer alguma coisa a esse respeito.

Iolanda conhecia bem as táticas grosseiras de La Trémoïlle. Artur de Richemont também fora alvo de uma tentativa de assassinato político arquitetada por ele e só escapara, durante uma caçada no outono de 1430, porque os três agentes incumbidos de perpetrar o crime haviam sido denunciados e presos antes de poder executar o plano. Pior ainda, La Trémoïlle procurava de todos os modos obstar aos esforços de Iolanda para recuperar suas propriedades em Anjou e no Maine, enviando mercenários a combater, não os ingleses, mas as tropas do condestável, que defendiam a rainha. "A obsessão de La Trémoïlle...[1] era destruir Richemont e livrar-se da rainha da Sicília, da rainha Maria de Anjou e de seu irmão Carlos do Maine", diz convictamente Edouard Perroy, o grande medievalista e especialista francês na Guerra dos Cem Anos.

Por mais auspiciosas que fossem as informações de Renato, Iolanda preferiu agir cautelosamente. Buscou, primeiro, provas do desentendimento entre Filipe, o Bom, e seus aliados ingleses. Não tardou a obtê-las. A 14 de novembro de 1432, Ana da Borgonha, esposa do duque de Bedford e irmã de Filipe, morreu em Paris, rompendo o importante vínculo familiar entre o regente e o duque. Bedford voltou a se casar em abril do ano seguinte sem consultar Filipe, como era de costume, antes de assinar o contrato matrimonial. Esse insulto não recomendou o regente aos olhos de seu aliado. No mês seguinte, maio de 1433, a frieza entre Bedford e seu ex-cunhado não deixou de ser notada publicamente quando os dois se encontraram na cidade borgonhesa de Saint-Omer para abrir negociações. Ambos compareceram pontualmente, mas não se viram nem se falaram, já que nenhum condescendeu em procurar o outro. "O duque de Bedford esperava[2] que o duque da Borgonha fosse visitá-lo em seu alojamento, o que não aconteceu", relatou o cronista Enguerrand de Monstrelet. "Assessores dos dois lados corriam de cá para lá a fim de acomodar esse detalhe de cerimônia, mas em vão... Por fim, ambos partiram de Saint-Omer sem que nada fosse feito e mais descontentes um com o outro do que nunca", concluiu o cronista.

Era a prova de que Iolanda precisava. Em junho de 1433, logo após o episódio em Saint-Omer, Jorge de la Trémoïlle teve uma amostra de seus próprios métodos. O rei voltara a Chinon e La Trémoïlle fora com ele, alojando-se como sempre no castelo de Coudray. Tarde da noite, quatro homens a serviço de Iolanda de Aragão, depois de subornar o guarda, insinuaram-se no castelo por uma porta traseira e dirigiram-se ao quarto do fidalgo. Surpreenderam-no na cama e, quando ele fez menção de defender-se, golpearam-no com suas espadas. Entretanto, só lhe provocaram ferimentos, pois o conselheiro sobreviveu e rendeu-se prontamente. (Segundo os cronistas, La Trémoïlle escapou por causa de sua formidável gordura, que impediu as lâminas de penetrarem fundo nos órgãos internos.) Sangrando, o conselheiro favorito do rei foi arrastado para fora do castelo, onde o aguardava um grupo maior, de cerca de doze soldados. "Fizeram-no prisioneiro[3] e levaram-no embora, subtraindo -o assim ao governo do rei", escreveu Enguerrand de Monstrelet. "Mais tarde, mediante contrato... prometeu não mais voltar para junto de Carlos, deixando em penhor de sua palavra inúmeros castelos. Pouco depois, o condestável [Artur de Richemont] recaiu nas boas graças de seu soberano, que ficou muito satisfeito em recebê-lo, embora se sentisse aborrecido pelo que acontecera ao senhor de La Trémoïlle."

Outro cronista, João Chartier, atribui a responsabilidade por essa manobra bem-sucedida ao filho de 19 anos de Iolanda, Carlos de Anjou; entretanto, o bom planejamento da operação traz todas as marcas de sua mãe, mais hábil e experiente. Eram quatro contra um e o conselheiro, por mais obeso que fosse, poderia ter sido morto com a maior facilidade; o fato de isso não ter acontecido mostra que os conspiradores foram instruídos a apenas dominá-lo. Não era do estilo de Iolanda matar seus adversários. A prática de assassinar pessoas é que tinha posto os franceses naquela enrascada.

Para facilitar a transição política, Iolanda solicitou também a ajuda de sua filha, a rainha Maria, igualmente ansiosa por ver o fim daquele mau conselheiro. Carlos VII ficou furioso a princípio, achando que Artur de Richemont planejara e executara o golpe em interesse próprio, mas Iolanda fora suficientemente astuta para deixar o condestável fora daquele assunto. Maria convenceu o marido de que Artur não estivera entre os sequestradores de seu favorito, acalmando-o para que ouvisse as acusações contra La Trémoïlle. Descobriu-se que o conselheiro se envolvera em certas transações financeiras pouco ortodoxas, com enorme prejuízo para o rei e o tesouro real. A revelação dessas falcatruas fora meticulosamente calculada para desviar a cólera de Carlos dos responsáveis pelo golpe, voltando-a contra sua vítima. O rei logo se resignou àquela perda e "Iolanda [de Aragão] recuperou toda a ascendência[4] que perdera sobre seu genro, enquanto o condestável... voltava a ser favorecido", escreve Edouard Perroy.

Dois meses depois, num conselho em Basileia convocado pouco tempo antes pela Igreja a fim de discutir o conflito entre a França e a Inglaterra, o duque da Borgonha ordenou de repente e sem prévio aviso a seus representantes,[5] até então sentados no mesmo banco da delegação inglesa, que mudassem de lugar e se afastassem dos antigos colegas. O processo de reconciliação com a França começara.

COM IOLANDA DE ARAGÃO e seu protegido, Artur de Richemont, novamente no controle da corte, a diplomacia de Carlos VII se concentrou num esforço decisivo para isolar a Inglaterra mediante uma paz em separado com Filipe, o Bom. Mas dessa vez o rei não cometeu, como fizera após sua coroação em Reims, o erro de interromper as operações bélicas francesas durante as negociações para induzir o duque da Borgonha a chegar a um acordo. Ao contrário, aumentou a pressão tanto diplomática quanto militar sobre o adversário. Após tantos anos de conflito, até Carlos aprendera a conduzir uma guerra.

Assim, incursões continuaram a ser feitas em territórios de ingleses e borguinhões, chegando quase à capital. "A guerra ia de mal a pior",[6] queixou-se em 1434 o cronista anônimo conhecido como o Burguês de Paris. "Os autointitulados franceses [partidários de Carlos VII] – em Lagny e outras fortalezas ao redor de Paris – aproximavam-se todas as noites das portas da cidade. Roubavam, trucidavam... Na ocasião, não se tinha notícia nem do regente nem do duque da Borgonha; talvez estivessem mortos. Informava-se ao povo que um ou outro logo viria; mas quem vinha era o inimigo, para pilhar diariamente as imediações de Paris, pois ninguém... se animava a detê-lo." Em consequência do perpétuo conflito, os preços subiam e o alimento escasseava; uma epidemia de peste assolou a cidade, fazendo com que a taxa de mortalidade aumentasse assustadoramente. Diante de tão terríveis condições, mesmo os parisienses que apoiavam a regência começaram a se voltar contra os ingleses.

A corte real francesa também assestou um formidável golpe diplomático atraindo o Sacro Império Romano ao conflito. Em abril de 1434, o imperador, que reivindicava suserania sobre a Lorena, declarou Renato seu legítimo duque, destruindo a esperança de Antônio de chegar ao poder. Filipe, o Bom, ficou tão furioso com essa decisão que exigiu a volta imediata de Renato à sua cela em Dijon, de onde pudera sair temporariamente para negociar os termos de seu resgate e libertação definitiva. Renato, fiel ao código da cavalaria e da honra, teve de obedecer, embora relutantemente. Esse ato de revolta de Filipe era sem dúvida, em termos emocionais, bastante satisfatório; mas, em termos diplomáticos, não deu grandes resultados. No mês seguinte, o imperador retaliou assinando um tratado com Carlos VII no qual Filipe era classificado de "súdito rebelde, que se presume duque da Borgonha",[7] uma distorção de frase nada propícia seguida seis meses depois por uma declaração de guerra formal por parte do império.

A PERSPECTIVA de ter que lutar contra os franceses e o império ao mesmo tempo era desagradável o bastante para que, em janeiro de 1435, fortemente encorajado por seu chanceler, Filipe concordasse em participar de uma série de encontros secretos com embaixadores especiais da corte de Carlos VII, inclusive o condestável, Reginaldo de Chartres, e o duque de Bourbon (antes, conde de Clermont). As negociações ocorreram na cidade borgonhesa de Nevers. O duque de Bourbon, escolhido a dedo para essa missão porque tivera a boa sorte de se casar com outra irmã de Filipe, enviou sua esposa e filhos a Nevers antes do início das reuniões para desarmar o duque da Borgonha. O estratagema funcionou: "Por fim a duquesa chegou, acompanhada de seus dois filhos e um brilhante séquito de cavaleiros, escudeiros, senhoras e donzelas", relatou Enguerrand de Monstrelet. "O duque da Borgonha saiu à praça para recebê-la, acolhendo-a com muita afeição e alegria, pois não encontrava a irmã havia muito tempo. Deu provas idênticas de amor aos sobrinhos, embora fossem ainda muito novos... No dia seguinte, reuniu-se um conselho, ao qual ficou combinado que Artur da Bretanha, condestável da França, e o arcebispo de Reims deveriam comparecer." No momento certo esses dois cavalheiros chegaram, tendo então início as negociações propriamente ditas. Para grande alívio de todos, a perspectiva de paz, havia tanto tempo esquiva, parecia estar se materializando. Com efeito, Filipe mudou a tal ponto durante as reuniões, demonstrando tamanha boa vontade e hospitalidade para com os antigos inimigos, que um cavaleiro borguinhão, observando o comportamento de seu senhor, queixou-se em voz alta: "É uma grande tolice confiarmos nossos corpos e almas à vontade de príncipes e grandes fidalgos que, quando bem entendem, encerram suas disputas, deixando-nos o mais das vezes pobres e desgraçados".[8]

Retrato de Filipe, o Bom.

Nessa atmosfera amistosa, que bem poderia passar por uma alegre reunião de família e não por uma conferência política da maior gravidade, o duque da Borgonha venceu por fim sua aversão a tratar com o assassino de seu pai e concordou em ser regiamente subornado. Em troca do abandono formal da aliança com a Inglaterra e para selar a amizade com a França, Filipe embolsou 50 mil coroas de ouro, pagáveis por ocasião da assinatura do tratado de paz, continuando na posse de todos os territórios que recebera dos ingleses. Além disso, os embaixadores franceses incluíram no acordo novas propriedades, como as lucrativas cidades do Somme e o condado de Ponthieu (embora esses bens pudessem no futuro ser resgatados por Carlos pela quantia de 400 mil coroas de ouro). O rei prometeu se desculpar publicamente por quaisquer danos emocionais sofridos pelo duque da Borgonha em consequência do assassinato de seu pai; e, embora Filipe reconhecesse oficialmente Carlos como legítimo soberano da França, tornando-se de novo seu vassalo, em deferência a possíveis resquícios de suscetibilidade ele ficava isento, até o fim da vida, da obrigação de prestar homenagem pessoal ao rei.* (Os herdeiros do duque da Borgonha, entretanto, deveriam fazê-lo aos futuros reis da França.)

O arquiteto borguinhão da paz não foi esquecido. A 6 de julho de 1435, Carlos VII escreveu de seu castelo em Amboise a Nicolau Rolin e outros membros do conselho de Filipe, o Bom: "Carlos, pela graça de Deus rei da França,[9] cumprimenta a todos os que lerem estas cartas. Saiba-se que, tendo ouvido de fontes autorizadas... sobre a boa vontade e afeição com que Nicolau Rolin, cavaleiro... e chanceler [da Borgonha] e os senhores de Croy, Charny e Baucignies, conselheiros e camareiros de nosso primo da Borgonha, além de outros servidores dele, saúdam a reconciliação e a união de nossa pessoa com nosso primo... tendo em mente que essa paz e reaproximação com muito maior probabilidade será conseguida pelos principais assessores confidenciais de nosso primo, em quem ele deposita confiança, do que por outros de seu círculo... concedemos por estas cartas a soma de 60 mil *saluts* de ouro... a ser dividida

---

* As desculpas foram por fim dadas engenhosamente nos seguintes termos: "O rei [Carlos] declara...[10] que a morte do finado senhor João, duque da Borgonha... foi iníqua e traiçoeiramente provocada por aqueles que perpetraram o crime, dando ouvidos a maus conselhos, e sempre lhe desagradou, como desagrada agora do fundo de seu coração. Que, se soubesse das consequências e tivesse idade para avaliá-las, tudo faria para evitá-la; mas, na época, era muito jovem e de pouco conhecimento, de sorte que, inconsideradamente, não a evitou".

assim: a Nicolas Rolin, 10 mil *saluts*, ao senhor de Croy, outro tanto... ao senhor de Charny, 8 mil... ao senhor de Baucignies, também 8 mil".

Após o acordo de Nevers, restava a Filipe a desagradável tarefa de informar aos ingleses, até então alheios ao acontecimento, que, infelizmente, ele não era mais seu aliado. Mas Filipe temia que seu comportamento fosse visto, de alguma forma, como uma infração ao venerável código de honra da cavalaria, pois, afinal, conspirava secretamente com Carlos VII enquanto ainda fingia manter o juramento de fidelidade a Henrique VI. Assim, para salvar as aparências, solicitou a Carlos que pelo menos tentasse fazer a paz com a Inglaterra convocando uma conferência à qual todos os lados estivessem presentes, mediada por representantes da Igreja. Ofereceu-se até para promover o evento, ficando então decidido, antes que todos deixassem Nevers, enviar um convite aos ingleses para uma reunião ainda naquele ano em Arras. "Em poucos dias[11] houve inúmeros encontros para tratar da paz entre o rei da França e o duque da Borgonha; várias propostas foram apresentadas a Filipe concernentes ao assassinato do falecido duque João, que muito lhe agradaram, chegando-se logo a um acordo preliminar e marcando-se a data para uma convenção em Arras que o ratificasse", relatou Enguerrand de Monstrelet. "Feito isso, separaram-se amigavelmente; a notícia do acontecimento foi divulgada no país e no estrangeiro; enviou-se um comunicado ao papa e ao conselho de Basileia segundo o qual quem o desejasse poderia mandar embaixadores à convenção de Arras."

O CONGRESSO DE ARRAS, universalmente reconhecido como a virada na Guerra dos Cem Anos, começou em agosto de 1435: um evento esplêndido, à altura da riqueza e do prestígio de seu anfitrião, o duque da Borgonha (cujo patrimônio fora significativamente engrandecido pelo acordo secreto com os franceses). As três nações participantes – França, Inglaterra e Borgonha – enviaram cada qual numerosos embaixadores acompanhados por séquitos brilhantes, magníficos, de modo que o total de emissários, inclusive burocratas, secretários, criados e outros adidos, chegava a quase mil pessoas por comitiva. A delegação francesa, liderada pelo cunhado de Filipe, o duque de Bourbon, compunha-se dos principais membros do conselho real: Reginaldo de Chartres, Artur de Richemont e o conde de Vendôme, entre outros. Embora não comparecesse, Iolanda influiu sobre todo o processo[12] por intermédio de seu tesoureiro de Anjou, um dos mais destacados negociadores do lado francês. A rainha da Sicília também enviou representantes por conta própria encarregados de proteger os interesses dela e de seus familiares.

Os ingleses, que não tinham sido informados de propósito sobre a reunião de Nevers, ficando por conseguinte surpresos com o convite para participar de uma conferência geral de paz, tiveram de se desdobrar para comparecer com uma comitiva à altura. A princípio, solicitaram que Filipe chefiasse sua embaixada, mas o duque da Borgonha, por razões que só mais tarde ficariam claras para seus antigos aliados, declinou dessa responsabilidade. O duque de Bedford, gravemente enfermo em Ruão, não podia comparecer, de modo que os ingleses precisaram se contentar com o cardeal Henrique Beaufort (tio-avô de Henrique VI e um dos homens mais influentes do governo) e com o arcebispo de York para seus principais negociadores. Todavia, sendo absolutamente necessário mostrar que Henrique VI era o rei legítimo tanto da Inglaterra quanto da França, alguns franceses também acabaram incluídos no número dos enviados. Não foi fácil encontrá-los, pois muitos dos súditos outrora leais à regência, farejando a mudança dos ventos, já haviam debandado para o partido de Carlos VII. Ainda assim havia alguns, bem pagos, nos quais se podia confiar – e o mais proeminente deles era ninguém menos que Pedro Cauchon. Depois de sua bem-sucedida campanha contra Joana d'Arc, Cauchon recebera um prêmio de consolação: o bispado de Lisieux, cargo não tão prestigioso quanto o de arcebispo de Ruão, que ele a princípio cobiçara, mas mesmo assim lucrativo. Pedro Cauchon era um colaborador tão entusiasta que, quando o arcebispo de York caiu doente logo no início da conferência, foi ele o escolhido para falar em nome dos ingleses nas negociações com os franceses.

Filipe levou, é claro, sua própria comitiva, que incluía 115 nobres com seus respectivos séquitos, vindos de todas as partes dos domínios do duque. Não era, naquela instância, o mediador – dois cardeais e bispos assumiram esse papel –, mas o anfitrião que fornecia acomodações e entretenimento, tarefa a que se dedicou com afinco. Houve banquetes fartos e ceias acompanhadas de música, vinho e danças, para não falar nas festas com agradáveis jogos de salão. O evento máximo foi um torneio esplêndido, em que dois cavaleiros vestindo armaduras riquíssimas combateram para gáudio dos espectadores. Tudo aquilo mais parecia uma brilhante festa de casamento medieval – o que era em certo sentido, exceto pelo fato, ignorado dos ingleses, de um dos noivos estar prestes a fugir do altar.

O duque da Borgonha tomara o cuidado de camuflar a verdadeira natureza de suas relações com a França. A pretexto de garantir a segurança de todos, os enviados da França e da Inglaterra, com suas comitivas, foram alojados a uma boa distância uns dos outros. Afinal, eram inimigos encarniçados e, como cada delegação trouxera sua guarda armada, a possibilidade de entrarem em choque não era nada desprezível. Os ingleses ficaram no centro da cidade e os franceses, juntamente com o anfitrião, instalaram-se com todo o conforto numa aldeia próxima ao castelo de Filipe. Durante toda a duração do congresso, os embaixadores da Inglaterra e da França, com seus numerosos conselheiros, nunca se encontravam frente a frente, mas apresentavam seus argumentos e propostas por meio de arautos, que iam e vinham entre os partidos contrários. O único membro da delegação inglesa que se aventurou no espaço dos franceses e borguinhões foi o duque de Suffolk: fez uma aparição cerimoniosa no dia do torneio.

Embora a separação impedisse os ingleses de observar as reuniões secretas de Filipe, o Bom, com Artur de Richemont (que aconteciam à noite), não disfarçava por completo a crescente cordialidade entre as delegações da Borgonha e da França. No fim da segunda semana de agosto, os ingleses começaram a perceber que os franceses ouviam missa diariamente com seus anfitriões, e depois bebiam e se divertiam juntos até altas horas da manhã, comportando-se em geral como bons amigos. Quanto a Filipe, dava mostras de afeição e cortesia àqueles que, ao menos teoricamente, eram seus inimigos jurados. "Os embaixadores ingleses não apreciavam[13] esses divertimentos; e, pelos contatos frequentes entre os franceses e o duque, passaram a suspeitar de que estavam sendo tramados acordos em nada favoráveis ao seu país", escreveu Enguerrand de Monstrelet.

O esquema das conversações fora combinado de antemão e a conferência prosseguiu de acordo com a rotina estabelecida. A 12 de agosto de 1435, Pedro Cauchon apresentou aos mediadores a primeira proposta de paz, em nome dos ingleses, num amplo salão da abadia de Saint-Vaast, preparada para essa finalidade. Os mediadores tomaram nota e a delegação inglesa se retirou, sinal para que a francesa, esperando em outra sala, entrasse. Os representantes franceses foram então informados dos detalhes da oferta inglesa pelos cardeais e os dois bispos. Repeliram-na desdenhosamente. Cabia-lhes agora apresentar sua contraproposta, que os mediadores registraram meticulosamente. Os franceses saíram em seguida e os ingleses, que aguardavam na outra sala, entraram novamente e tudo recomeçou.

Os ingleses não sabiam ainda que sua posição militar e diplomática fora seriamente abalada em Nevers, mas os franceses estavam bem conscientes de que a balança do poder pendera em definitivo para o seu lado, não precisando, portanto, se sujeitar a nenhum dos termos do inimigo. Assim, não houve quase nenhum acordo entre as várias propostas apresentadas – sobretudo, como era de esperar, no tocante à questão da soberania. Os ingleses se apegavam à tese da monarquia dupla e insistiam em que Henrique VI fosse reconhecido como rei da Inglaterra e da França. Aceitariam que Carlos VII conservasse suas terras ao sul do Loire, mas apenas se rendesse homenagem a Henrique VI por elas, ou seja, Carlos se tornaria vassalo de Henrique. Recusavam-se terminantemente a considerar a hipótese de ceder qualquer território por eles ocupado no momento, inclusive a Normandia, o Maine e Paris, embora, como concessão, aventassem a ideia de um casamento entre Henrique VI e uma filha de Carlos. Pressupunha-se assim que, graças à união das duas linhagens, o conflito se resolveria quando a coroa passasse à descendência de Henrique.

As propostas francesas, é claro, eram diametralmente opostas às dos ingleses. Os franceses consideravam Henrique VI um mero intruso e exigiam que ele renunciasse de imediato a quaisquer pretensões ao trono da França, lembrando aos mediadores que essa honra já fora conferida a Carlos VII, o soberano legítimo, pela coroação em Reims. Além disso, eram intransigentes num ponto: os ingleses, que mantinham uma guarnição em Paris, deveriam evacuar sem demora a capital. Com muita relutância, concediam que Henrique VI preservasse suas terras na Normandia, caso rendesse homenagem a Carlos VII por elas, mas preferiam comprá-las, oferecendo-lhe 150 mil *saluts* de ouro para que deixasse de vez o reino.

Como as condições dos franceses parecessem tão insatisfatórias aos ingleses quanto as dos ingleses aos franceses, as perspectivas de uma paz geral, já pouco promissoras no início, se diluíram completamente no final de agosto. A despeito dos melhores esforços dos mediadores, os dois lados não chegaram a nenhum acordo e por fim os ingleses perderam a paciência, retirando-se das negociações. Segundo Enguerrand de Monstrelet, os delegados de Henrique VI abandonaram a conferência no dia 6 de setembro de 1435 e voltaram para a Inglaterra de péssimo humor, "pois haviam percebido[14] em Arras, para seu grande desprazer, a profunda cordialidade que reinava entre o duque e os franceses". Na semana seguinte, a 14 de setembro, mais um sinal de crise iminente: o indomável duque de Bedford, que nos treze anos desde a morte súbita de seu irmão Henrique V mantivera com pulso firme, na condição de regente, a ocupação da França, não raro graças a uma enorme força de vontade, sucumbiu à doença em Ruão.

Uma semana depois, a 21 de setembro de 1435, dia de são Mateus, numa grande e solene cerimônia na abadia de Saint-Vaast a que compareceram os mediadores da Igreja e todas as personagens mais importantes das delegações da França e da Borgonha, Filipe, o Bom, assinou um acordo de paz em separado, o Tratado de Arras, com os embaixadores franceses. Publicamente, jurou "reconhecer nosso senhor, o rei Carlos da França,[15] como nosso soberano no que toca às terras e títulos que possuímos nesse reino, prometendo em nosso nome e no de nossos herdeiros, mediante juramento fundado em nossa fé e nossos corpos, na palavra de um príncipe, em nossa honra e nas esperanças que temos neste mundo e no outro, manter inviolado este acordo de paz". Na esteira dessa declaração, todo burgo, cidade, aldeia, castelo, fortaleza, unidade militar, vassalo e governo oficial dos territórios leais ao duque da Borgonha — altos ou baixos, ricos ou pobres, rurais ou urbanos, camponeses ou aristocratas — imediatamente romperam sua aliança com Henrique VI e aceitaram Carlos VII como soberano legítimo.

Três dias depois, em Paris, a outrora eminente rainha da França, Isabel da Baviera, que para comodidade própria arquitetara a deserdação de seu último filho sobrevivente de modo a permitir que os ingleses tomassem a capital e com isso dominassem o reino, morreu sozinha e na miséria, de uma doença provocada pela penúria e o desgosto, no Hôtel Saint-Pol, aos 65 anos de idade. Viveu o bastante para ver a obra de sua vida desfeita pelo Tratado de Arras.

A NOTÍCIA de que o duque da Borgonha assinara um acordo de paz em separado com Carlos VII caiu como uma bomba na corte de Henrique VI. O próprio Filipe, o Bom, enviou mensageiros e embaixadores especiais à Inglaterra, munidos de cartas que explicavam seu ato e que foram lidas em voz alta durante uma reunião do conselho. "Todos ficaram muito surpresos",[16] escreveu Enguerrand de Monstrelet, "e o jovem rei Henrique se sentiu tão abalado pelo conteúdo das cartas que lágrimas lhe escorriam pelas faces. Disse aos conselheiros privados mais próximos que, como o duque da Borgonha agira deslealmente para com ele e se reconciliara com seu inimigo, o rei Carlos, seus domínios na França sofreriam muito com isso." O espanto se transformou em aflição e a aflição em cólera. A violência explodiu em Londres contra pessoas cujo único crime era sua identificação com Flandres, Brabante ou Hainaut, e muitas foram assassinadas antes que o rei desse fim ao tumulto. O conselho real decidiu lutar por suas possessões na França e preparativos foram feitos com o objetivo não só de recuperar o território perdido para Carlos VII, mas também de declarar guerra a Filipe, o Bom.

No entanto, seria preciso algum tempo para obter os reforços necessários e, nesse meio-tempo, as forças de Carlos aumentariam. "Quando os franceses ou Armagnacs constataram[17] a impossibilidade de chegar a um acordo [com a Inglaterra em Arras], reiniciaram as hostilidades com mais energia que nunca", escreveu o anônimo Burguês de Paris. "Penetraram na Normandia com grande ímpeto e logo tomaram alguns de seus melhores portos, Montivilliers, Dieppe e Harfleur, além de várias outras boas cidades e fortalezas. Em seguida, aproximaram-se de Paris e submeteram Corbeil, Bois de Vincennes, Beauté, Pontoise... e outros burgos e castelos perto da capital. Assim, nada mais podia chegar a Paris da Normandia ou qualquer outra localidade, de modo que por ocasião da quaresma todos os produtos estavam muito caros, sobretudo o arenque em conserva." Em abril, 5 mil homens comandados por Artur de Richemont e o Bastardo de Orléans já haviam cercado a capital. Para evitar um assédio prolongado, o condestável se postou diante da porta de Saint-Jacques com sua tropa e intimou os guardas a abri-la: "Deixem-nos entrar em Paris pacificamente, do contrário todos vocês morrerão de fome". Joana fizera apelo semelhante quando assaltara aquelas mesmas muralhas à frente de um exército sete anos antes, mas na época o duque da Borgonha ainda ajudava os ingleses. Agora, os parisienses "olhavam do alto das muralhas e viam tantos guerreiros em armas que não conseguiam imaginar como os recursos do rei Carlos podiam sustentar sequer a metade daquelas tropas; perplexos diante desse cenário e temendo um surto de violência, permitiram a entrada dos sitiantes",[18] relatou o cronista parisiense. Alguns habitantes leais a Carlos forneceram escadas para que os franceses escalassem as muralhas e o Bastardo de Orléans, com um punhado de homens, subiu às ameias e escancarou a porta, permitindo ao exército irromper na cidade. A guarnição inglesa, já severamente reduzida pelas deserções, era tão inferior em número que seus soldados receberam autorização para partir ilesos, caso o fizessem pacificamente. Os homens se perfilaram em três companhias e saíram da cidade sob as vaias e insultos dos parisienses – para nunca mais voltar.

Então, algo sem precedentes aconteceu. O condestável, agindo por ordem de Carlos, *concedeu imunidade a todos os parisienses, mesmo os que haviam apoiado a regência, e proibiu qualquer ato de retaliação*. "Meus caros amigos",[19] teria dito, "o bom rei Carlos lhes agradece cem mil vezes e outro tanto faço eu em seu nome por terem, de modo tão pacífico, devolvido a ele a principal cidade do reino. Se alguém, não importa a condição, presente ou ausente, causou algum prejuízo ao nosso senhor o rei, está de todo perdoado." Pela primeira vez em três décadas, o governo de Paris mudava de mãos sem o massacre de um só habitante, borguinhão ou Armagnac; e graças a esse lance de política esclarecida, a guerra civil chegava ao fim, com Carlos se tornando de fato rei da França. "Os parisienses amaram-nos por isso[20] e, antes do fim do dia, qualquer deles arriscaria vida e bens para destruir os ingleses", escreveu alegremente o Burguês, notório borguinhão que insultara os Armagnacs durante anos, incluindo-se sem dúvida na euforia geral.

Foram necessários vários meses para deixar segura a área circundante, mas a 12 de novembro do ano seguinte, após uma longa ausência da capital, Carlos VII pôde enfim entrar em Paris sem receio. Para tornar solene a ocasião, apareceu em grande estilo à frente de um cortejo numeroso e foi recepcionado fora das muralhas por uma comitiva de habitantes que lhe apresentou as chaves da cidade. Após essa cerimônia, um dossel de seda azul-celeste semeado de flores-de-lis bordadas com fios de ouro, feito especialmente para a ocasião, foi erguido sobre sua cabeça e o rei, escoltado, entrou oficialmente em Paris. Nesse instante supremo, acompanhavam-no seu filho mais velho, Luís, agora delfim de Vienne, e os fidalgos mais eminentes do reino, os homens que haviam lutado por aquele momento, cujos nomes já eram conhecidos de todos: Artur de Richemont, o conde de Vendôme, o Bastardo de Orléans... Até La Hire, "vestido com grande luxo",[21] cavalgava com Carlos à frente do cortejo. Por uma dessas súbitas reviravoltas de fidelidade a que as sociedades medievais estavam tão acostumadas, o rei foi festejado com mostras de afeição incompatíveis com os acontecimentos do passado recente; quem contemplasse a cena sem conhecer as circunstâncias jamais suporia que aquela recepção era resultado do conflito mais selvagem da época. "Cercado pela nobreza,[22] o rei entrou na capital pela porta de St. Denis", escreveu Enguerrand de Monstrelet. "Três anjos, no alto da porta, seguravam um escudo com as armas da França... e embaixo se liam os dizeres:

> Mui excelente e nobre rei,
> Os habitantes desta leal cidade
> Lhe trazem a oferenda de sua gratidão
> E se curvam diante de sua real coroa."

O cortejo desfilou pela cidade sob barulhentos aplausos; ao som de preces, Carlos e seu séquito percorreram as ruas da capital até o palácio de seu pai, o Hôtel Saint-Pol. "A multidão de plebeus[23] era tão grande que quase não se podia andar; entoavam cânticos nas praças e outros lugares, em altas vozes, pela volta de seu rei e senhor natural acompanhado pelo filho, o delfim. Muitos até choravam de alegria diante de tão feliz acontecimento", entusiasmou-se o cronista.

Carlos VII entra triunfalmente em Paris.

A entrada de Carlos VII em Paris, embora sem dúvida um marco importante, foi em grande parte teatral. O conflito militar estava longe do fim. Os ingleses continuavam firmemente entrincheirados no Maine e na Normandia, onde representavam uma séria ameaça ao resto do país. Mas a tomada da capital foi uma façanha incontestável, que consolidou o poder de Carlos e aumentou grandemente seu prestígio. O próprio rei compreendera bem a situação e por isso fizera tudo, antes de entrar na cidade, para ter em sua comitiva os nobres a quem devia muito, como recompensa por serviços prestados. Assim, naquele dia histórico de novembro de 1437, toda personalidade de destaque do círculo de Carlos estava presente para saborear o triunfo do monarca em Paris – exceto, é claro, as duas mulheres que o haviam colocado lá, Joana d'Arc e Iolanda de Aragão.

Capítulo 14

A Estrada para Ruão

OM O TRATADO DE ARRAS e a rendição de Paris, a primeira das três condições para garantir o lugar de Joana d'Arc na história estava preenchida. Contrariando espetacularmente os interesses ingleses, Carlos fora reconhecido como soberano da França e, pela primeira vez durante seu reinado, estava na posse de três quartos do reino. Henrique VI podia ainda se considerar rei da França, mas sem outros sucessos militares esse era um título sem sentido. Por essa razão, a Inglaterra se aferrou às suas possessões no continente, sobretudo a Normandia, com uma ferocidade que denunciava a intenção do governo inglês de permanecer ali e lutar pelo legado de Henrique V. No centro da Normandia localizava-se a capital, Ruão, onde todas as evidências do malfadado processo de Joana tinham sido escondidas. Sem os registros, nada se poderia fazer para reabilitar sua imagem.

Não é que Carlos, naquele momento, mostrasse qualquer interesse em reviver a memória de Joana. Seu grande desejo era deixar a guerra para trás, derrotando os ingleses em batalha ou forçando-os a partir, duas alternativas em que, nos anos seguintes à entrada triunfal em Paris, se mostrou particularmente malsucedido, embora houvesse se tornado um governante bem mais maduro e dinâmico. Caberia de novo a Iolanda de Aragão e sua família, em particular o infeliz Renato, ajudá-lo a concluir a guerra e, com isso, resgatar a Donzela para a posteridade.

O SEGUNDO FILHO da rainha da Sicília foi, sem dúvida, um herói dos mais improváveis. Nos anos que se seguiram à derrota de Bulgnéville e sua captura pelo duque da Borgonha, a carreira de Renato mostrou uma triste semelhança com os contos de fadas dos Irmãos Grimm. A má sorte o espreitava até mesmo quando as maiores honras choviam sobre sua cabeça; ele, um dos responsáveis pela introdução do Renascimento na França, representava, às vezes simultaneamente, o que de melhor e pior o mundo medieval tinha a oferecer. Ali estava um homem que, por gosto e natureza, se distinguia na música, na pintura e na literatura, mas cujo êxito repousava no domínio das artes da guerra e da política, uma combinação muito pessoal que quase sempre resultou em desastre completo.

Foi, pois, inteiramente sintomático do quinhão de Renato na vida que, tendo feito tanto para promover a própria causa ao estimular as negociações entre Carlos e Filipe, o Bom, visse sua posição vantajosa frente ao duque da Borgonha se deteriorar de maneira alarmante por causa de uma promoção indesejada. A 12 de novembro de 1434, pouco antes dos encontros de Nevers, enquanto Renato ainda definhava na cela de uma prisão em Dijon, seu irmão mais velho, Luís III, morreu inesperadamente de febre na Calábria, no extremo sul do reino de Nápoles. O pobre Luís vivera na Itália por mais de uma década, fazendo apenas curtas viagens à França para ver a família e os amigos, enquanto esperava impacientemente que a rainha de Nápoles, Joana II, morresse e lhe legasse o trono. Para infelicidade do primogênito de Iolanda, sua benfeitora sobreviveu-lhe por três meses; e, como Luís não tivesse filhos, Joana II nomeou Renato seu sucessor. Assim, quando ela também faleceu em fevereiro de 1435, todos os títulos e bens de Luís III passaram para as mãos de seu irmão mais novo, de sorte que Filipe, o Bom, viu-se de repente na posse não apenas de Renato, duque de Bar e Lorena, mas de Renato, rei da Sicília, duque de Anjou e Maine, e conde da Provença – transformação que representava, na hierarquia dos prisioneiros medievais tão sensível à classe social, uma considerável valorização do refém. Além disso, o duque da Borgonha sabia, como todos, que o testamento de Joana II seria contestado pelo rei de Aragão e que Renato só garantiria aquela fabulosa herança caso recrutasse um exército e corresse a Nápoles o mais rápido possível para reclamar o reino e defender seus direitos. Isso significava que cada dia passado na prisão de Filipe deixaria Renato mais ansioso para sair dali; e, quanto mais ansioso Renato ficasse, mais se disporia a pagar por sua liberdade, segundo o raciocínio bastante lógico do duque da Borgonha.

Consequentemente, a despeito de um esforço conjunto por parte de Iolanda, Carlos VII, o duque de Bourbon, Artur de Richemont e Reginaldo de Chartres para livrar Renato, como uma das condições do tratado de paz de Arras, Filipe, o Bom, se recusou terminantemente a considerar essa possibilidade. Tinha em mãos, por um golpe inesperado da fortuna, um rei e não um simples duque; não tencionava de modo algum renunciar ao que provavelmente era a mais lucrativa aquisição de sua carreira só para fazer a paz com o assassino de seu pai. No fim, teve de optar entre a reconciliação e Renato – e a reconciliação venceu. O Tratado de Arras foi subscrito sem aludir ao refém ilustre do duque da Borgonha e o novo rei da Sicília continuou miseravelmente na prisão.

Naquela emergência, amigos e familiares se juntaram à causa de Renato. Por sorte, podia contar com o caráter determinado da esposa, Isabel da Lorena, que depois de ser informada da situação em Nápoles ofereceu-se para ir à Itália, onde asseguraria e administraria o reino enquanto Renato negociasse sua libertação. Parecia um bom plano e, por cartas de 4 de junho de 1435, enviadas de Dijon, Renato nomeou a esposa tenente-geral de seu reino na Itália do sul. Isabel partiu logo para a Provença com seus dois filhos mais novos, Luís e Margarida (de 8 e 5 anos de idade, respectivamente), a fim de reunir uma frota. O filho mais velho, João, era refém juntamente com o pai; e a filha mais velha, Iolanda, já fora prometida ao filho de Antônio, com cuja família vivia. Isabel partiu de Marselha num pequeno comboio de cinco galeras, aparentemente ainda em companhia dos filhos, no início de outubro de 1435, e no dia 18 do mesmo mês chegou à capital do reino, Nápoles. Mulher que obviamente conhecia a importância da primeira impressão, tão logo desembarcou percorreu a cidade com grande pompa, sob um dossel de veludo dourado, antes de tomar posse de um magnífico castelo real para seu domicílio. Essa bravata, reforçada pelos cinco navios de guerra, conquistou as boas graças da população local e deu-lhe tempo para consolidar suas pretensões ao reino em nome do marido.

Enquanto Isabel garantia os direitos do marido na Itália, Iolanda assegurava as propriedades do filho na França. Isabel deixara os bispos de Metz e Verdun encarregados da administração de Bar e da Lorena, mas, na ausência de seu senhor legítimo, as populações civis ficaram sujeitas a incursões de mercenários errantes. Os bispos, em carta de 10 de maio de 1436, solicitaram ajuda militar a Iolanda de Aragão – "expressando confiança em sua habilidade,[1] inferior apenas à de Deus", observou ironicamente A. Lecoy de la Marche, o biógrafo oficial de Renato – e a rainha prontamente convenceu Carlos VII a enviar tropas e artilharia para proteger o território de seu filho. Iolanda, é claro, também atuava como regente das terras de Renato em Anjou e na Provença, mantendo a paz e prevenindo novos ataques dos ingleses, como fizera para o irmão mais velho dele, Luís, enquanto vivo. Mais importante ainda, continuou a pressionar Filipe, o Bom, para que libertasse seu filho, aliciando nesse esforço a ajuda não só do rei da França e de toda a família real como também do papa e dos membros mais veneráveis da Igreja.

Mas Filipe, que queria lucrar o máximo com seu refém, respondeu a essas várias tentativas com exigências exorbitantes. Primeiro, pediu 3 milhões de ducados de ouro, depois 2 milhões e por fim o território de Bar, o que era absolutamente inaceitável. Assim, o pobre Renato continuou na prisão, deixando crescer uma longa barba grisalha e lamentando sua sorte, durante os intermináveis meses de 1436. Finalmente, seus partidários urdiram uma nova artimanha: espalharam o boato de que Joana II acumulara um grande tesouro no castelo real de Nápoles, o qual só poderia ser reclamado pelo herdeiro da coroa. O duque da Borgonha começou a pensar então que permitir a seu refém ir até lá para recolher essa soma talvez fosse uma estratégia melhor, afinal de contas, do que deixá-lo consumir-se ou mesmo morrer de tristeza na torre de Dijon.

Então, no início do ano seguinte, os dois grandes senhores se encontraram em Lille pela última vez a fim de estipular termos aceitáveis para a libertação de Renato. A 11 de fevereiro de 1437, um acordo altamente favorável ao duque da Borgonha foi enfim assinado. Por esse documento, em troca de sua liberdade permanente, Renato prometeu pagar a Filipe, o Bom, a astronômica quantia de 400 mil escudos em quatro parcelas anuais de 100 mil, além de ceder, com a mãe, todos os direitos sobre seus territórios em Flandres. (Iolanda também teve de assinar o acordo.) Renato conservou os ducados de Bar e Lorena, mas dando como garantia do pagamento do resgate várias cidades, inclusive Neufchâteau. Muitos de seus vassalos mais importantes, como Roberto de Baudricourt, entraram como fiadores e iriam para a prisão no lugar de Renato em caso de insolvência. O casamento entre sua filha mais velha e o filho de Antônio foi de novo confirmado. Como Renato já estivesse muito endividado e não possuísse sequer 10 mil escudos em seu nome, quanto mais 400 mil, precisou comprometer o filho mais velho, João, com a filha do duque de Bourbon, que felizmente tinha um dote de 150 mil escudos, para pagar a primeira parcela.

O acordo era um golpe financeiro esmagador, mas pelo menos o novo rei da Sicília teria sua liberdade. Passou o resto do ano levantando fundos, explorando amigos, arrancando impostos de Anjou e da Provença, e pedindo a ajuda do tesouro real de Carlos VII, mas por fim, com o dinheiro reunido, conseguiu recrutar um pequeno exército. Isabel mandou de volta suas galeras a Marselha, pondo-as à disposição do marido, e este, com o primogênito de 11 anos, libertado juntamente com ele, embarcou para a Itália e chegou a Nápoles em maio de 1438. Teria de lutar com o rei de Aragão por seu título, mas mesmo assim, num gesto cavalheiresco do qual sem dúvida logo iria se arrepender, enviou a esposa e os filhos para a Provença, embora Isabel a essa altura já estivesse muito mais familiarizada que ele com a nobreza local e os expedientes tortuosos da política napolitana. Logo após sua partida, o novo rei de Nápoles, sozinho numa cidade da qual ignorava quase tudo e com uma experiência militar limitada a três batalhas, a última delas um verdadeiro fiasco, entrincheirou-se nervosamente num castelo à espera do ataque das forças inimigas.

IOLANDA DE ARAGÃO estava com quase 60 anos, idade já avançada para a época, quando Renato se livrou do cativeiro e pôde enfim disputar sua importante herança angevino-italiana. A rainha talvez não fosse viver por muito mais tempo, mas não há indícios de que esmorecesse sob nenhum aspecto, se retirasse dos negócios públicos ou perdesse sua influência na corte. Ao contrário: na importante reunião de cúpula dos Estados Gerais, convocada para outubro de 1439 em Orléans a fim de discutir reformas militares e a implementação de um imposto permanente que financiasse o esforço de guerra, viram-se *dois* tronos na abertura do evento – um para o rei da França, o outro para sua sogra.

Apesar das tragédias pessoais – a morte do filho mais velho, Luís III, em 1434, seguida pela perda inesperada da filha mais nova em 1440 –, Iolanda de Aragão podia considerar sua carreira bastante satisfatória. Os ingleses, é certo, continuavam firmes no Maine e na Normandia, mas a grande obra de sua vida, a reivindicação do trono da França para seu genro e sua filha, fora concluída. A legitimidade de Carlos VII não era mais questionada; o filho mais velho do casal real, Luís, neto de Iolanda, herdaria o trono por morte do pai; a linha sucessória estava, portanto, plenamente garantida. Tal qual Raimundino, com a ajuda de Melusina, tomara posse das terras de seu primo Aimery, a quem havia matado, tornando-se mais rico e mais poderoso do que ele, Carlos VII, pelo Tratado de Arras, apossou-se dos territórios do primo assassinado, passando a ser reconhecido como um senhor maior que Filipe, o Bom. E assim como Melusina dera ao marido filhos que realizariam grandes façanhas para honra do nome da família, os descendentes de Carlos reinariam gloriosamente no futuro.

Foi uma reviravolta notável, mas nem por isso a rainha da Sicília negligenciou seus outros filhos ou o legado do marido. Após a libertação de Renato, não só lhe deu o dinheiro que tinha disponível como usou de sua influência em Anjou, na corte e na Igreja para lhe garantir os fundos dos quais ele necessitava para recrutar um exército. Não bastasse isso, calando Jorge de la Trémoïlle de maneira tão eficiente, Iolanda colocara seu terceiro filho, Carlos de Anjou, conde do Maine, em posição de grande poder na corte. Tão logo o antigo favorito saiu de cena, o conde do Maine tomou seu lugar nas boas graças de Carlos VII. O rei não passava sem ele; mantinha o jovem Carlos sempre por perto, como seu conselheiro mais íntimo, chamando-o de "bravo príncipe,[2] verdadeiro homem de guerra dotado de uma notável beleza". Tão influente se tornou o conde do Maine que começou a provocar a inveja dos outros barões: o duque de Bourbon tentou mais de uma vez prejudicá-lo na corte. Mas, juntos, Carlos de Anjou e sua mãe contornaram essas conspirações e, em 1439, pouca coisa se fazia na França sem o apoio do conde do Maine.

Só por uma circunstância Iolanda de Aragão poderia se recriminar: a perda do ducado do Maine com sua capital, Le Mans. A ocupação inglesa dessa importante propriedade angevina ocorrera durante a regência de Iolanda, que de modo algum se conformava com semelhante pilhagem. Tentara recuperá-la militarmente, recorrendo a Artur de Richemont e ao duque de Alençon, os quais esporadicamente lhe enviavam destacamentos para tentar expulsar os ingleses, mas sem sucesso. Na época do Tratado de Arras, quando a esperança de paz animou como nunca os territórios invadidos, artesãos na catedral de Le Mans trabalhavam num impressionante vitral onde se viam as figuras de Luís I e sua esposa, Maria de Blois, e Luís II e Iolanda de Aragão ao lado do duque de Bourbon, um símbolo tocante da fé que a comunidade continuava depositando na nobreza local e, sobretudo, em sua governante ainda viva. Saber que essa catedral (cujos trabalhos ela ainda financiava) estava nas mãos do inimigo era um lembrete irritante de sua impotência – e a rainha da Sicília não era mulher que gostasse de perder.

Coincidentemente, ao fim da década – a data exata é desconhecida, mas sabe-se com certeza que foi em 1439 –, uma de suas netas, a filha mais nova de Renato, Margarida, então com 9 anos de idade, foi enviada da Itália para viver com ela. Margarida, cujo dote era o ducado de Bar, fora prometida ao filho do conde de Saint-Pol a 25 de março de 1437, como parte do incansável esforço de Renato para manter sua propriedade longe das garras do duque da Borgonha. O procedimento usual para a jovem consistia, é claro, em ir morar com a família do noivo, como fizera sua irmã mais velha. Mas isso não aconteceu no caso de Margarida, entregue, ao contrário, aos cuidados de sua indômita avó. Talvez Renato sentisse a necessidade de ter sua mãe zelando pelo destino do ducado de Bar; ou talvez a própria Iolanda não estivesse muito contente com aquela aliança e, notando que a voluntariosa, inteligente Margarida ia se tornando uma beldade, sonhasse com um casamento mais vantajoso. Não há dúvida de que a rainha da Sicília se esforçou para ensinar a neta, de quem se tornaria muito orgulhosa, a ser uma grande dama, não se esquecendo de instruí-la em todas as habilidades necessárias à administração de um patrimônio nobre. Aos 11 anos de idade, Margarida já aprendia a vistoriar os pagamentos e a fazer a contabilidade do tesouro da avó.

A chegada da jovem ao castelo de Iolanda em Saumur parece também ter coincidido com uma nova rodada de conversações diplomáticas entre a Inglaterra e a França, ocorrida em julho de 1439 no porto de Gravelines, a nordeste de Calais. "Nesse ano,[3] muitos nobres embaixadores se reuniram... Encontraram-se várias vezes para examinar a possibilidade de uma paz geral entre os dois reis e seus aliados, como também a libertação do duque de Orléans, que permanecia prisioneiro na Inglaterra desde a batalha de Azincourt", relatou Enguerrand de Monstrelet. Os ingleses aventaram novamente a ideia de uma trégua a longo prazo amparada num casamento real entre os dois países, mas continuavam insistindo em que Henrique VI fosse reconhecido rei tanto da Inglaterra quanto da França. "Assim, as partes não chegaram[4] a nenhuma solução digna desse nome; pois os ingleses se recusavam a tratar com o rei da França a menos que o ducado da Normandia e suas outras conquistas permanecessem em suas mãos, independentes da coroa da França", observou o cronista. Entretanto, essa era a segunda vez que se mencionava um casamento como instrumento de paz – e por bons motivos. O conflito durava havia tanto tempo que Henrique VI, criança quando recebera a coroa de seu pai, tinha agora 18 anos. Os franceses começaram a calcular que o rei da Inglaterra logo se casaria e que a escolha de sua esposa bem poderia determinar o curso da guerra, pois talvez trouxesse novos aliados ao inimigo.

EMBORA A ATITUDE pública da Inglaterra com respeito à soberania de Henrique VI sobre a França não mudasse durante a conferência de Gravelines, crescia entre os nobres ingleses a desilusão com o esforço de guerra, que custava muito e rendia pouco. Entre os conselheiros de Henrique VI, tomava corpo um movimento cuja proposta era a renúncia ao sonho da monarquia dupla para conservar o que restara das possessões inglesas no continente, dando um fim honroso ao conflito. Que essa influência, no início do ano seguinte, começou a predominar no governo, é evidenciado pela decisão, em 1440, de finalmente estabelecer um resgate para o duque de Orléans, na esperança de que esse fidalgo pudesse ser usado na promoção da paz.

A prudência de escolher para embaixador da boa vontade um homem que já passara 25 anos numa prisão inglesa pode, em geral, ser contestada; mas na verdade o duque de Orléans estava a essa altura tão infeliz e se decepcionara tantas vezes no passado, perdendo toda esperança de liberdade, que concordaria com praticamente qualquer oferta de seus captores. O resgate foi estipulado em 200 mil escudos e, por outra reviravolta implausível da história, acabou sendo pago por Filipe, o Bom, cujo pai iniciara a confusão toda ao assassinar o pai do duque de Orléans, três décadas antes. Filipe não teve problemas em atender à demanda dos ingleses porque dispunha de muito dinheiro graças ao pagamento das primeiras duas parcelas do resgate de Renato. "No curso das negociações[5] e depois, o duque da Borgonha sentia grande desejo de colaborar para a libertação do duque de Orléans, tanto em virtude de seu parentesco próximo quanto pelo fato de, após a volta do prisioneiro à França, poderem ser bons amigos, esquecendo as passadas querelas entre suas casas", observou Enguerrand de Monstrelet. "Sondou-lhe o ânimo para saber se gostaria de desposar sua sobrinha... e também, caso fosse mesmo libertado, se concordaria em aliar-se ao duque da Borgonha, sem tomar medidas contra ele ou sua família no futuro por causa das antigas disputas entre seus pais... O duque de Orléans, considerando o longo cativeiro que suportara e talvez ainda tivesse de suportar, acedeu imediatamente a essas propostas."

Assim, o duque de Orléans, aos 45 anos, foi enfim libertado. Logo depois, casou-se com a sobrinha de Filipe numa pródiga cerimônia paga pelo duque da Borgonha, a que compareceram tanto grandes fidalgos da França quanto embaixadores da Inglaterra. Todavia, em vez de constituir um forte elemento de unidade, a reintrodução do duque de Orléans na frágil balança de poder que rodeava a França tornou-se uma fonte de divisão. "Pois... o rei[6] [Carlos VII] fora informado em detalhe da conduta do duque desde sua volta da Inglaterra: de seus juramentos e aliança com o duque da Borgonha, da ordem que recebera, de sua numerosa comitiva, do fato de ter admitido em seu círculo vários borguinhões que antes haviam movido guerra a ele, Carlos, e à coroa", explicou Enguerrand de Monstrelet. "O rei soube ainda que esses vínculos tinham sido forjados em oposição a ele e a seus ministros, e que muitos senhores de prestígio, como os duques da Bretanha e de Alençon, se juntaram ao dito duque com a finalidade de organizar uma nova administração... O rei, sempre muito desconfiado por causa dos inúmeros conluios armados contra ele durante seu reinado, acreditou facilmente no que agora lhe diziam."

Esses não eram boatos sem fundamento. O duque da Borgonha realmente fizera nova aliança com os duques de Orléans e da Bretanha, o que abria uma possibilidade de rebelião contra Carlos que poderia eventualmente ser explorada pela Inglaterra. Também por essa época, o conde de Armagnac, velho aliado do duque de Orléans, ofereceu a mão de uma de suas filhas a Henrique VI sem sequer consultar o rei da França. Esse casamento poderia reforçar a posição da Inglaterra no continente e pôr em risco a parte sul do reino.

Fazia mais de dez anos que Carlos VII hesitara, irresoluto e em conflito, face à ameaça inglesa, incapaz de agir até o aparecimento de Joana. Agora era outro homem, habituado às ameaças a seu governo, um rei convicto da legitimidade de sua causa e com experiência para liderar. Consequentemente, não esperou que os conspiradores dessem um passo à frente, mas agiu com energia ao primeiro sinal de conspiração a fim de se proteger. "O rei Carlos da França convocou[7] numeroso grupo de homens de diferentes províncias do reino e ordenou a esses capitães... que se juntassem a ele imediatamente com suas tropas", relatou Enguerrand de Monstrelet. "Quando estavam todos reunidos nas margens do Loire, o rei partiu de Bourges, no Berry, acompanhado pelo delfim, o condestável da França, o senhor Carlos de Anjou e outros fidalgos em grande número." Em 1441, o próprio rei assumiu o comando do exército e invadiu a Champanha, chegando às imediações da Borgonha e obtendo a submissão de grandes fortalezas juntamente com a cidade de Troyes, ato que restabeleceu e confirmou a obediência da população à coroa. Da Champanha, Carlos continuou acompanhando a milícia real ao norte de Paris, onde atacou e tomou a cidade de Pontoise, defendida por uma guarnição inglesa sob o comando do experiente capitão Talbot, um dos que participaram do cerco de Orléans e o chefe que depois lutou contra Joana e La Hire na batalha de Patay. Animado por esses êxitos, o monarca retomou a ofensiva no ano seguinte contra a ocupação inglesa da Guyenne, no coração da Aquitânia.

Na Inglaterra, a facção que era a favor da guerra se agitou e convenceu Henrique VI a recrutar um novo exército para repelir os franceses e retomar o reino. Durante o inverno de 1442, uma força imponente de cerca de 7 mil homens estava pronta para a ofensiva de primavera. Tal era a situação na França quando Renato perdeu Nápoles.

A ESTADA DE RENATO em seu reino italiano meridional foi atormentada pela má sorte que sempre o perseguia. Embora, de início, as forças que comandava fossem iguais às do adversário, o rei de Aragão, e ele obtivesse alguns sucessos, a fortuna o abandonou quando perdeu um de seus melhores capitães, um homem chamado Jacopo Caldora, morto durante uma incursão em 1439. Jacopo foi sucedido pelo filho, Antônio, que não possuía nem a visão estratégica nem o senso de lealdade do pai. Antônio era mais um empresário – via a guerra apenas como uma atividade lucrativa e podia mudar de lado a qualquer momento, dependendo de qual oferta fosse mais vantajosa. Isso não fazia dele o soldado mais confiável, sobretudo porque os fundos de Renato estavam se esgotando rapidamente. O rei da Sicília precisou escrever à mãe pedindo mais dinheiro.

Os fatos se precipitaram em 1440, quando as tropas de Renato encontraram as do rei de Aragão na cidade interiorana de Benevento e foram derrotadas, em grande parte devido à omissão de Antônio, então mais ocupado em se vender aos aragoneses do que em lutar. Esse comandante imprevisível e seus homens acabaram se bandeando de vez para o lado inimigo. Foi então que Renato mandou Isabel e seus dois filhos de volta para a Provença, ato que não aumentou nem um pouco a confiança dos súditos napolitanos em suas habilidades.

Na primavera de 1442, as forças do rei de Aragão já cercavam a capital e sua frota impedia o abastecimento da cidade. Os habitantes começaram a passar fome, retirando o apoio que Renato e Isabel porventura houvessem conseguido no passado. A 1º de junho, uma companhia aragonesa infiltrou-se silenciosamente em Nápoles por uma passagem subterrânea, após subornar a guarda local; um segundo destacamento seguiu o primeiro; e, na manhã seguinte, havia na cidade soldados suficientes para abrir duas de suas portas. O exército do rei de Aragão se espalhou pelas ruas da capital. A população esfomeada mal resistiu; ao contrário, muita gente deu as boas-vindas aos invasores e algumas freiras chegaram a atirar cordas aos soldados inimigos para ajudá-los a escalar as altas muralhas da cidade.

Renato saiu às pressas de seu castelo com um pequeno grupo de fiéis seguidores. Lutando nas ruas, tentou repelir os invasores, mas logo percebeu que não o conseguiria e fugiu para uma nau à sua espera no porto. "Se estivesse certo da morte,[8] não me preocuparia, mas temo ser feito prisioneiro", foram as palavras pungentes de despedida que dirigiu a seus homens. Na confusão da batalha, sua nau conseguiu despistar a frota inimiga, permitindo ao último da longa linhagem de pretendentes angevinos ao trono de Nápoles contemplar de longe o exército do rei de Aragão assumindo o controle da capital – e, com ela, do reino.

No final do ano, Renato estava de volta à Provença, outra vez em companhia de sua mulher e filhos. Desembarcou em Marselha deprimido, derrotado e insolvente – bem a tempo de saber que sua mãe falecera.

IOLANDA DE ARAGÃO tinha 61 anos em 1442, quando morreu. Era uma presença tão extraordinária que seus súditos deviam julgá-la indestrutível. Um ano antes, o bispado de Angers ficara vago e ela nomeou seu secretário para o cargo como recompensa pelos muitos anos de serviços leais que ele lhe prestara. Carlos VII cometeu o erro de tentar passá-la para trás indicando seu próprio candidato. A rainha da Sicília, furiosa, deixou claro que se o preferido do rei aparecesse em Angers ela lhe cortaria a cabeça. Carlos recuou e o candidato de Iolanda assumiu o cargo. A esperta menina Margarida, que ainda vivia com a avó, aprendeu bem a lição.

Por essa época, Iolanda devia gostar muito da neta, pois seu último ato público foi uma tentativa de melhorar as perspectivas matrimoniais de Margarida. Aconteceu que o próprio sacro imperador romano estivesse em busca de esposa e ouvira falar da beleza excepcional da filha mais nova do rei Renato. Embaixadores foram enviados a Saumur para observar a jovem e fazer uma oferta. Chegaram em setembro de 1442. A saúde da rainha da Sicília declinava visivelmente, mas ainda assim ela se dispôs a fazer um último e grande esforço. Suas próprias costureiras foram convocadas e Margarida vestiu um manto suntuoso tecido com fios de ouro, orlado de pele de arminho branca. No livro de contabilidade do período, ficou registrado que a rainha da Sicília ordenou que não se poupassem despesas, pois queria ver sua neta "deslumbrante".[9] Os representantes imperiais foram apresentados, examinaram bem Margarida em toda a sua formosura, e depois compareceram a uma série de festas e divertimentos extravagantes. Embora nada se pudesse resolver em definitivo na ausência do pai da jovem, os embaixadores estavam obviamente impressionados e sem dúvida fizeram um relatório muito positivo dos encantos de Margarida após seu regresso à Alemanha.

Depois que os enviados deixaram Saumur, no começo de outubro, a energia necessária para promover aquela cansativa recepção passou a cobrar seu preço de Iolanda. Sabendo que estava gravemente enferma, a rainha buscou refúgio na religião e entrou para uma ordem monástica como irmã leiga ou oblata. Movida pelo senso prático até o fim, a 12 de novembro de 1442, hospedada no castelo do senhor de Tucé, assinou um documento contendo suas últimas vontades e o testamento. Neste, dividia suas terras entre os dois filhos sobreviventes,

Renato e Carlos de Anjou. Como lembrança, deu a Renato algumas tapeçarias de alto preço e a Maria, sua filha, algumas joias. De novo se observa sua grande afeição por Margarida, a única das netas que recebeu um presente especial. Entretanto, não havia pilhas de moedas nem tesouro oculto para surpreender os herdeiros, como fora o caso com a sogra de Iolanda, Maria de Blois. Na verdade, não havia dinheiro algum – a rainha da Sicília deixara muito pouca coisa, pois ao longo de 25 anos empregara incansavelmente toda a sua fortuna na condução de duas guerras. Consciente da modéstia de seu legado, fez questão de explicar no testamento a falta de ouro, prata e pedras preciosas. "As peças mais bonitas[10] e melhores foram usadas em benefício do reino da Itália e entregues ao rei Luís", escreveu simplesmente Iolanda de Aragão.

Vitral de Iolanda de Aragão na catedral de Le Mans.

Dois dias depois, a rainha da Sicília faleceu. Foi sepultada na catedral de São Maurício de Angers, junto ao marido. Desaparecia assim o último e maior líder Armagnac de sua geração.

A perda da mãe, fonte perene de força e ajuda, privou Renato de seu maior sustentáculo. Empobrecido pela fracassada campanha italiana, já em atraso no pagamento das duas parcelas finais do resgate ao duque da Borgonha e ansioso para se ver livre da prisão de Dijon, recorreu ao cunhado, Carlos VII. Em março de 1443, reuniu-se com o rei quando a corte se deslocou para Toulouse. Carlos reunira bom número de soldados e tencionava enviá-los à Normandia para se antecipar ao contra-ataque inimigo. Mas quando o novo e formidável exército inglês, com cerca de 7 mil homens, desembarcou em Cherburgo no mês de abril, seu comandante, o conde de Somerset, pessoa de excelentes conexões políticas, mas pouca experiência militar, inexplicavelmente evitou a batalha decisiva com os franceses. Em vez disso, permaneceu medrosamente nas terras ocupadas do ducado do Maine, assolando ao acaso seu próprio território antes de estacionar, sem objetivo aparente, na Bretanha, região que não estava em disputa. (O conde de Somerset, criticado por seu próprio estado-maior quanto a esse questionável curso de ação, recusou-se a explicar a estratégia que adotara, declarando de maneira enigmática: "Não revelarei meu segredo a ninguém.[11] Se minha camisa o conhecesse, eu a queimaria".) Qualquer que fosse esse segredo, obviamente não envolvia uma ofensiva contra os franceses, pois ele ficou na Bretanha por poucas semanas, tempo suficiente para extorquir algum dinheiro do ducado, antes de virar as costas e reembarcar para a Inglaterra.

Isso marcou o fim da influência do partido da guerra em Londres. Um exército inglês poderoso, antes tão temido pelos franceses que só a ameaça de um confronto levara o reino à submissão, se retirara sem sequer oferecer batalha! No início de 1444, os ingleses enviaram nova embaixada a Carlos VII, liderada pelo conde de Suffolk, o chefe da facção que defendia uma paz definitiva em combinação com um casamento real. Henrique VI agora se referia a Carlos VII como "nosso querido tio da França".[12]

Em abril, Suffolk e seus emissários se encontraram com os colegas franceses na corte de Tours. Chegaram a um acordo. A questão da soberania ficou em suspenso, mas negociou-se com sucesso uma suspensão das hostilidades por dois anos. "As reuniões pela paz[13] prosseguiram ativamente, nessa ocasião, em Tours, com a presença da alta nobreza da França e da Inglaterra", escreveu Enguerrand de Monstrelet. "Concluiu-se uma trégua geral, em terra e mar, da parte do rei, nosso senhor soberano, e seu reino, seus vassalos e súditos, inclusive os mui poderosos príncipes os reis de Castela e Leão, dos romanos, da Sicília e da Escócia; os ducados de Anjou, Bar e Lorena; o delfim de Vienne; os duques de Orléans, Borgonha, Bretanha, Bourbon e Alençon; o conde do Maine; e, de modo geral, a totalidade dos príncipes de sangue real da França... inclusive seus vassalos, súditos e partidários... que prometeram, por juramento, manter a trégua inviolável." O acordo foi assinado no dia 20 de maio de 1444 e ficou conhecido como a Trégua de Tours.

Restava o problema do casamento real, solução bem mais espinhosa, ao menos para os franceses, do que poderia parecer à primeira vista. Dar uma das filhas de Carlos VII a Henrique VI estava fora de cogitação; isso só prejudicaria as chances do delfim de herdar pacificamente o trono após a morte do pai, já que qualquer fruto do sexo masculino desse casamento inevitavelmente reivindicaria o direito ao reino pelo lado materno. Carlos não estava disposto a aceitar uma aliança matrimonial que poderia reiniciar a Guerra dos Cem Anos na próxima geração. Foi esse, com efeito, o motivo de nenhuma filha de um rei francês se casar com um soberano inglês pelos próximos dois séculos, política astuta que apresentou o inegável benefício adicional de poupar a cabeça de pelo menos uma princesa francesa durante o reinado de Henrique VIII.

No entanto, o rei da França não poderia simplesmente ignorar a possibilidade de Henrique VI escolher sua própria noiva: havia o risco enorme de os muitos inimigos de Carlos VII se valerem desse expediente para tentar se fortalecer e desafiar sua posição. Melhor seria oferecer a filha de um nobre em cuja lealdade o rei francês tivesse plena confiança; um nobre que, embora de alta linhagem, não representasse uma ameaça; um nobre que pudesse ser convencido a aceitar semelhante acordo, pois ninguém na verdade queria casar sua filha com Henrique VI e mandá-la viver com os odiados ingleses. Só havia uma candidata capaz de atender a todas essas exigências: Margarida, a filha de Renato de Anjou. "O casamento de Margarida foi então acertado...[14] no interesse de Carlos VII e a seu pedido", conclui brevemente o biógrafo de Renato. Sem a mãe para apoiá-lo, ele não estava em posição de negar ao rei esta ou qualquer outra solicitação. Pouco depois da assinatura da Trégua de Tours, o compromisso entre Margarida e o filho do conde de Saint-Pol foi oficialmente rompido, as pretensões do sacro imperador romano negadas de maneira cortês, mas firme, e a neta favorita de Iolanda de Aragão prometida ao rei da Inglaterra.

Assim Margarida de Anjou, com 15 anos de idade, descendente de uma estirpe de francesas notáveis que incluía Maria de Blois e Isabel da Lorena, jovem que passara três anos na casa e sob a tutela vigilante da mulher talvez mais astuta e poderosa politicamente do reino, entrou para a confiante aristocracia inglesa e desposou Henrique VI, um monarca tão pouco talhado para suas funções que, perto dele, Carlos VII parecia uma torre de energia e dinamismo. As lições aprendidas da avó deram fruto quase imediatamente. Margarida foi coroada rainha a 30 de maio de 1445, em Westminster, e prometeu numa carta de 17 de dezembro do mesmo ano que não pouparia esforços a fim de recuperar o Maine para a França: a 22 de dezembro, Henrique VI renunciava oficialmente a seus direitos sobre todo o ducado, inclusive a capital Le Mans, em favor do sogro, Renato.* Como se isso não bastasse, Margarida passaria mais tarde por ter iniciado a célebre Guerra das Rosas, um amargo conflito civil que assolaria a Inglaterra por trinta anos. Azincourt, é claro, ainda não estava vingada – mas já era alguma coisa.

No verão de 1444, quando fora forçado a concordar com o casamento da filha, a posição de Renato era especialmente vulnerável. Os cidadãos de Metz, ao norte de Nancy, na Lorena, instigados pelo duque da Borgonha, revoltaram-se contra a autoridade de Renato, com alguns habitantes levando a temeridade a ponto de roubar a bagagem de sua esposa quando ela visitou o local durante uma peregrinação. O empobrecido Renato não podia revidar sozinho e precisou convencer o rei da França a emprestar-lhe seu exército para ajudá-lo a submeter a cidade antes que o duque da Borgonha conseguisse uma base de operações no ducado. Esperava também levar o rei a intervir em seu favor junto a Filipe, o Bom, para resolver o problema da pesada dívida do resgate. Assim, convidou Carlos VII e toda a corte a Nancy, onde o festejou muito e o apresentou a uma das damas de companhia de sua esposa, uma beldade famosa de nome Agnes Sorel, que logo se tornaria amante do monarca.

---

* Houve tantos protestos na Inglaterra contra essa decisão que o governo tentou apaziguar os ânimos adiando a transferência do Maine a Renato por vários anos. No fim, Carlos VII enviou tropas ao ducado em junho de 1448 para sitiar Le Mans e a guarnição inglesa se rendeu, recuando para a Normandia.

Era costume, nessas ocasiões, presentear o visitante com uma lembrança em agradecimento da honra conferida pela presença real. Renato deve ter calculado que seria útil dar a Carlos algo capaz de recordar-lhe discretamente tudo o que o duque e sua família haviam feito por ele e pelo reino no curso da longa guerra. Homem de natureza artística que era, o duque da Lorena, com grande cerimônia, entregou a Carlos VII um volume magnificamente encadernado,[15] feito especialmente para comemorar o evento. Não pode ter sido por acaso que, entre tantas obras de literatura, história e teologia então disponíveis, Renato haja decidido presentear Carlos com um exemplar do *Romance de Melusina*.

No ano seguinte, Carlos levou seu exército a Metz e ajudou Renato a submeter a cidade. Depois, o rei convocou uma reunião com a duquesa da Borgonha, autorizada a agir em nome do marido, na qual os últimos pagamentos que Renato devia por seu resgate foram perdoados.

FINALMENTE, EM 1449, Carlos VII alegou infrações à trégua e, animado pela reconquista do Maine, enviou três exércitos separados à Normandia num derradeiro esforço para livrar o reino dos invasores. Embora os ingleses ainda contassem com maior número de soldados e guarnições, seus comandantes foram pegos de surpresa. A população francesa nativa estava exultante. O governo da regência nunca gozara do favor do povo local, que acolheu bem o avanço de Carlos, uniu-se a ele e em alguns casos sequer esperou a chegada dos soldados, mas levantou-se espontaneamente contra os ocupantes. De Beauvais, no norte, vieram forças comandadas pelos condes de Eu e Saint-Pol, que forçaram a rendição de Lisieux em 16 de agosto; de Verneuil, no sul, acorreram o Bastardo e o duque de Alençon que, se juntando às tropas do próprio Carlos em Louviers, abriram caminho para leste, rumo ao coração da Normandia, e tomaram Argentan em outubro; da Bretanha, no oeste, marcharam o condestável, Artur de Richemont, e homens suficientes para conquistar todas as fortalezas situadas entre Coutances e Fougères, a última das quais caiu a 5 de novembro.

Por fim, a 9 de outubro, forças francesas chegaram a poucos quilômetros da capital inglesa de Ruão, defendida por uma guarnição de 1.200 soldados sob o comando do duque de Somerset e do capitão Talbot. Uma semana depois, a 16 de outubro, o Bastardo lançou um ataque frontal, mas foi repelido; os habitantes, então, se encarregaram do caso. Houve motins nas ruas, os ingleses foram coagidos a buscar refúgio no castelo real e as portas se abriram para o exército do Bastardo. Os franceses imediatamente cercaram o castelo e se prepararam para o assédio, mas o duque de Somerset preferiu entrar num acordo: prometendo pagar uma multa substancial e deixando para trás o pobre Talbot como garantia de suas boas intenções, saiu da fortaleza com o resto da guarnição e foi para Caen, abandonando nas mãos do inimigo a antiga capital do governo da regência.

Um mês depois, a 20 de novembro de 1449, Carlos VII entrou triunfalmente em Ruão. E apenas três meses depois, a 15 de fevereiro de 1450, um de seus principais conselheiros teológicos, um homem chamado Guilherme Bouillé, deão de Noyon, recebeu o seguinte encargo diretamente do rei: "Como há tempos Joana, a Donzela,[16] foi capturada e aprisionada por nossos antigos inimigos e adversários, os ingleses... contra a qual fizeram mover certo processo por certas pessoas... processo durante o qual perpetraram inúmeras falsificações e abusos de modo que, por meio desse julgamento e do grande ódio que nossos inimigos lhe votavam, provocaram sua morte iniquamente e contra a razão, de forma muito cruel", escreveu Carlos VII, "desejamos por isso conhecer toda a verdade sobre o dito julgamento, a maneira como foi conduzido e encerrado. Nós lhe ordenamos, o instruímos e o conclamamos expressamente a investigar e a informar-se bem, com diligência, sobre o que foi falado; em seguida, nos apresentará, e aos membros de nosso conselho, a informação que haja reunido a respeito desse acontecimento em papel selado... pois lhe conferimos poder, comissão e instrução especial, mediante este instrumento, para levar a termo a tarefa".

Capítulo 15

A Reabilitação de Joana d'Arc

Sei bem que meu rei[1] recuperará o reino da França, tão bem como sei que estais diante de mim para me julgar.
– *Joana d'Arc em resposta a seus inquisidores, 1431*

 RAPIDEZ COM QUE O DECRETO real de Ruão foi expedido, tanto quanto a veemência de sua linguagem, pareceria naturalmente implicar que a decisão de abrir o inquérito partira do próprio rei; que Carlos VII, dominado pela emoção após entrar na cidade ou talvez reagindo a relatos de testemunhas oculares sobre a crueldade com que Joana fora tratada, lembrara-se por fim de tudo quanto a Donzela fizera por ele e, impulsivamente, exigira a requisição e o posterior estudo dos registros de seu julgamento. Mas isso seria creditar a Carlos[2] muito exame de consciência e muita gratidão. A força motivadora do inquérito não foi o rei e sim o homem encarregado da pesquisa: Guilherme Bouillé, o conselheiro teológico do rei. Foi Bouillé quem, após um período de tempo não especificado, mas certamente superior a três meses, conseguiu por fim convencer Carlos a empreender a tarefa, por motivos que não é difícil

adivinhar. A vida é incerta, efêmera; as estações mudam; civilizações surgem e desaparecem; pessoas nascem, vivem por algum tempo e morrem.

Mas discordâncias intelectuais duram.

A renovação do debate teológico em torno de Joana começara catorze anos antes, quando as forças de Carlos, sob o comando de Artur de Richemont, o condestável, haviam tomado Paris em 1436. Não apenas os cidadãos comuns, mas todas as instituições governamentais ou semigovernamentais abandonaram abruptamente Henrique VI e se submeteram a Carlos VII – entre elas, a Universidade de Paris. De súbito, a teoria da monarquia dupla e seus partidários sumiram como num passe de mágica, enquanto uma nova geração de doutores em teologia que haviam apoiado o rei francês e as propostas dos velhos Armagnacs ocupava seu lugar. Um ano depois da entrada triunfal de Carlos em Paris, a universidade havia submissamente escolhido um novo reitor que simbolizasse a mudança do clima político – e esse novo reitor não era outro senão Guilherme Bouillé.

Quase imediatamente, a discussão escolástica sobre se Joana agira bem usando trajes masculinos ressurgira com toda a veemência de antes, como se os longos anos de guerra e mesmo o próprio martírio da vítima não significassem nada. Bouillé, em sua qualidade de reitor, estava no meio da refrega. Não podia tolerar que a lógica de Pedro Cauchon prevalecesse; era importante para ele limpar o nome de Joana e refutar as teorias de seus colegas ingleses e borguinhões, como fora importante para Cauchon condenar Joana, a fim de demonstrar que seu pensamento era superior ao dos velhos eruditos Armagnacs. Bouillé escreveria mais tarde um tratado no qual retomava os argumentos primeiramente sugeridos pelo venerável teólogo Armagnac, João Gerson, a fim de justificar o uso de roupas masculinas pelas mulheres, desde que elas o fizessem por modéstia, quando forçadas a viver entre soldados. Bouillé, entretanto, foi mais longe em sua defesa. Refletindo a realidade da soberania agora plenamente assegurada de Carlos VII, Bouillé explicou que Joana poderia ter usado roupas masculinas caso houvesse sido instruída a agir assim pela revelação divina e comparou-a a várias outras santas que fizeram o mesmo.

Mas Bouillé via-se diante de um dilema. Não poderia vencer a polêmica enquanto a condenação de Joana pela Inquisição permanecesse de pé; enquanto suas vozes fossem oficialmente consideradas heréticas e não divinas pela Igreja, conforme a própria Donzela reconhecera e havia sido proclamado por

Cauchon e os ingleses após sua morte. A única maneira de eclipsar os velhos teólogos seria rever a sentença de Joana – e para isso ele precisava primeiro do rei, depois do papa.

Assim, Bouillé começou a pressionar Carlos VII, tal como Cauchon havia pressionado o duque de Bedford. Seus argumentos eram imagens especulares um do outro. Enquanto, para Cauchon, seria muito mais eficaz politicamente para os ingleses demonstrar, antes de matá-la, que Carlos VII e o povo francês haviam sido enfeitiçados por uma herege, Bouillé ressaltava a importância de corrigir o que havia sido obviamente uma decisão injusta – chamou-a de "uma sentença iníqua e escandalosa[3] que ameaça a coroa [do rei]" – como um meio de abalar a posição do inimigo. Tudo o que Joana previra se realizara, garantiu Bouillé: os ingleses haviam sido expulsos do reino e, pela graça de Deus, Carlos VII era rei. Sabia-se agora que a Donzela dissera a verdade sobre suas vozes. Como, então, poderia prevalecer a sentença de heresia? Isso implicava que Carlos se tornara rei (não o permitisse Deus!) por obra de Satanás. Não, não: os *ingleses* é que tinham agido mal, enganados pelas artes do demônio; seus erros deviam então ser reconhecidos e corrigidos.

Quando Ruão caiu em poder dos franceses, Carlos já estava suficientemente distante dos acontecimentos que haviam marcado o início de seu reinado para ainda se preocupar com sua dignidade ou se sentir constrangido por seu relacionamento com a Donzela, de sorte que os argumentos de Bouillé tiveram muito peso. A despeito dos recentes sucessos militares do rei francês, a guerra não terminara de todo. Os ingleses ainda ocupavam alguns (bem reduzidos) territórios no continente e tudo o que pudesse ser feito para diminuir sua influência ou desmoralizar suas tropas deveria ser tentado. Que também seria pessoalmente gratificante virar a mesa sobre o inimigo e lançar-lhe em rosto seu comportamento atroz, contrário à lei de Deus, era mais um incentivo.

E quem melhor para conduzir o inquérito real que o homem inicialmente responsável por essa ideia? Escolhendo o próprio Bouillé para a tarefa, Carlos estava tão certo de que a comissão beneficiaria Joana quanto o duque de Bedford estivera, ao colocar Pedro Cauchon em posição de autoridade, de que a Inquisição a prejudicaria.

Bouillé mergulhou no trabalho e, três semanas depois de receber a ordem do rei, já interrogava os assessores do processo de Joana quanto ao tratamento por ela recebido no cativeiro e ao protocolo de sua condenação. Como já houvessem decorrido quase vinte anos desde o julgamento, muitos desses homens não estavam mais vivos. Cauchon, o principal algoz de Joana, morrera oito anos antes, após uma sangria aplicada por um médico imprudente. O outro juiz, o vice-inquisidor, não podia ser encontrado em lugar nenhum e provavelmente também morrera. Muitos de seus colaboradores tinham igualmente falecido, inclusive o padre que fizera o sermão interminável antes da execução da Donzela: de modo bastante apropriado, sucumbira à lepra.

A investigação de Bouillé teve de se limitar, assim, a entrevistas com sete pessoas no período de dois dias. Dessas, seis alegaram não ter tido participação no processo e jogaram a culpa pela morte de Joana nos juízes, os quais, conforme declarou uma testemunha, "[agiram] mais por amor aos ingleses[4] e aos favores que deles recebiam... do que zelando pela justiça da Fé". A única exceção foi o velho teólogo João Beaupère, cuja pergunta "Tem certeza de estar na graça de Deus?" arrancara a resposta talvez mais contundente de Joana durante o julgamento: "Se não estou, que Deus me faça estar; se estou, que Deus nela me conserve".[5] Na casa dos 70, Beaupère estava aparentemente velho e rabugento demais para mudar de ideia em função de manobras políticas e insistiu em que Joana tivera o que merecia.

Com base nessas sete entrevistas, Bouillé encontrou impropriedades suficientes no tratamento e condenação de Joana para recomendar vivamente a Carlos uma investigação mais ampla, com o objetivo de revogar a sentença. A autoridade secular já fizera tudo o que podia para redimir a Donzela. Como o veredicto fora proferido pela Inquisição, a questão da heresia de Joana estava, como sempre estivera, nas mãos da Igreja. Alguém teria que se dirigir ao papa.

EM 1450, o papa era um erudito italiano que tomou o nome de Nicolau V. Nicolau, amante dos livros e das artes, cuja principal obra seria a instalação da Biblioteca Vaticana, herdara uma série de problemas práticos de seus predecessores. Como resultado de décadas de conflito interno, a reputação do papado enfraquecera seriamente. Um concílio em Basileia elegera um antipapa; o imperador tentava conquistar o poder de dispensar benefícios e exercer outras funções eclesiásticas que tradicionalmente só cabiam ao pontífice; e os turcos ameaçavam tomar a velha cidade de Constantinopla. Num nível mais mundano, 1450 era um ano de Jubileu, ou seja, milhares de peregrinos e outros turistas invadiriam Roma para gastar seu dinheiro arduamente economizado e visitar os sítios religiosos mais importantes. Cabia ao papa zelar para que a cidade e os monumentos fossem limpos e houvesse acomodações suficientes para capitalizar ao máximo o potencial lucrativo do evento. Obviamente, com tanta coisa para fazer, decidir se uma obscura camponesa francesa fora injustamente acusada de heresia duas décadas antes não ocupava lugar de destaque na agenda de Nicolau.

No entanto, o papa precisava que ingleses e franceses parassem de brigar e a Cristandade se concentrasse no problema que ele via como a verdadeira ameaça: a atitude militar agressiva dos turcos e a vulnerabilidade de Constantinopla. Assim, enviou um legado, o cardeal Guilherme d'Estouteville, à França para negociar um tratado de paz. Não se podia dizer que o cardeal fosse exatamente um árbitro imparcial: era francês, nascido na Normandia. Vários membros de sua família haviam lutado contra a ocupação e perdido propriedades para os ingleses, de modo que o clã inteiro era firmemente leal a Carlos VII. Além disso, Estouteville fora membro da Universidade de Paris (durante sua visita, vindo de Roma, arranjou tempo para deixar de lado os deveres oficiais e implementar ali uma reforma do ensino) e entendia bem as intenções de Bouillé. Antes que qualquer acordo de paz fosse concluído, o rei devia ser isentado da acusação de ter subido ao trono graças à interferência de uma herege condenada e a única maneira de fazer isso seria reformar oficialmente a sentença proferida contra ela. "Sei que o caso importa muito[6] tanto ao senhor quanto às suas propriedades e estou trabalhando nele com todas as minhas forças... como um servidor bom e leal deve fazer por seu amo", apressou-se o cardeal a tranquilizar Carlos numa carta de 1452.

Por sua própria iniciativa, Estouteville requisitou os préstimos do então inquisidor da França, um homem chamado João Bréhal, que, por coincidência, também era originário da Normandia, odiava os ingleses e era um partidário fiel do rei. Os dois clérigos se estabeleceram em Ruão no final de abril de 1452, onde estudaram os registros do julgamento de Joana e ouviram testemunhas. Essa dupla se mostrou ainda mais eficiente que Bouillé. A 4 de maio, já havia elaborado um documento oficial no qual apontava pelo menos 27 irregularidades no processo de Joana. Em consequência, concluía que, "analisados os precedentes e outros pontos,[7] o processo e a sentença são nulos e absolutamente injustos", recomendando que a questão da heresia de Joana fosse examinada à luz desses erros.

No ano seguinte, Estouteville renunciou a toda pretensão de negociar uma paz entre a Inglaterra e a França (nunca houve um tratado oficial pondo fim à Guerra dos Cem Anos) e voltou a Roma. Mas nem ele nem o inquisidor, Bréhal, deixaram de insistir na revogação da sentença de Joana. A fim de autenticar seus achados, Bréhal passou os próximos dois anos solicitando opiniões de teólogos de universidades tão distantes quanto a de Viena, enquanto Estouteville tentava induzir Nicolau a autorizar um novo julgamento. Mas, por essa época, Constantinopla caíra nas mãos dos turcos e o papa tinha assuntos bem mais sérios a tratar; é provável também que não quisesse ofender os ingleses, cuja ajuda ainda esperava conseguir contra a ameaça oriental.

Só depois da morte de Nicolau, em 1455, e a eleição do novo papa, Calisto III, é que Estouteville logrou fazer algum progresso. A essa altura, ele e Bréhal já haviam revisto sua abordagem. Entre as opiniões que ouvira de outros teólogos, Bréhal recebera este valioso conselho de um membro da Universidade de Paris simpatizante à sua causa: "Embora muitas pessoas possam se queixar,[8] e aí se incluem todas as que foram afetadas pelo caso... pois este diz respeito a pessoas em geral e em particular... parece-nos que os parentes mais próximos da Donzela morta gozam de vantagem sobre as demais e devem... abrir processo por injúria à sua família". A mãe de Joana e dois de seus irmãos ainda viviam, de modo que Bréhal procurou-os para saber se gostariam de solicitar ao papa a reabertura do caso. O resultado foi mais uma petição a Roma em nome da família de Joana, exigindo reparação das injúrias perpetradas contra a Donzela e sua estirpe, além de novo julgamento perante "um tribunal de reabilitação".[9]

Calisto tinha 77 anos quando foi eleito papa, em 1455. Só viveria mais três e, durante esse tempo, se devotaria quase exclusivamente à organização de uma cruzada contra os turcos para retomar Constantinopla. Não ignorava que, a fim de alcançar esse objetivo, precisaria da ajuda do rei francês e deve ter sido persuadido por Estouteville (equivocadamente, conforme se viu) de que a reabertura do processo contra Joana agradaria a Carlos VII, o qual, assim, se disporia a ajudar o papa em sua aventura militar. Calisto também "gostava de falar sobre assuntos jurídicos,[10] conhecedor que era das leis e cânones como se acabasse de deixar a universidade", escreveu o notável erudito em história dos papas dr. Ludwig Pastor. A base legal da petição da família de Joana e o sólido apoio teológico obtido por Bréhal impressionaram-no. A 11 de junho de 1455, Calisto respondeu favoravelmente ao pedido e designou três membros de destaque da Igreja da França para trabalhar com o inquisidor na reabertura do processo e determinar se a sentença de condenação da Donzela era válida.

Em 1455, a mãe de Joana, Isabel, estava na casa dos 70 anos e viúva. A morte do marido a deixara na pobreza, mas os cidadãos de Orléans, que para seu crédito nunca esqueceram o que Joana fez por eles, haviam-na convidado a residir naquela cidade. O governo municipal chegou a conceder a Isabel um estipêndio mensal para ajudá-la nas despesas e pagou um médico para atendê-la em caso de doença. Seu filho Pedro, que lutara ao lado de Joana, morava com ela. Após voltar à França, o duque de Orléans, em reconhecimento do papel que a Donzela e sua família haviam desempenhado na libertação de sua cidade natal das mãos dos ingleses, dera a Pedro uma pequena ilha no Loire, perto de Ruão.

No outono de 1455, ciente de que um novo tribunal fora convocado para reexaminar a questão do julgamento e execução de Joana, a idosa Isabel, na companhia de Pedro e um grupo de amigos de Orléans, dirigiu-se a Paris a fim de exigir pessoalmente justiça em favor da filha. A 7 de novembro, ela e seu grupo entraram na catedral de Notre Dame. Foram levados à presença do inquisidor Bréhal e dos três eclesiásticos nomeados para ajudá-lo na tarefa, aos quais apresentaram seu pedido de reabilitação. Como o nome de Isabel é que constasse da petição ao papa e fosse ela a queixosa contra as conclusões anteriores, o apaixonado apelo da velha mulher pela redenção da filha foi registrado como parte dos procedimentos oficiais. Permanece até hoje como, talvez, o exemplo mais marcante e pungente da injustificável atrocidade do caso. Joana está presente em cada frase.

"Tive uma filha,[11] nascida de casamento legítimo, a quem fortaleci devidamente com os sacramentos do batismo e da confirmação, criando-a no temor de Deus e no respeito às tradições da Igreja, tanto quanto o permitiam sua idade e singeleza", atestou Isabel. "E o fiz tão bem que, tendo ela crescido em meio aos campos e pastagens, ia frequentemente à igreja e todos os meses, após a confissão, recebia o sacramento da Eucaristia a despeito da pouca idade; jejuava e orava com grande devoção e fervor, dadas as graves necessidades que então afligiam o povo e das quais ela se apiedava de todo o coração."

"Não obstante", continuava a mãe, "alguns inimigos... traíram-na num julgamento concernente à Fé e... sem nenhuma ajuda para a sua inocência diante de um tribunal pérfido, violento e iníquo, sem sequer a sombra de um direito... condenaram-na de maneira diabólica e criminosa, fazendo-a morrer cruelmente no fogo." Isabel se atirou então aos pés dos comissários e rompeu em lágrimas, brandindo o documento que trouxera para validar o pedido; a dor daquela mãe era tão intensa que seus acompanhantes também se puseram a chorar, contando-se que os membros do tribunal, visivelmente comovidos, aceitaram a petição.

Assim se iniciaram os trabalhos da Igreja que culminaram na reabilitação de Joana d'Arc.

AO CONTRÁRIO das pesquisas de Bouillé e do cardeal Estouteville, apressadas, superficiais e feitas apenas para preparar uma ação posterior, o novo julgamento oficial da Donzela de Orléans pelo inquisidor Bréhal e seus três eminentes colegas foi um exame trabalhoso e abrangente levado a termo no prazo de oito meses. Empenhado em que a sentença proferida por seu tribunal fosse considerada idônea, de modo a desacreditar e suprimir permanentemente a anterior, Bréhal aplicou no processo a mesma erudição cuidadosa e profunda que usara para investigar a questão da suposta heresia de Joana. Fez-se um diligente esforço para colher testemunhos de todos quantos, ainda vivos, tinham conhecido a Donzela ou entrado em contato com ela, podendo assim lançar alguma luz sobre os acontecimentos. O resultado foi que muita gente depôs em seu favor: ao todo, 115 pessoas. Além disso, reconhecendo que muitas dessas testemunhas estavam idosas e talvez achassem difícil ou inconveniente viajar, o inquisidor tomou a decisão inovadora de deslocar o tribunal para vários lugares, sobretudo aqueles por onde a Donzela passara, alegando que ali os juízes encontrariam informantes com maior probabilidade. Afora isso, para que nenhuma prova fosse ignorada ou negligenciada, os atos do processo se tornaram públicos, com as sessões abertas aos espectadores, sempre numerosos, pois pessoas de todas as classes eram ouvidas com a mesma atenção. Em mais um esforço para atingir a maior audiência possível, pregoeiros locais liam proclamações nas praças públicas bem antes da visita do tribunal, convocando quem pudesse prestar testemunho a comparecer perante os juízes na data marcada.

O resultado foi uma catarse coletiva em nível nacional, que redimia não apenas Joana, mas a população da França inteira. O inquisidor permaneceu em Paris durante todo o mês de novembro de 1455 e foi ali que os espectadores ouviram os impressionantes testemunhos de primeira mão de grandes homens como o Bastardo (agora conde de Dunois) e o duque de Alençon. Eles relembraram com detalhes vívidos os apaixonantes e miraculosos lances que culminaram no levantamento do cerco de Orléans e na coroação de Reims, fatos agora reconhecidos por todos como dos mais gloriosos na longa história do reino. De Paris, o tribunal se transferiu para Ruão, onde permaneceu em sessão de 12 a 20 de dezembro e onde a audiência ficou eletrizada com o depoimento de Guilherme Manchon, o notário do tribunal que condenara Joana: soube-se então que Pedro Cauchon e outros haviam deliberadamente conspirado para falsificar os registros oficiais. Guilherme ofereceu como prova vários documentos originais que guardara por mais de duas décadas e agora punha nas mãos do inquisidor. Em janeiro, Bréhal enviou um representante à aldeia natal de Joana, Domrémy, para tomar os depoimentos de seus vizinhos e amigos de infância, bem como de conhecidos e partidários de toda a região, inclusive dois dos homens que a escoltaram de Vaucouleurs à corte real de Chinon em 1429. A última localidade foi Orléans, onde apareceram tantas testemunhas que o tribunal se viu obrigado a permanecer aberto por três semanas, de 22 de fevereiro a 16 de março, a fim de ouvir todas as declarações.

Foi com base nesses numerosos e candentes testemunhos que o retrato de Joana, tal como é conhecido hoje, passou à história e ficou implantado na consciência do reino como uma gravura em metal. De novo, a corajosa Joana surgia nas margens do Loire enquanto o Bastardo a relembrava: "Empunhando o estandarte branco[12] onde se via a imagem de Nosso Senhor segurando uma flor-de-lis na mão, ela cruzou comigo e La Hire o rio Loire – e, juntos, entramos na cidade de Orléans". O duque de Alençon, por sua vez, evocou-a antes da decisiva batalha de Patay: "Muitos dos homens do rei[13] estavam amedrontados, mas Joana disse: 'Em nome de Deus, precisamos atacá-los, precisamos derrotá-los ainda que estejam suspensos das nuvens... O gentil rei alcançará hoje uma vitória como jamais viu. As vozes me disseram que o inimigo é nosso'". Mais tarde, em Troyes, com o Bastardo de novo como testemunha ocular: "Então a Donzela irrompeu[14] no conselho e proferiu mais ou menos as seguintes palavras: 'Nobre delfim, ordene que seu povo vá sitiar

Troyes! Não perca mais tempo aqui com conversas, pois, em nome de Deus, dentro de três dias o farei entrar naquela cidade por amor, pela força ou pela coragem, deixando perplexa a desleal Borgonha'".

De maneira igualmente avassaladora, da massa humilde emergiu a figura de Joana como gente sua, modesta e generosa: "De bom grado dava esmolas, atraindo os pobres, e se deitaria junto ao fogão para que os deserdados dormissem em sua cama". "Muitas vezes ouvi de *messire* Guilherme Front, pároco a vida inteira da cidade de Domrémy, que Joana, chamada a Donzela, era uma menina boa e simples, piedosa, bem educada, temente a Deus e sem igual na cidade." "Eu era, naquele tempo, zelador da igreja de Domrémy e sempre via Joana entrar para a missa e as completas. Quando não tocava o sino para as completas, Joana me censurava, dizendo que eu não agira bem; chegou a me prometer um pouco de lã caso fosse pontual no toque do sino."[15] Os testemunhos se sucediam. Finalmente, a voz da própria Joana ecoou dos registros do primeiro julgamento: "Implorei a Deus[16] e a Nossa Senhora que me dessem orientação e conforto, e eles me deram"; "Prouve a Deus fazer[17] com que uma simples donzela escorraçasse os inimigos do rei"; "Quanto à Igreja,[18] amo-a e gostaria de amparar nossa fé cristã com todas as minhas forças... Sou fiel a Deus, que me enviou, à Virgem Santíssima e a todos os santos do paraíso. Penso que Deus e a Igreja são uma só coisa, e que ninguém deve contestar isso. Por que vocês contestam?" E por fim, seu inabalável desafio ao algoz, Pedro Cauchon: "Quanto a você,[19] pense bem antes de se considerar meu juiz, pois estará assumindo um encargo pesado".

O tribunal retornou a Ruão em maio; no último dia do mês permitiu-se, a quem quisesse, falar em defesa da sentença original. Ninguém se apresentou.

A 10 de junho, a fase de investigação do processo terminou e João Bréhal, com os outros juízes, se retirou para rever as provas antes de proferir o veredicto. Sempre um acadêmico escrupuloso, o inquisidor passou o mês seguinte elaborando um resumo bastante detalhado de todo o material recolhido, no qual os testemunhos do novo julgamento foram comparados ponto por ponto com as provas e argumentos obtidos das transcrições do processo anterior, refutando-se em cada caso as acusações de heresia.

Por fim, os juízes chegaram a uma decisão. No dia 7 de julho de 1456, às nove horas da manhã, reuniram-se no grande salão do palácio do arcebispo de Ruão. Para enfatizar a importância de seus achados aos olhos de todo o reino,

Joana d'Arc em sua época.

contavam com a presença do arcebispo de Reims e do bispo de Paris, entre outros dignitários. O arcebispo de Reims, como o membro mais velho da Igreja ali presente, leu o veredicto em voz alta à multidão ansiosa que se reunira para assistir à cerimônia.

"Em resposta ao pedido[20] da família d'Arc contra o bispo de Beauvais, o promotor dos processos criminais e o inquisidor de Ruão... considerando a informação... e as consultas jurídicas... nós, em sessão de nosso tribunal e tendo apenas Deus diante dos olhos, afirmamos, pronunciamos, decretamos e declaramos que o julgamento e a sentença [de condenação], tendo sido conspurcados de fraude, calúnia, iniquidade, contradição e erros manifestos de fato e de direito, inclusive a abjuração, a execução e todas as suas consequências, foram e são nulos, inválidos, indignos, sem efeito e extintos... Nós, desautorizando-os e anulando-os, declaramos que devem ser destruídos...

Em consideração ao apelo de Joana à Santa Sé... proclamamos que ela não contraiu mácula alguma de infâmia, devendo ser isenta de qualquer acusação desse tipo; nós, se ainda preciso fora, a absolvemos inteiramente."

Enquanto essas palavras eram ditas, uma cópia da transcrição do primeiro julgamento foi mostrada e feita em pedaços, como expressão dramática e literal do ato de anulação.

No dia seguinte, diante de uma multidão ainda maior, em meio a preces eloquentes e júbilo geral, o veredicto de absolvição foi repetido no Mercado Velho, onde, no lugar em que se dera a morte horrível de Joana, ergueu-se uma cruz em sua memória.

"Depois, as vozes me disseram:[21] 'Conforme-se, não lamente seu martírio; por ele, chegará finalmente ao reino do Paraíso'", declarara Joana uma vez, com veemência, em resposta ao ceticismo e às tentativas de seus inquisidores de abalar seu apego às vozes e ao estado de graça. "[E] acredito no que as vozes me disseram sobre minha salvação tão firmemente quanto se já estivesse lá."

Epílogo

NA FALTA DE UM TRATADO de paz formal, o veredicto proferido em Ruão, no ano de 1456, que redimia Joana marcou o fim simbólico da Guerra dos Cem Anos. A última batalha contra os ingleses fora travada três anos antes em Castillon, na Gasconha, perto de Bayonne. Uma força inglesa de 7 a 10 mil soldados, comandada pelo temível capitão Talbot, que trocara o cativeiro em Ruão pela entrega pacífica da cidade de Falaise em 1450, atacou um exército francês fortemente entrincheirado e protegido por artilharia "grande e pequena",[1] a 17 de julho de 1453. "O ataque começou[2] com grande coragem e ambos os lados lutaram bravamente, de modo que a peleja durou uma hora inteira; por fim, os homens do duque da Bretanha... foram mandados em auxílio dos franceses, que haviam defendido por todo esse tempo as estacadas", relatou o cronista sucessor de Enguerrand de Monstrelet. "À chegada desses homens, por seu próprio valor e pela graça de Deus, os ingleses, dando as costas, foram derribados, com todas as suas bandeiras, pelos bretões." Grande parte do exército inglês era constituída por infantes; montado estava apenas Talbot, de 75 anos, oferecendo assim um alvo fácil ao inimigo. Seu cavalo acabou sendo atingido por uma bala de canhão e desabou sobre ele; enquanto fazia força para se livrar do peso do animal, "foi morto[3] pelos franceses, ainda preso sob o cavalo". Com a perda desse comandante extraordinariamente corajoso, desaparecia a última esperança da Inglaterra de reconquistar a França. Bordéus rendeu-se a 19 de outubro e por fim só restou aos ingleses Calais, triste lembrança do outrora glorioso legado de Henrique V.

Cumpriram-se assim as profecias de Joana. Carlos VII recuperou seu reino e continuou soberano da França até falecer, a 22 de julho de 1461, aos 58 anos de idade. De um começo *pouquíssimo* promissor, tornou-se, em seus últimos anos, um governante competente. Passa mesmo por ter implementado várias reformas exemplares, a mais significativa das quais foi a manutenção de um exército real permanente: essa inovação protegia os civis dos assaltos dos inúmeros soldados e mercenários que ficavam sem emprego após a cessação formal das hostilidades. É fácil adivinhar de onde Carlos tirou essa ideia. Em janeiro de 1457, anos depois da batalha decisiva de Castillon, ele ainda vivia consumido pelo receio de um ataque surpresa, chegando a escrever ao rei da Escócia que era forçado a "vigiar toda a costa diariamente..."[4] da Espanha à Picardia, isto é, cerca de 450 léguas de terra; ali, precisava manter constantemente grande número de homens bem armados e pagar seus soldos, para que permanecessem no local, de sorte que à renda inteira da Normandia (uma das melhores e mais ricas partes deste reino) é necessário acrescentar mais 100 mil francos para pagamento dos homens que a guardam". Embora o rei morresse em maus termos com o delfim, a rainha Maria, que sobreviveu dois anos ao marido, ajudou seu filho mais velho a sucedê-lo sem problemas. Assim, o neto de Iolanda de Aragão subiu ao trono como Luís XI. Agora, a família real não arriscava nada: a cerimônia de coroação ocorreu com grande pompa e solenidade em Reims sem que houvesse se passado um mês da morte de Carlos VII. Por uma ironia histórica, Filipe, o Bom, foi quem colocou a coroa na cabeça de Luís, proclamando-o rei.

A despeito das provas esmagadoras, o papel que Iolanda de Aragão desempenhou na derrota dos ingleses e na preservação da monarquia francesa foi sistematicamente ignorado pelos historiadores. Logo depois de sua morte, Carlos VII reconheceu o que devia a essa mulher notável num discurso comovente: "A finada Iolanda,[5] de boa memória, rainha de Jerusalém e da Sicília, em nossa juventude nos prestou grandes serviços de muitas formas, dos quais sempre nos lembraremos. Nossa sogra, depois de sermos expulsos de nossa cidade de Paris, recebeu-nos generosamente em suas terras de Anjou e Maine, aconselhando-nos e valendo-se de seus bens, súditos e fortalezas para nos ajudar contra os ataques de nossos adversários da Inglaterra e outros". O neto de Iolanda, Luís XI, que ficou conhecido como o Rei Aranha por sua astúcia, admirava-a muito. A rainha da Sicília, disse ele numa frase famosa, "tinha um coração de homem[6] num corpo de mulher".

A habilidade política de Iolanda era tamanha e ela soube esconder tão bem suas pegadas que o mito segundo o qual Joana d'Arc apareceu na corte de Carlos e convenceu-o de seus direitos de nascença sem a ajuda de nenhum mortal permaneceu inabalável por perto de seiscentos anos. Se, como geralmente se pensa e diz, sem Joana d'Arc não haveria França, também é verdade que, sem Iolanda, não haveria Joana.

A revelação do mistério da apresentação da Donzela a Carlos também não desmente de maneira alguma a natureza miraculosa de sua façanha. O que importa a respeito de Joana não é o fato de ela ouvir vozes ou dar a Carlos um presente especial, mas sua coragem indômita e sua fé inquebrantável. Sua ânsia de lutar por aquilo em que acreditava contra obstáculos aparentemente irremovíveis é que lhe garantiu um lugar na história como figura icônica. No fundo, Joana dá testemunho da transcendência do espírito humano.

Joana d'Arc foi canonizada em 1920. Continua sendo uma fonte de inspiração não só para os cidadãos da França, mas também para os povos oprimidos do mundo inteiro.

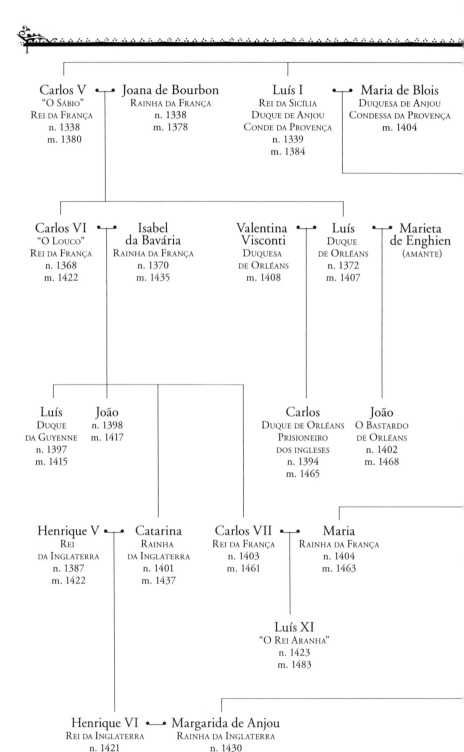

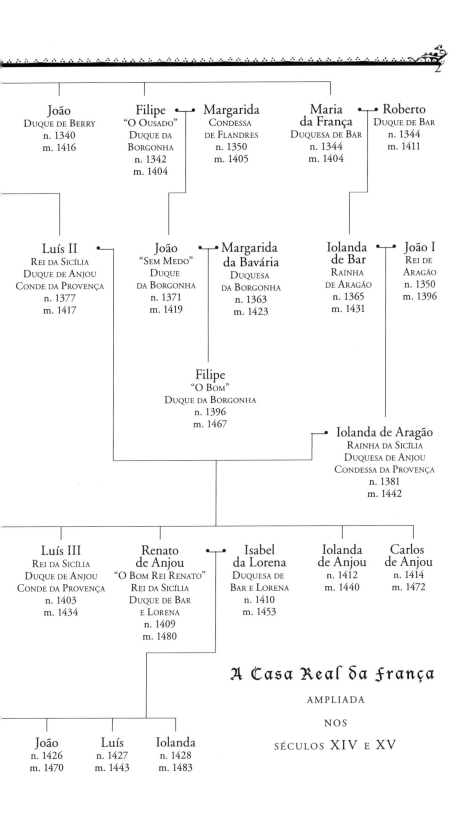

A Casa Real da França

AMPLIADA

NOS

SÉCULOS XIV E XV

Agradecimentos

UM LIVRO QUE PROCURA separar os fios desesperadoramente emaranhados da política francesa durante os anos finais da Guerra dos Cem Anos, apoiando-se fortemente em fontes primárias em francês (pior ainda, em francês medieval!), não seria de modo algum possível para mim sem a ajuda de minha amiga francesa Marie-Paule de Valdivia. Marie-Paule, sempre paciente e otimista com minhas débeis tentativas de tradução, é responsável pelas passagens mais longas, inclusive a carta maravilhosa dos agentes de Iolanda que descreve a coroação de Carlos VII em Reims e nunca fora vertida integralmente para o inglês. Tenho muito orgulho de ser sua amiga e sou-lhe muito grata pelo fraseado elegante e a generosidade. Obrigada, Marie-Paule.

Devo muito também à dra. Linda Gray, outra amiga íntima, por me ajudar a determinar a data provável da concepção de Carlos VII. Foi maravilhoso aplicar o moderno conhecimento e a experiência médica de Linda a esse mistério secular. Diverti-me muito tratando dessa questão com ela e temos certeza de ser as duas únicas pessoas no país a se envolver numa prolongada discussão sobre ciclos menstruais medievais. Obrigada também a seu marido, o dr. Greg Soloway, pela ajuda na pesquisa de várias psicoses associadas a ilusões adolescentes ou audição de vozes. Embora, ao final, não tenha havido evidência suficiente para incluir um diagnóstico definitivo no livro, os esforços do dr. Greg enriqueceram minha perspectiva sobre Joana e seus anjos.

Do mesmo modo, este livro não teria sido possível sem as ideias sobre a obra de João de Arras sugeridas por Donald Maddox e sua esposa, Sara Sturm-Maddox, ambos professores de francês e italiano na Universidade de Massachusetts, em Amherst. Seu livro *Melusine of Lusignan: Founding Fiction in Late Medieval France*, fruto de um colóquio internacional para comemorar o seiscentésimo aniversário da composição do *Romance de Melusina*, foi para mim um recurso inestimável. Sei que eles completaram recentemente uma tradução nova e mais acessível de *Melusina*, que não deixarei de ler (hoje, não há nenhuma tradução moderna disponível). Como especialistas reconhecidos no ramo, não há outra dupla de autores mais competente para essa tarefa. Sou muito grata e presto meu reconhecimento também à obra de Dawn Bratsch-Prince, professor de espanhol e chefe de departamento na Universidade Estadual de Iowa. O conhecimento que o professor Bratsch-Prince tem a respeito da mãe de Iolanda de Aragão, Iolanda de Bar (Violante, em espanhol), ampliou muito minha compreensão da política da corte aragonesa, sobretudo porque ele, gentilmente, traduziu para mim algumas páginas do espanhol sobre o assunto.

Também imprescindível para a redação deste livro foi Sue Madeo, que coordena o programa de empréstimos entre bibliotecas na Westport Public Library e, como sempre, me proporcionou acesso a fontes em bibliotecas acadêmicas de todo o estado. Minha amiga e colega escritora Wendy Kann leu o manuscrito e apontou as passagens que precisavam ser melhoradas, o que constituiu para mim uma imensa ajuda. Agradeço-lhe também por seu constante encorajamento e sugestões sobre a maneira de dar vida à história.

Devo agradecer também profusamente à minha editora da Viking, Carolyn Carlson, tanto por seu (muito apreciado!) entusiasmo em relação ao meu trabalho quanto por sua leitura arguta. Nunca recebi sugestões editoriais mais oportunas e acertadas; o manuscrito foi inquestionavelmente melhorado pelos esforços de Carolyn, que estava sempre disponível para discutir ideias. Foi bem mais agradável escrever este livro com ela por perto. Devo ainda, é claro, agradecer ao meu fabuloso agente, Michael Carlisle, sempre jovial! Michael viu o livro logo depois de pronto e me incentivou tanto, se interessou tanto por meu trabalho ao longo de nosso relacionamento que sou bastante afortunada por tê-lo ao meu lado.

Agradeço, finalmente, à minha família, em cujo amor e apoio confio o tempo todo. Para minha filha Emily, que vasculhou lojas de livros usados a fim de me presentear no Natal com um volume sobre mulheres místicas medievais, um agradecimento especial – o livro realmente me ajudou a inserir Joana no contexto histórico. Amo-a e sinto-me orgulhosa por ser sua mãe! E ao meu marido Larry, que de novo pôs de lado seu próprio trabalho a fim de me guiar (e ao cachorro) pelo labirinto aparentemente sem fim de planos de batalha e maquinações políticas medievais; cujas ideias enriqueceram bastante este livro; e cuja confiança em mim é palpável – obrigada, obrigada, amo-o muito.

Notas

INTRODUÇÃO

1. "No domingo... porque ninguém ousava permanecer no local": Pernoud, *Joan of Arc: By Herself and Her Witnesses*, pp. 72-4.
2. "dia dos arenques": ibid., p. 76.
3. "se viu em tamanha necessidade": ibid., p. 79.

EPÍGRAFES

1. "Com muito gosto": Couldrette, *The Romans of Partenay, or of Lusignen: Otherwise Known as the Tale of Melusine*, p. I.
2. "Considerem-se o efeito...": Boase, *The Troubadour Revival*, pp. 129-30. Itálicos nossos.

CAPÍTULO 1: O REINO DA GAIA CIÊNCIA

1. Nasceu em Barcelona, no dia 11 de agosto de 1381: Miron, *The Queens of Aragon: Their Lives and Times*, p. 217.
2. *O livro que contém*: Pedro IV de Aragão, *Chronicle*, Parte Um, p. 132.
3. Lia vorazmente: Baudot, *Les Princesses Yolande et les Ducs de Bar*, p. 99.
4. A mesma educação superior que ela... recebera: sobre a cultura da família real francesa, Cristina de Pizan, contemporânea de Maria que escreveu uma biografia de Carlos V, disse: "Graças à sábia educação recebida do pai, ele foi plenamente instruído em letras clássicas, de modo que lia o latim com fluência e sabia bem as regras da gramática"

["La sage administration du père le fist introduire en lettres moult souffisanment et tant que competenment entendoit son latin et suffisanment sçavoit les rigles de grammaire"]. Baudot, *Les Princesses Yolande et les Ducs de Bar*, p. 100. Tradução inglesa de Marie-Paule de Valdivia. Carlos não foi o único membro da família a receber uma educação formal exemplar – parece que todos os seus irmãos a receberam, embora alguns a aproveitassem mais que outros. Um deles, o duque de Berry, se tornaria famoso como colecionador de livros.

5. numa carta agressiva: Boase, *The Troubadour Revival*, p. 89.

6. Talvez para amenizar a dor terrível: Bratsch-Prince, "A Queen's Task", p. 25. Iolanda de Aragão teve apenas um irmão, Jaume, que morreu com 4 anos; nenhum dos outros viveu mais que oito meses.

7. "Mas com tamanho exagero": Boase, *The Troubadour Revival*, p. 124.

8. "um exercício outrora bastante respeitável": ibid., p. 124.

9. "Todas as coisas terrenas são movidas por ela": ibid., p. 130. "Documentos dos arquivos reais mostram que [o rei João]... atribuía propriedades quase miraculosas à arte da poesia trovadoresca conhecida como Gaia Ciência", escreveu o erudito medievalista Roger Boase, ibid., p. 154.

10. "após ficar por muito tempo olhando": Freeman, "A Book of Hours Made for the Duke of Berry", p. 104.

11. Iolanda transferiu toda a sua biblioteca: Kibre, "The Intellectual Interests Reflected in Libraries of the Fourteenth and Fifteenth Centuries", p. 271.

12. um ladrão particularmente ousado: Senneville, *Yolande d'Aragon*, p. 39.

13. Certa de que o incidente era de natureza miraculosa: ibid., p. 40.

14. "É este": Sara Sturm-Maddox, "Crossed Destinies: Narrative Programs in the *Roman de Mélusine*, em Maddox e Sturm-Maddox, orgs., *Melusine of Lusignan*, p. 16.

15. "Deus meu!": Couldrette, *The Romans of Partenay, or of Lusignen: Otherwise Known as the Tale of Melusine*, p. 14.

16. "Eu sou, Raimundino, depois de Deus": Nadia Margolis, "Myths in Progress: A Literary-Typological Comparison of Melusine and Joan d'Arc", em Maddox e Sturm-Maddox, orgs., *Melusine of Lusignan*, p. 247.

17. "uma boca enorme e narinas escancaradas": Couldrette, *The Romans of Partenay*, p. 46.

18. "embora enxergasse melhor": ibid., p. 49.

19. "Em má hora": Laurence de Looze, "'La fourme du pié toute escripte': Melusine and the Entrance into History", em Maddox e Sturm-Maddox, orgs., *Melusine of Lusignan*, pp. 126-27, 131.

20. "Melusina deu três vezes a volta": Maddox e Sturm-Maddox, orgs., *Melusine of Lusignan*, p. I.

21. "se não nos ares": ibid., p. 130.

22. "para dizer ao último morador inglês": Stephen G. Nichols, "Melusine between Myth and History: Profile of a Female Demon", em Maddox e Sturm-Maddox, orgs., *Melusine of Lusignan*, p. 159.

23. "É em João de Arras": ibid., p. 162.

24. impressos em Genebra em 1478: Couldrette, *The Romans of Partenay*, p. X.

25. Fato significativo, em 1444 a corte da Lorena: Baudot, *Les Princesses Yolande et les Ducs de Bar*, p. 364.

26. "E, para gáudio": Couldrette, *The Romans of Partenay*, p. IX.

27. para "diversão de Maria da França": Baudot, *Les Princesses Yolande et les Ducs de Bar*, p. 121.

28. "educação política dos filhos": ibid., p. 123.

29. João de Arras inspirou-se mesmo: ibid., p. 363.

30. "Nobre príncipe": Pernoud e Clin, *Joan of Arc: Her Story*, p. 22.

Capítulo 2: Ser Rainha

1. Em 1388, quando o monarca, irritado, ameaçou: Bisson, *The Medieval Crown of Aragon*, p. 123.

2. "Interessava-se muito pelos assuntos administrativos" ["Que s'interessava molt pels afers de l'estat I volia tenir sempre al seu costat, valent-se de les arts d'una dona que se sap estimada, el seu marit."]: Bratsch-Prince, "A Queen's Task", p. 24. Tradução inglesa de Dawn Bratsch-Prince.

3. "quatrocentas lanças": Senneville, *Yolande d'Aragon*, p. 23.

4. "Sem dúvida, essa senhora" ["Et pour certain ceste dame avoit bien l'astuce de sçavoir congnoistre céulx qui luy povoient servir et ayder. Et quant elle les congnoissoit, elle avoit bien la grâce de les gaigner et retenir, car elle estoit libéralle, gracieus et affable. Et oultre estoit songneuse, diligent, et en magnanimité de cueur et virilles entre-prinses excédoit maintz princes de son temps, parquoy elle estoit de chascun fort crainte, prisée et estimée."]: Bourdigné, *Chroniques d'Anjou et du Maine*, p. 121. Tradução inglesa de Marie-Paule de Valdivia.

5. sagrando Luís II cavaleiro numa pomposa solenidade: para detalhes da cerimônia de sagração, ver *Chronique du Religieux de Saint-Denys*, vol. I, pp. 589-99.

6. o papa coroou Luís II, então com 20 anos, rei: para detalhes da cerimônia de coroação, ver Bourdigné, *Chroniques d'Anjou et du Maine*, p. 117, e Senneville, *Yolande d'Aragon*, p. 24.

7. A fim de isentar a coroa aragonesa: Senneville, *Yolande d'Aragon*, p. 27.

8. Carlos VI apressou-se a oferecer a mão de sua própria filha: Famiglietti, *Royal Intrigue*, p. 36.

9. "A princesa cativou todos os olhares" ["Cette princess captivait tous les regards par sa rare beauté, par les charmes de son visage et par l'air de dignité répandu sur toute

sa personne. C'était en un mot un véritable trésor de grâces. Au dire des gens, sages, la nature avait pris plaisir à la former et l'avait comblée de toutes les perfections; il ne suffira de dira qu'aucune femme ne méritait de lui être comparée."]: *Chronique du Religieux de Saint-Denys*, vol. I, p. 773. Tradução inglesa de Marie-Paule de Valdivia.

10. "uma das mais lindas criaturas": Kekewich, *The Good King*, p. 15, nota 11.

11. "com todas as mostras de júbilo e reverência": Senneville, *Yolande d'Aragon*, p. 30.

12. "dava gosto ver": ["ilz estoient si joyeulx de veoir la fervente et cordialle amour qui estoit entre ces deux jeunes gens".]: Bourdigné, *Chroniques d'Anjou et du Maine*, p. 123.

13. "Perto dos 22 anos" ["Pendant vingt-deux ans en effect elle administra avec tant d'ordre et de prévoyance les revenus de la Provence, de l'Anjou et du Maine, qu'elle put soutenir à ses frais, un nom de son fils aîné Louis, la guerre de Naples commencée par son père, tout en donnant à ce fils de quoi tenir en état de roi. Ses conseillers intimes assurent qu'elle amassa sur les revenus de ses domaines un trésor particulier de deux cent mille écus d'or."]: *Chronique du Religieux de Saint-Denys*, vol. II, p. 215. Tradução inglesa de Marie-Paule de Valdivia.

14. "Quando sua hora derradeira se aproximou" ["Voyant approcher sa dernière heure, elle reçut devotement les sacrements de l'Église; après quoi elle fit venir son fils et lui revela ce secret. Le jeune prince justement étonné lui demanda avec douceur pourquoi, dans le temps où il avait été réduit presque à la détresse, elle ne l'avait pas secouru plus généreusement. Elle lui répondit qu'elle avait craint de le voir prisonnier, et qu'elle avait toujours voulu lui tenir cet argent en réserve, pour lui épargner la honte de mendier sa rançon de tous côtés."]: ibid., p. 215. Tradução inglesa de Marie-Paule de Valdivia.

Capítulo 3: O Rei Louco da França

1. "O duque da Borgonha": Froissart, *Chronicles of England, France, Spain and the Adjoining Countries*, vol. I, p. 295.

2. "O ruído que contra os elmos faziam": ibid., pp. 260-61.

3. "Sinto que não vou viver muito mais": ibid., p. 190.

4. "Digam a meu tio, o duque da Borgonha": Bearne, *Pictures of the Old French Court*, p. 117.

5. "agradecendo-lhes muito": Kitchin, *A History of France*, p. 484.

6. "Os sinos dobravam" ["Les cloches furent mises en branle, et pour faire connaitre à tous les Français le nouvel et joyeux événement survenu dans la ville, on envoya de tous côtés, au nom du roi, des courriers chargés de répandre dans le royaume l'heureuse nouvelle de la naissance du prince."]: *Chronique du Religieux de Saint-Denys*, vol. I, p. 733. Tradução inglesa de Marie-Paule de Valdivia.

7. "com muita diligência" ["avec beaucoup de zèle"]: ibid., p. 735.

8. "As primeiras palavras do Rei foram": Froissart, *Chronicles of England, France, Spain and the Adjoining Countries*, vol. II, pp. 94-5.

9. "Passou todo o verão": ibid., p. 99.

10. "não condizente com a dos reis": Famiglietti, *Royal Intrigue*, p. 2.

11. "Não prossiga, grande senhor": ibid., p. 2.

12. "Detenham estes traidores!": Froissart, *Chronicles of England, France, Spain and the Adjoining Countries*, vol. II, p. 100.

13. "quando... [Isabel] vinha visitá-lo": Gibbons, "Isabeau of Bavaria, Queen of France", p. 61, nota 41.

14. que tinha encontros amorosos com seu cunhado: para estudos recentes sobre a questão da infidelidade de Isabel, ver Famiglietti, *Royal Intrigue*, p. 44.

15. "Eles [Isabel e o duque de Orléans] podem ser censurados": Gibbons, "Isabeau of Bavaria, Rainha da França", p. 63, nota 49.

16. "a parte mais sensata": Famiglietti, *Royal Intrigue*, p. 28.

17. No ano seguinte... com uma bonita joia de que gostara muito: ibid., p. 39.

18. ficando tão afetada pelo episódio: *Chronique du Religieux de Saint-Denys*, vol. II, p. 731.

19. "Sou o duque de Orléans!": Bearne, *Pictures of the Old French Court*, p. 238.

Capítulo 4: Guerra Civil

1. "Ah, primo" ["Ah, cousin, vous avez fait un mauvais acte!"]: Bourdigné, *Chroniques d'Anjou et du Maine*, p. 135.

2. "No fim de agosto": *A Parisian Journal*, p. 52.

3. "O Rei da França chegou com seu exército": ibid., pp. 66-7.

4. "Fique sabendo que um dia": Famiglietti, *Royal Intrigue*, p. 118.

5. É fácil perceber... com base na lista de convidados: para essa lista, ver *Chronique du Religieux de Saint-Denys*, vol. III, p. 231. ["La cérémonie se fit au château royal du Louvre, en présence de l'auguste reine, de Louis, roi de Sicile, des ducs de Guienne et d'Orléans, des comtes de Vertus, d'Eu et d'Armagnac."]

6. Iolanda ganhou seis cálices de vinho... mereceu da rainha da França... e um anel: Beaucourt, *Histoire de Charles VII*, t. I, p. 16, nota.

7. "Há três meses" ["Depuis trois mois"]: *Chronique du Religieux de Saint-Denys*, vol. II, p. 294.

8. "Alarma! Alarma!": Beaucourt, *Histoire de Charles VII*, t. I, p. 11.

9. "Ao grande amor da nutrição": Besant, *Essays and Historiettes*, p. 6.

10. "*Bonne Mère*": Senneville, *Yolande d'Aragon*, p. 89.

11. "Então, movendo-se para diante e para trás": Barker, *Agincourt*, p. 32.

12. num encontro entre os franceses e os ingleses em julho de 1414: para detalhes sobre essa reunião, ver Jacob, *The Fifteenth Century*, p. 142.

285

13. "simplesmente não ocorreu": Barker, *Agincourt*, p. 69.
14. "um casal de filhotes de coruja depenados": ibid., p. 59.
15. "eram tantos homens": ibid., p. 247.
16. "Não há dúvida": ibid., p. 250.
17. na assustadora perda de vidas humanas: para uma estimativa do número de baixas francesas em Azincourt, ver Famiglietti, *Royal Intrigue*, p. 168, e Barker, *Agincourt*, p. 299. Para as baixas inglesas, ver Barker, *Agincourt*, p. 304.

CAPÍTULO 5: UM NOVO DELFIM

1. A reação de João Sem Medo: "De fato, João ficou contente ao ver a flor dos Armagnacs morrer 'pela França' na batalha de Azincourt". Jones, org., *The New Cambridge Medieval History*, vol. VI, p. 585.
2. "estreitou [Carlos] várias vezes nos braços" ["On rapporte qu'il serra plusieurs fois le Dauphin dans ses bras, en lui recommandant de ne jamais se fier au duc de Bourgognes, mais d'employer cependant tous les moyens possibles pour vivre en bonne intelligence avec lui".]: La Marche, *Le Roi René*, p. 34.
3. Em seu testamento: para detalhes sobre o testamento de Luís II, ver ibid., p. 34.
4. "a rainha era privada de tudo": *A Parisian Journal*, p. 103.
5. "o consentimento de nosso mui querido senhor": Senneville, *Yolande d'Aragon*, p. 110.
6. "pessoas de baixa estirpe": Famiglietti, *Royal Intrigue*, p. 184.
7. "Com efeito, não há como negar": *A Parisian Journal*, p. 107.
8. "Paris estava tumultuada": ibid., p. 112.
9. "Viva o duque da Borgonha!": ibid., p. 113.
10. "para grande aborrecimento": ibid., p. 112.
11. "Os cidadãos, em sua fúria insana": ibid., p. 114.
12. "depois de ouvir o parecer": Vale, *Charles VII*, p. 23, e Beaucourt, *Histoire de Charles VII*, t. I, p. 101.
13. "Não criamos e demos carinho": Senneville, *Yolande d'Aragon*, p. 119.
14. "Percebo muito bem": Vale, *Charles VII*, p. 26.
15. "Os usurpadores": ibid.
16. "o beijo da paz": Famiglietti, *Royal Intrigue*, p. 190.

CAPÍTULO 6: INFÂNCIA EM DOMRÉMY

1. "Em minha cidade, chamavam-me de Jeannette": Pernoud, *Joan of Arc: By Herself and Her Witnesses*, p. 15.
2. "Pelos meus cálculos": ibid.
3. "Jacques Tarc": Smith, *Joan of Arc*, p. 11.
4. "vestia roupas muito simples": ibid., p. 49.

5. "Não sei nem o A nem o B": ibid., p. 10.

6. "Foi de minha mãe": Pernoud, *Joan of Arc: By Herself and Her Witnesses*, pp. 16-7.

7. "Esta menina fala terrivelmente bem": Pernoud e Clin, *Joan of Arc: Her Story*, p. 28.

8. "Quando cresci o bastante": Pernoud, *Joan of Arc: By Herself and Her Witnesses*, p. 20.

9. "A vida [em Domrémy] era como o próprio campo": Smith, *Joan of Arc*, p. 13.

10. "O povo de Domrémy": Pernoud, *Joan of Arc: By Herself and Her Witnesses*, p. 20.

11. "Bar e a Lorena constituíam ligações inestimáveis": Kekewich, *The Good King*, p. 21.

12. "Iolanda desferiu um duplo *coup*": ibid.

13. "Ora, é certo que" ["Or est vray que ledit cardinal donna et fist son héritier dudit Regné son nepveu, et luy donna et délaissa la duchie de Bar et plusieurs aultres belles seignouries; et par le moyen d'icelles seignouries, et aussi qu'il estoit filz de roy, issu de la très crestienne Maison de France, la fille et héritière de la duchie de Lorrayne luy fut donnée en mariage; qui fut ung grant bien pour les duchies de Bar et de Lorraine; car, de long temps avoit eu en icelles seignouries guerres et divisions, qui par icelluy mariage furent en paix et unies soubz ung seul seigneur."]: *Chronique de Jean Le Févre, Seigneur de Saint-Remy: 1420-1435*, t. II, p. 258.

14. "Deve dar-me seu filho": Pernoud e Clin, *Joan of Arc: Her Story*, p. 19.

15. "No início de sua mocidade": Pernoud, *Joan of Arc: By Herself and Her Witnesses*, p. 20.

16. "*Item*, em vista dos crimes enormes e horríveis" ["*Item*, vu les horribles et enormes délits commis dans ledit royaume de France par Charles, soi-disant dauphin de Viennois, il est entendu que ni nous, ni notredit fils Henri, ni notre très-cher fils le duc de Bourgogne, ne traiterons aucunement de paix ou d'alliance avec ledit Charles."]: *Chronique du Religieux de Saint-Denys*, vol. III, p. 429. Ver também Gibbons, "Isabeau of Bavaria", p. 70, nota, para tradução.

17. "Não se deve levar em conta": Vale, *Charles VII*, p. 31.

18. "Não se armava de bom grado": ibid., p. 35.

19. "Todas as pessoas, nas ruas e janelas": *A Parisian Journal*, pp. 181-82.

20. "Assim o corpo foi levado": ibid.

21. "'Deus dê vida longa a Henrique'" ["'Dieu donne vie à Henri, par la grâce de Dieu, roi de France et Angleterre, notre souverain Seigneur'. Alors, les hérauts redressèrent leurs masses et crièrent d'une seule voix: 'Vive le roi! Vive le roi!'"]: Senneville, *Yolande d'Aragon*, p. 161.

22. "repleta de arautos": Waurin, *A Collection of the Chronicles and Ancient Histories of Great Britain, Now Called England*, p. 3.

23. "Hasteou-se uma bandeira": ibid.

24. "Historiadores franceses aventaram": Smith, *Joan of Arc*, p. 21.

25. "o rei de Bourges": Vale, *Charles VII*, p. 3.

26. "Na cidade de Maxey": Pernoud, *Joan of Arc: By Herself and Her Witnesses*, p. 20.

27. "para um local protegido": ibid.

28. "Jeannette comparecia com frequência": ibid., pp. 16-7

29. "Foi criada na religião cristã": ibid., p. 17.

30. "o capitão-general dos exércitos do céu": Smith, *Joan of Arc*, p. 32.

31. ela deve ter aprendido sobre a vida desses santos: Wood, *Joan of Arc and Richard III*, pp. 133-34. O professor Wood escreveu: "Não pode ser coincidência que os dias de festa desses três santos sejam celebrados no outono, seguindo-se um ao outro de maneira sugestiva: Miguel a 29 de setembro, Margarida a 8 de outubro e Catarina a 25 de novembro. Pois dessa sequência, e dos santos atributos que deviam ser enfatizados em sermões e homilias, surgem inúmeros problemas com os quais Joana sem dúvida se identificou profundamente, bem como narrativas de êxito ao superá-los que mostram qualidades pessoais importantes, mais tarde, para seu senso de identidade maduro".

32. "Nesse mesmo ano": Waurin, *A Collection of the Chronicles and Ancient Histories of Great Britain, Now Called England*, p. 15.

33. "Os ditos ingleses": ibid., p. 16.

34. "Resta pouca dúvida": Vale, *Charles VII*, p. 35.

35. "A França, arruinada por uma mulher" ["Prophetisatum fuit quod Francia per mulierem deperderetur et per unam virginem de Marchiis Lotharingiae restauraretur."]: Quicherat, *Procès*, III, p. 83. Ver também Vale, *Charles VII*, p. 50, nota 4.

36. "uma virgem aparecerá": Pernoud e Clin, *Joan of Arc: Her Story*, p. 30.

Capítulo 7: Os Anjos Falam com Joana

1. "A primeira vez que ouvi a voz": Pernoud, *Joan of Arc: By Herself and Her Witnesses*, pp. 23-4.

2. "Quando eu tinha 13 anos": ibid., p. 30.

3. "Por que você citou em juízo... promessa alguma": ibid., p. 23.

4. "Eu obedeci a eles [seus pais] em tudo": ibid.

5. "Na primeira vez, tive dúvidas": ibid., p. 31.

6. "Por que reconheceu... que lhe apareceu": ibid.

7. "Quando eu ainda estava na casa": ibid., p. 23.

8. "Acreditei nisso bem depressa": ibid., p. 31.

9. "Que doutrinas... em que se encontrava o reino": ibid.

10. "Não devemos permitir" ["que en icelle on ne laisse entrer aucunes gens d'armes plus fors que les gens de la ville, soit le Roy nostre sire, le président en sa compaignie, qui de lui a le principal gouvernement, ou autres de ses gouverneurs qui perturbent et empeschent la dicte paix, et lesquelx monseigneur de Richemont, connestable de France, et la dicte Royne entendent à mettre briefvement hors de la compaignie et gouvernement du Roy".]: Beaucourt, *Histoire de Charles VII*, t. II, p. 95.

11. "um homem gordo de cerca de 40 anos" ["un gros homme d'une quarantaine d'années"]: Lavisse, *Histoire de France depuis les Origines*, t. IV, p. 25.

12. "Querido primo": Vale, *Charles VII*, pp. 39-40.

13. "o duque de Bedford convocou às claras um conselho de guerra": para mais detalhes sobre esse conselho, ver Ramsay, *Lancaster and York*, p. 378; também Stevenson, *Letters and Papers Illustrative of the Wars of the English in France*, vol. II, parte 2, p. 533.

14. "A voz ordenou": Pernoud, *Joan of Arc: By Herself and Her Witnesses*, p. 30.

15. "Quanto a meu pai e minha mãe": ibid., p. 32.

16. "Procurei meu tio": ibid., pp. 32-3.

17. "Fui buscar Joana": ibid., p. 33.

18. "Joana, a Donzela, chegou a Vaucouleurs": ibid., pp. 33-4.

19. "O tal Roberto me disse várias vezes": ibid., p. 33.

20. mas a guerra entrou em cena: para mais detalhes sobre as operações na Champanha, ver Pernoud e Clin, *Joan of Arc: Her Story*, p. 17, e Stevenson, *Letters and Papers Illustrative of the Wars of the English in France*, vol. II, parte 2, pp. 531, 535.

21. "a rainha da Sicília e aqueles a quem lhe aprouvesse designar" ["[I]ls demandaient que la reine de Sicile et ceux qu'il lui plairait de désigner, fussent chargés de veiller à l'exécution des délibérations prises."]: Beaucourt, *Histoire de Charles VII*, t. II, p. 166.

22. "Pois Henrique é, em oitavo grau": McKenna, "Henry VI of England and the Dual Monarchy", p. 153.

23. "nunca mais teve alegria em seu coração": Famiglietti, *Royal Intrigue*, p. 44.

24. "no começo do mês de junho" ["Au commencement du mois de juin, le duc de Bourgogne, ayant appris la guérison du roi."]: *Chronique du Religieux de Saint-Denys*, vol. II, p. 35.

25. "você é filho de rei" ["Tu es fils de roi."]: Senneville, *Yolande d'Aragon*, p. 207. Senneville nota a semelhança entre as palavras de Iolanda e as de Joana d'Arc em seu primeiro encontro com Carlos.

26. "não dizendo nada, mas pedindo a Deus": Vale, *Charles VII*, p. 52.

27. "Preciso correr para junto do rei": Pernoud, *Joan of Arc: By Herself and Her Witnesses*, p. 35.

28. "prosperidade das armas do rei": Wood, *Joan of Arc and Richard III*, p. 138.

29. "A voz me disse": Pernoud, *Joan of Arc: By Herself and Her Witnesses*, p. 30.

30. "Quando Joana se preparou para deixar a cidade": ibid., p. 36.

31. "não era daquela maneira que deveriam partir": Pernoud e Clin, *Joan of Arc: Her Story*, p. 18.

32. "O registro dos arquivos de La Meuse": France, *The Life of Joan of Arc*, vol. I, p. 93, nota 1.

33. "Vi Roberto de Baudricourt": Smith, *Joan of Arc*, p. 50.

34. "Quando Joana, a Donzela, chegou": Pernoud, *Joan of Arc: By Herself and Her Witnesses*, p. 35.

35. "Perguntei-lhe se queria ir com suas próprias roupas": ibid.

36. "O duque da Lorena pediu": ibid., p. 38.

37. Renato estava presente à audiência: sua biógrafa Margaret Kekewich escreveu que Renato "provavelmente viu Joana quando ela se apresentou... em Nancy no começo de 1429 e pediu ao duque que a enviasse, com uma escolta, à França". Kekewich, *The Good King*, p. 24. A. Lecoy de la Marche, o biógrafo definitivo de Renato, citando documentos de primeira mão, também coloca Renato em Nancy por essa época e concorda em que, com toda a probabilidade, estivesse presente na audiência. Ver La Marche, *Le Roi René*, t. I, p. 69.

38. "disse ao duque que ele estava agindo muito mal": Pernoud, *Joan of Arc: By Herself and Her Witnesses*, p. 38.

39. "Justamente porque suas palavras coincidiam em tudo": Wood, *Joan of Arc and Richard III*, p. 139.

40. "Roberto, por duas vezes, se esquivou e me repeliu": Pernoud, *Joan of Arc: By Herself and Her Witnesses*, p. 34.

41. "Roberto de Baudricourt fez com que meus acompanhantes": ibid., p. 39.

Capítulo 8: Joana Encontra o Delfim

1. "Quando passei pela cidade": Pernoud e Clin, *Joan of Arc: Her Story*, p. 15.

2. "pois os soldados borguinhões e ingleses": Pernoud, *Joan of Arc: By Herself and Her Witnesses*, p. 39.

3. "Depois ouvi aqueles que a levaram": ibid.

4. "todas as noites ela se deitava": ibid., pp. 39-40.

5. "Ela nunca praguejava": ibid., p. 40.

6. "A Donzela sempre nos recomendava não ter medo": ibid.

7. "Mandei cartas ao meu rei": ibid., p. 48.

8. "Tenho conhecimento de que, quando Joana chegou a Chinon": ibid., pp. 48-9.

9. "Não há indício de que alguém da casa de Anjou se opusesse": Vale, *Charles VII*, p. 50.

10. "Orliac [um conhecido historiador francês] atribuiu papel de relevo": Kekewich, *The Good King*, p. 25.

11. "Quando ela [Joana] entrou no castelo": Pernoud, *Joan of Arc: By Herself and Her Witnesses*, p. 49.

12. "Havia mais de trezentos cavaleiros": ibid., p. 47.

13. "Quando o rei soube que ela vinha": ibid., p. 49.

14. "Era vital que Carlos": Vale, *Charles VII*, p. 51.

15. "Ao entrar na sala de meu rei": Pernoud, *Joan of Arc: By Herself and Her Witnesses*, p. 46.

16. "Eu estava presente no castelo": Pernoud e Clin, *Joan of Arc: Her Story*, p. 22.

17. "Um mensageiro apareceu e me informou": ibid., p. 26.

18. "Quando [o rei] a viu, perguntou a Joana como se chamava": ibid., p. 23.

19. "Por Deus, não vim": Pernoud, *Joan of Arc: By Herself and Her Witnesses*, pp. 55-6.

20. "prece secreta": Wood, *Joan of Arc and Richard III*, p. 148.

21. "Digo-lhe, da parte do Senhor": Pernoud e Clin, *Joan of Arc: Her Story*, p. 23.

22. "o rei parecia radiante": ibid.

23. "Apresentar uma profetisa ao impressionável Carlos": Vale, *Charles VII*, p. 50.

24. "Joana compareceu à missa do rei,": Pernoud e Clin, *Joan of Arc: Her Story*, p. 27.

25. "Joana simulou uma carga de lança em punho": ibid.

26. "Perguntei-lhe em que língua": ibid., p. 29.

27. "Enfim, os clérigos concluíram": ibid., p. 30.

28. "Nela, Joana, não encontramos": ibid.

29. "Ouvi dizer que Joana": ibid., pp. 30-1.

30. "Tendo o relatório do Mestre sido entregue": Pernoud, *Joan of Arc: By Herself and Her Witnesses*, pp. 58-9.

31. "no qual se via a imagem de Nosso Senhor": ibid., p. 60.

32. "Um mercador de armas de Tours": ibid., pp. 61-2.

33. "Na cidade de Blois, viam-se": ibid., p. 81.

34. Joana não tinha sido de modo algum a única visionária: para o número de pessoas que alegavam visões em 1428, cf. Senneville, *Yolande d'Aragon*, p. 204.

35. "vestida de brocado de ouro": Smith, *Joan of Arc*, p. 36.

36. "Eu disse à tal Catarina": Pernoud, *Joan of Arc: By Herself and Her Witnesses*, p. 142.

37. "Quando Joana deixou Blois": Pernoud e Clin, *Joan of Arc: Her Story*, pp. 38-9.

CAPÍTULO 9: A DONZELA DE ORLÉANS

1. "Jesus-Maria, rei da Inglaterra": Pernoud, *Joan of Arc: By Herself and Her Witnesses*, p. 70.

2. "Realmente, não havia nada a objetar às *bastilles*": Lang, *The Maid of France*, p. 68.

3. "Deus sabe quem aconselhou": ibid., p. 65.

4. "se tornou viável": Burne, *The Agincourt War*, p. 238.

5. "Você é o Bastardo de Orléans... a do Rei do Céu": Pernoud e Clin, *Joan of Arc: Her Story*, pp. 39-40.

6. "Sem demora mandei içar as velas": Pernoud, *Joan of Arc: By Herself and Her Witnesses*, p. 82.

7. "Implorei-lhe então": ibid., p. 82.

8. "Vieram recebê-la": ibid., pp. 83-4.

9. "Joana foi falar com o Bastardo": ibid., p. 84.

10. "Vão embora em nome de Deus": Pernoud e Clin, *Joan of Arc: Her Story*, p. 42.

11. "Glasdale e os homens que o cercavam": Pernoud, *Joan of Arc: By Herself and Her Witnesses*, p. 84.

12. "A meu ver, Joana e seus feitos": ibid., p. 82.

13. "A contribuição de Joana": Burne, *The Agincourt War*, p. 244.
14. "A circunstância de o forte de Saint-Loup": ibid., p. 240.
15. "Ah, maldito rapaz": Pernoud, *Joan of Arc: By Herself and Her Witnesses*, p. 86.
16. "Os ingleses preparavam a defesa": ibid.
17. "Chorou muito por eles": ibid., pp. 86-7.
18. "A vocês, ingleses, que não têm direito algum": ibid., p. 87.
19. "Leiam, são notícias!": ibid.
20. "se pôs a gemer e a chorar": ibid.
21. "Ao perceber que os inimigos": ibid., p. 89.
22. "com medo e chorando": ibid., p. 90.
23. "O assalto prosseguiu do amanhecer": ibid.
24. "Joana, movida de piedade": ibid., p. 92.
25. "expressando sua alegria de todos os modos": Pernoud e Clin, *Joan of Arc: Her Story*, p. 48.
26. "se os ingleses atacassem": ibid., p. 49.
27. "O rei a seus súditos... mencionadas conquistas": Pernoud, *Joan of Arc: By Herself and Her Witnesses*, p. 97.
28. "Nobre delfim, não perca": ibid., p. 110.
29. "Lembro-me de que": ibid., p. 109.
30. "Todos partilharam sua opinião": ibid.
31. "Madame, não tema": ibid., p. 114.
32. "Na segunda-feira... chegou a Selles": ibid., p. 111.
33. "Em tal caso": ibid., p. 100.
34. "cerca de 1200 lanças": ibid., p. 113.
35. "Não temam nenhuma hoste armada": France, *The Life of Joan of Arc*, vol. I, p. 349.
36. "Ah, gentil duque, está receoso?": Pernoud, *Joan of Arc: By Herself and Her Witnesses*, p. 114.
37. "Aquela máquina... poderá matá-lo": ibid., p. 114.
38. "Você é um fidalgo?": France, *The Life of Joan of Arc*, vol. I, p. 354.
39. "Enquanto os ingleses [de Beaugency] se retiravam": Pernoud, *Joan of Arc: By Herself and Her Witnesses*, pp. 115-16.
40. "Então o senhor duque de Alençon": ibid., p. 117.
41. "Antes que ele escapasse": ibid., p. 119.
42. "Graças ao renome de Joana, a Donzela": ibid., p. 112.
43. "Os franceses não deram tempo aos arqueiros ingleses": Jacob, *The Fifteenth Century*, p. 247.
44. "Tudo isso [perseguir os ingleses até Paris] não significa nada para mim": Smith, *Joan of Arc*, p. 74.
45. "o aconselhava a ir adiante com coragem": Pernoud, *Joan of Arc: By Herself and Her Witnesses*, p. 124.

46. "Leais franceses, saiam": ibid., p. 121.

47. "prestar ao rei a mesma obediência": ibid.

48. "Eram tantos que seria" ["Eu autant de gens que c'est chose infinite a escrire et auxi la grande joye que chacun en avoit."]: *Les Deux Procès de Condamnation, les Enquêtes et la Sentence de Réhabilitation de Jeanne d'Arc*, p. 323.

49. "Nossas rainhas e mui veneradas senhoras... Deus sabe que as senhoras fizeram falta" [Eis o texto integral da carta: "Nos souveraines et très redoutées dames, plaise vous sçavoir que yer le Roy arriva en cest ville de Rains ouquel il a trouvé toute et plein obéissance. Aujourd'huy il a esté sacré et couronné et a esté moult belle chose à voir le beau mystère, car il a esté auxi solempnel et accoustré de toutes les besongnes y appartenans auxi bien et si convenablement pour faire la chose tant en abis royaux et autres choses à ce nécessaires comme s'il eust mandé un an auparavant, et y a eu autant de gens que c'est chose infinite a escrire et auxi la grande joye que chacun en avoit. ...

Messeigneurs le duc d'Alençon, le comte de Clermont, le comte de Vendosme, les seigneurs de Laval et la Trimoille y ont esté en abis royaux; et monseigneur d'Alençon a fait le Roy chevalier et les dessusditz représentoient les pairs de France; monseigneur d'Albret a tenu l'espée durant ledit mystère devant le Roy et pour les pairs d'Église y estoient avec leurs croces et mitres, messeigneurs de Rains, de Chalons que sont pairs; et en lieu des autres, les evesques de Seez et d'Orléans et deux autres prélas, et mondit seigneur de Rains y a fait ledit mystère et sacre qui luy appartient.

Pour aller querir la sainte ampolle en l'abaye de Saint-Remy et pour la apporter en l'église de Nostre-Dame où a esté fait le sacre, fut ordonnez le mareschal de Bossac, les seigneurs de Rays, Graville et l'admiral avec leurs quatre bannières que chacun portoit en sa main, armez de toutes pièces et à cheval, bien accompagnez pour conduire l'abbé dudit lieu qui apportoit ladite ampolle; et entrènt à cheval en ladite grande église et descendirent à l'entrée du chœur et en ceste stat l'ont rendue après le service en ladite abbaye; le service a duré depuis neuf heures jusqu'à deux heures. Et à l'heure que le Roy fut sacré et auxi quand l'on lui assit la couronne sur la teste, tout homme cria Noël! et trompettes sonnèrent en telle manière qu'il sembloit que les voultes de l'église se deussent fendre.

Et durant ledit mystère, la Pucelle s'est tousjours tenue joignant du Roy, tenant son estendart en sa main. Et estoit moult belle chose de voir les belles manières que tenoit le Roy et aussi la Pucelle. Et Dieu sache si vous y avez esté souhaitées.

Aujourdhuy ont esté faitz par le Roy contes le sire de Laval et le sire de Sully et Rays mareschal. ... Demain s'en doibt partir le Roy tenant son chemin vers Paris. On dit en ceste ville que le duc de Bourgongne y a esté et s'en est retourné à Laon où il est de present; il a envoyé si tost devers le Roy qu'il arriva en ceste ville. A ceste heure, nous espérons que bon traité y trouvera avant qu'ils partent. La Pucelle ne fait doubte qu'elle ne mette Paris en l'obéissance.

Audit sacre, le Roy a fait plusieurs chevaliers et auxi lesdits seigneurs pairs en font tant que marveilles. Il y en a plus de trois cents nouveaux.

Nos souveraines et redoubtées Dames, nous prions le benoist Saint-Esprit qu'il vous donne bonne vie et longue.

Escript à Rains, ce dimanche XVII de Juillet. Vos très humbles et obéissans serviteurs, Beauveau, Moréal, Lussé."]: ibid., pp. 322-24.

50. "Amanhã o rei deve seguir": ibid., p. 323.
51. "Por que seu estandarte": Pernoud, *Joan of Arc: By Herself and Her Witnesses*, p. 125.

Capítulo 10: Joana É Capturada em Compiègne

1. "Viverei um ano": Pernoud, *Joan of Arc: By Herself and Her Witnesses*, p. 141.
2. "A comida era horrível": *A Parisian Journal*, p. 272.
3. "Mui válido senhor": Vaughan, *Philip the Good*, p. 24.
4. "levantassem as mãos": *A Parisian Journal*, pp. 237-38.
5. "de meu senhor o regente": Stevenson, *Letters and Papers Illustrative of the Wars of the English in France*, vol. II, parte 1, pp. 101-02.
6. "prometeram... por sua fé": *A Parisian Journal*, p. 238.
7. "tanto porque muitos supunham": Pernoud, *Joan of Arc: By Herself and Her Witnesses*, p. 133.
8. "fizesse uma paz boa": ibid., p. 128.
9. "Nós, João de Lancaster": ibid., pp. 131-32.
10. "Na sexta-feira seguinte a 26 de agosto": Pernoud e Clin, *Joan of Arc: Her Story*, p. 76.
11. "bem acompanhado de homens": Kekewich, *The Good King*, p. 25.
12. "O assalto, cruel para ambos os lados": Pernoud, *Joan of Arc: By Herself and Her Witnesses*, p. 135.
13. "Rendam-se logo": ibid.
14. "Olhe o que temos para você": ibid.
15. "Pouco depois das quatro horas": ibid.
16. "Em setembro": ibid.
17. "volubilidade, intransigência e, acima de tudo, inveja": Pernoud e Clin, *Joan of Arc: Her Story*, p. 79.
18. "*Messire* Reginaldo de Chartres": Pernoud, *Joan of Arc: By Herself and Her Witnesses*, p. 142.
19. "o senhor de La Trémoïlle enviou Joana": ibid., p. 145.
20. "Após algum tempo, como o rei": ibid.
21. "Foi a pedido dos oficiais": ibid., p. 134.
22. "não dava ouvidos a nenhum conselho": Pernoud e Clin, *Joan of Arc: Her Story*, p. 91.
23. "Estando o rei na cidade": Pernoud, *Joan of Arc: By Herself and Her Witnesses*, p. 147.

24. "decididos a arriscar suas vidas": Pernoud e Clin, *Joan of Arc: Her Story*, p. 83.
25. "com um rico gibão de brocado": ibid., p. 86.
26. "bem acompanhada por inúmeros fidalgos": ibid.
27. "os borguinhões tiveram mais assistência": ibid., p. 87.
28. "A Donzela, indo além da natureza feminina": ibid.
29. "um arqueiro, homem rude": Pernoud, *Joan of Arc: By Herself and Her Witnesses*, p. 151.
30. "exultavam mais do que se estivessem": ibid., p. 152.
31. "por graça de nosso abençoado Criador": Pernoud e Clin, *Joan of Arc: Her Story*, p. 90.
32. "mais feliz do que se houvesse capturado um rei": Pernoud, *Joan of Arc: By Herself and Her Witnesses*, p. 151.
33. "se enchera de soberba": Pernoud e Clin, *Joan of Arc: Her Story*, p. 91.
34. "a vontade de Deus é inescrutável": Marina S. Brownlee, "Interference in *Mélusine*", em Maddox e Sturm-Maddox, orgs., *Melusine of Lusignan*, p. 233.
35. "Eu nunca fora prisioneira": Pernoud, *Joan of Arc: By Herself and Her Witnesses*, p. 154.
36. "A senhorita de Luxemburgo e a senhora de Beaurevoir": ibid., p. 156.

Capítulo 11: O Julgamento de Joana d'Arc

1. "Considera-se meu juiz": Pernoud, *Joan of Arc: By Herself and Her Witnesses*, p. 182.
2. "Como todos os príncipes cristãos": ibid., p. 157.
3. "Por este instrumento": ibid., pp. 157-58.
4. "não deveriam por nada no mundo": ibid., p. 158.
5. "A senhora de Luxemburgo pediu": Pernoud e Clin, *Joan of Arc: Her Story*, p. 93.
6. "Preferiria morrer": ibid., pp. 96-7.
7. "Por que saltou da torre": ibid., p. 96.
8. "O bispo de Beauvais, que vi": Pernoud, *Joan of Arc: By Herself and Her Witnesses*, p. 160.
9. "Sei, com certeza": Pernoud e Clin, *Joan of Arc: Her Story*, p. 104.
10. "atada pelo pescoço": ibid., p. 105.
11. "ingleses da mais baixa extração": ibid., p. 104.
12. "lugar secreto": Pernoud, *Joan of Arc: By Herself and Her Witnesses*, p. 169.
13. "proibiu que os guardas e os demais": ibid.
14. "concernente a Joana": ibid.
15. "traidor, má pessoa": ibid., p. 168.
16. "tanto para a paz de sua consciência": Pernoud e Clin, *Joan of Arc: Her Story*, p. 108.
17. "Os assessores dos juízes": Pernoud, *Joan of Arc: By Herself and Her Witnesses*, p. 170.
18. "No início dos trabalhos": ibid., p. 171.
19. "Por causa disso": ibid.
20. "Fingiu ser conterrâneo da Donzela": ibid., p. 172.
21. "Com efeito, no início do julgamento": ibid.

22. "falaria a verdade": ibid., p. 180.

23. "pois talvez me perguntem": ibid.

24. "Com respeito a meu pai e minha mãe": Pernoud e Clin, *Joan of Arc: Her Story*, p. 109.

25. "A voz que você diz ouvir... nela me conserve": Pernoud, *Joan of Arc: By Herself and Her Witnesses*, p. 183.

26. "Indagada sobre a árvore... qualquer outro": Smith, *Joan of Arc*, p. 111.

27. pelo menos setenta casos de feitiçaria: para mais detalhes sobre julgamentos registrados de feitiçaria, ver Kieckhefer, *European Witch Trials*.

28. "Sabe-se há muito tempo": Russell, *Witchcraft in the Middle Ages*, pp. 261-62.

29. "andara com as fadas": Smith, *Joan of Arc*, p. 114.

30. "Afirmou ter ouvido do irmão": ibid., p. 112.

31. "Acham que Deus": Pernoud, *Joan of Arc: By Herself and Her Witnesses*, p. 188.

32. "Por que ele os cortaria?": ibid.

33. "Já lhe disse que isso você": ibid.

34. "Como consegue fazer... a não ser por ordem de Deus": ibid., pp. 184-85.

35. "Ela era muito sutil": ibid., p. 193.

36. "Como as vozes lhe asseguraram... um grande tesouro": ibid., p. 191.

37. "que as leis de Deus": Murray, *Jeanne d'Arc, Maid of Orleans, Deliverer of France*, p. 354.

38. "Se a Igreja Militante... servido primeiro": Pernoud e Clin, *Joan of Arc: Her Story*, p. 124.

39. "Em verdade, podem arrancar": ibid., p. 127.

40. "Para receber os sacramentos... a essa submissão": Pernoud, *Joan of Arc: By Herself and Her Witnesses*, p. 203.

41. "O conde de Warwick": Pernoud e Clin, *Joan of Arc: Her Story*, p. 125.

42. "voluntariamente": Smith, *Joan of Arc*, p. 157.

43. "Ó Casa Real da França!": Pernoud e Clin, *Joan of Arc: Her Story*, p. 130.

44. "Apelo a Deus": ibid., p. 131.

45. "Faça isso agora": ibid.

46. "um grande murmúrio se ergueu": ibid., p. 130.

47. "*Eu, Joana, chamada a Donzela*": Smith, *Joan of Arc*, p. 165.

48. "no futuro, ela não envergaria armas": Pernoud e Clin, *Joan of Arc: Her Story*, p. 131.

49. "O rei empregou muito mal seu dinheiro": ibid.

50. "o rei levaria muito a mal": ibid., p. 132.

51. "Alguns de vocês, homens da Igreja": ibid.

52. "Levem-na de volta": ibid.

53. "Senhores, sabem que isso me foi proibido": Pernoud, *Joan of Arc: By Herself and Her Witnesses*, p. 219.

54. "Você disse, no cadafalso... quanto ao resto, nada farei": ibid., p. 222.

55. "Adeus, está feito": ibid.

56. "Ai, tratam-me de maneira tão horrível": ibid., p. 228.

57. "Bispo, morro por sua causa": ibid.

58. "Declaramos que você, Joana": ibid., p. 230.

59. "Por esta sentença": Smith, *Joan of Arc*, p. 172.

60. "implorando e invocando": Pernoud e Clin, *Joan of Arc: Her Story*, p. 136.

61. "Na fogueira, gritou": ibid.

62. "por medo de que ela escapasse": Pernoud, *Joan of Arc: By Herself and Her Witnesses*, p. 233.

63. "Estamos todos perdidos": ibid.

Capítulo 12: Sobre Política e Prisioneiros

1. "prelados, duques, condes": Pernoud e Clin, *Joan of Arc: Her Story*, p. 141.

2. "Ela cavalgava com o rei todos os dias": *A Parisian Journal*, pp. 262-63.

3. "nosso adversário da Borgonha": Vaughan, *Philip the Good*, p. 63.

4. "durante algum tempo": Pernoud, *Joan of Arc: By Herself and Her Witnesses*, pp. 146-47.

5. "O condestável chegou" ["Quand le connectable vint, au nom de son frère, trouver Yolande, accompagné du comte d'Etampes et d'ambassadeurs bretons, pour obtenir son agrément, elle entra dans une violente colère, et peu s'en fallut que les choses n'en vinssent à une guerre déclarée."]: G. du Fresne de Beaucourt, *Histoire de Charles VII*, t. II, p. 272.

6. "grandes, notáveis, proveitosas e agradáveis": ibid., p. 275.

7. "um bravo e magnânimo cavaleiro": Kekewich, *The Good King*, p. 27.

8. "à frente de tantos homens": ibid., p. 28.

9. "Espalhou-se pelas terras de Bar e Lorena a notícia da derrota": *The Chronicles of Enguerrand de Monstrelet*, vol. I, p. 598.

10. "É verdade, mui formidável senhor": Vaughan, *Philip the Good*, p. 25.

11. "Primeiro, no que toca... um acordo satisfatório": Stevenson, *Letters and Papers Illustrative of the Wars of the English in France*, vol. II, parte 1, pp. 188-92.

12. "Apesar de todas as missivas": ibid., pp. 198-99.

13. "é ele quem decide e faz tudo": Vaughan, *Philip the Good*, p. 169.

14. Foi ver sua mãe: para detalhes sobre essa visita de Renato à mãe, cf. La Marche, *Le Roi René*, t. I, p. 103, e Senneville, *Yolande d'Aragon*, p. 247.

Capítulo 13: A Rainha Assume o Controle

1. "A obsessão de La Trémoïlle": Perroy, *The Hundred Years War*, p. 292.

2. "O duque de Bedford esperava": *The Chronicles of Enguerrand de Monstrelet*, vol. I, p. 615.

3. "Fizeram-no prisioneiro": ibid., p. 621.

4. "Iolanda [de Aragão] recuperou toda a ascendência": Perroy, *The Hundred Years War*, p. 292.

5. o duque da Borgonha ordenou... a seus representantes: sobre a repentina separação dos negociadores do duque da Borgonha durante o encontro de Basileia, a historiadora medieval Joycelyne Dickinson disse: "Essa deve ter sido a primeira ocasião em que o duque apareceu... como um poder separado, com interesses diferentes que já não podiam ser atendidos pela identificação com os dos ingleses". Dickinson, *The Congress of Arras, 1435*, p. 122.

6. "A guerra ia de mal a pior": *A Parisian Journal*, pp. 289-290.

7. "súdito rebelde, que se presume duque da Borgonha": Vaughan, *Philip the Good*, p. 71.

8. "Por fim a duquesa chegou... e desgraçados": *The Chronicles of Enguerrand de Monstrelet*, vol. I, pp. 633-34.

9. "Carlos, pela graça de Deus rei da França": Vaughan, *Philip the Good*, p. 100.

10. "O rei [Carlos] declara": *The Chronicles of Enguerrand de Monstrelet*, vol. II, p. 10.

11. "Em poucos dias": ibid., vol. I, p. 634.

12. Iolanda influiu sobre todo o processo: sobre a influência de Iolanda no Congresso de Arras, Joycelyne Dickinson observou: "É... claro que... a rainha da Sicília, muito preocupada com seu filho, o duque de Bar, e talvez também com os interesses de seu genro, Carlos VII, não enviou simples observadores a Arras, mas ligou-se diretamente à embaixada oficial francesa, pelo menos nas sessões com mediadores". Dickinson, *The Congress of Arras, 1435*, p. 12.

13. "Os embaixadores ingleses não apreciavam": *The Chronicles of Enguerrand de Monstrelet*, vol. II, p. 6.

14. "pois haviam percebido": ibid., p. 8.

15. "reconhecer nosso senhor, o rei Carlos da França": ibid., p. 16.

16. "Todos ficaram muito surpresos": ibid., p. 20.

17. "Quando os franceses ou Armagnacs constataram": *A Parisian Journal*, p. 209.

18. "Deixem-nos entrar em Paris pacificamente... permitiram a entrada dos sitiantes": ibid., pp. 302-03.

19. "Meus caros amigos": ibid., p. 305.

20. "Os parisienses amaram-nos por isso": ibid., p. 306.

21. "vestido com grande luxo": *The Chronicles of Enguerrand de Monstrelet*, vol. II, p. 55.

22. "Cercado pela nobreza": ibid.

23. "A multidão de plebeus": ibid., p. 57.

Capítulo 14: A Estrada para Ruão

1. "expressando confiança em sua habilidade" ["qui mettait toute sa confiance en elle après Dieu"]: La Marche, *Le Roi René*, t. I, p. 119.

2. "bravo príncipe": Kekewich, *The Good King*, p. 30.

3. "Nesse ano": *The Chronicles of Enguerrand de Monstrelet*, vol. II, p. 88.

4. "Assim, as partes não chegaram": ibid.

5. "No curso das negociações": ibid., p. 100.

6. "Pois... o rei [Carlos VII] fora informado": ibid., p. 105.

7. "O rei Carlos da França convocou": ibid., p. 106.

8. "Se estivesse certo da morte": Kekewich, *The Good King*, p. 65.

9. "deslumbrante" ["éblouissante"]: Senneville, *Yolande d'Aragon*, p. 308.

10. "As peças mais bonitas" ["le plus bel et le meilleur a esté employé pour la fait du royaume d'Italie et baillé au Roy Loys"]: ibid., p. 309.

11. "Não revelarei meu segredo a ninguém": Seward, *The Hundred Years War*, p. 242.

12. "nosso querido tio da França": Perroy, *The Hundred Years War*, p. 242.

13. "As reuniões pela paz": *The Chronicles of Enguerrand de Monstrelet*, vol. II, pp. 136-37.

14. "O casamento de Margarida foi então acertado" ["Le marriage de Marguerite fut conclu... dans l'intérêt de Charles VII et sur sa demande"]: La Marche, *Le Roi René*, t. I, p. 127.

15. entregou a Carlos VII um volume magnificamente encadernado: para detalhes sobre o exemplar de *Melusina* dado a Carlos VII, ver Baudot, *Les Princesses Yolande et les Ducs de Bar*, p. 364.

16. "Como há tempos Joana, a Donzela": Pernoud e Clin, *Joan of Arc: Her Story*, p. 149.

Capítulo 15: A Reabilitação de Joana d'Arc

1. "Sei bem que meu rei": Pernoud, *Joan of Arc: By Herself and Her Witnesses*, p. 188.

2. Mas isso seria creditar a Carlos: sobre a motivação de Carlos para a investigação da condenação de Joana, o estudioso medieval M. G. A. Vale escreveu: "As palavras da ordem do rei a Bouillé sugerem dois motivos: primeiro, tentar esclarecer os fatos sobre o julgamento; segundo, usar esses fatos, se possível, contra os ingleses, que ainda dominavam parte da Normandia, bem como a Gasconha, em fevereiro de 1450". Vale, *Charles VII*, p. 60.

3. "uma sentença iníqua e escandalosa": ibid., p. 62.

4. "[agiram] mais por amor aos ingleses": ibid.

5. "Tem certeza... nela me conserve": Pernoud, *Joan of Arc: By Herself and Her Witnesses*, p. 183.

6. "Sei que o caso importa muito": Vale, *Charles VII*, p. 63.

7. "analisados os precedentes e outros pontos": Pernoud e Clin, *Joan of Arc: Her Story*, p. 154.

8. "Embora muitas pessoas possam se queixar": Pernoud, *Joan of Arc: By Herself and Her Witnesses*, p. 264.

9. "um tribunal de reabilitação": Vale, *Charles VII*, p. 65.

10. "gostava de falar sobre assuntos jurídicos": Pastor, *The History of the Popes*, vol. II, p. 332. A universidade citada não é a de Paris, mas a de Lérida; todavia, o importante aqui é o amor ao estudo do papa Calisto.

11. "Tive uma filha": Pernoud e Clin, *Joan of Arc: Her Story*, pp. 156-57.

12. "Empunhando o estandarte branco": Pernoud, *Joan of Arc: By Herself and Her Witnesses*, p. 82.

13. "Muitos dos homens do rei": ibid., p. 117.

14. "Então a Donzela irrompeu": ibid., p. 122.

15. "De bom grado dava esmolas... pontual no toque do sino": ibid., pp. 18-20.

16. "Implorei a Deus": ibid., p. 194.

17. "Prouve a Deus fazer": ibid.

18. "Quanto à Igreja": ibid., p. 173.

19. "Quanto a você": ibid., p. 181.

20. "Em resposta ao pedido": ibid., p. 269.

21. "Depois, as vozes me disseram": ibid., p. 191.

Epílogo

1. "grande e pequena": *The Chronicles of Enguerrand de Monstrelet*, vol. II, p. 225.

2. "O ataque começou": ibid.

3. "foi morto": ibid.

4. "vigiar toda a costa diariamente": Vale, *Charles VII*, p. 125.

5. "A finada Iolanda": Kekewich, *Good King René*, p. 18.

6. "tinha um coração de homem": Senneville, *Yolande d'Aragon*, p. 105.

Bibliografia Selecionada

Abulafia, David, org. *The French Descent into Renaissance Italy, 1494-95: Antecedents and Effects*. Farnham, Surrey, UK: Variorum, 1995.

Allmand, C. T. "The Lancastrian Land Settlement in Normandy, 1417-50." *Economic History Review*, New Series, 21, nº 3 (dezembro de 1968): pp. 461-79.

Bailey, Michael D. *Battling Demons: Witchcraft, Heresy, and Reform in the Late Middle Ages*. University Park: Pennsylvania State University Press, 2003.

Barker, Juliet. *Agincourt: Henry V and the Battle That Made England*. Nova York: Little, Brown, 2005.

Baudot, Jules. *Les Princesses Yolande et les Ducs de Bar de la Famille des Valois*. Paris: Alphonse Picard et Fils, 1900.

Bearne, Catherine. *Pictures of the Old French Court: Jeanne de Bourbon, Isabeau de Bavière, Anne de Bretagne*. Londres: T. Fisher Unwin, 1900.

Beaucourt, G. du Fresne de. *Histoire de Charles VII*. Paris: Librairie de la Société Bibliographique, 1881.

Besant, Walter. *Essays and Historiettes*. Londres: Chatto & Windus, 1903.

Bisson, T. N. *The Medieval Crown of Aragon: A Short History*. Oxford: Clarendon Press, 1991.

Boase, Roger. *The Troubadour Revival: A Study of Social Change and Traditionalism in Late Medieval Spain*. Londres: Routledge & Kegan Paul, 1978.

Bourdigné, Jehan de. *Chroniques d'Anjou et du Maine*. Angers: Imprimerie de Cosnier et Lachèse, 1842.

Bratsch-Prince, Dawn. "A Queen's Task: Violant de Bar and the Experience of Royal Motherhood in Fourteenth-Century Aragón". *La Corónica* 27, nº 1 (outono de 1998): pp. 21-34.

Brockington, Ian. "Menstrual Psychosis." *World Psychiatry: Official Journal of the World Psychiatric Association* 4, nº 1 (fevereiro de 2005): pp. 9-17. http://www.ncbi.nlm.nih.gov/pms/articles/PMC1414712.

Burne, Alfred H. *The Agincourt War: A Military History of the Latter Part of the Hundred Years War from 1369 to 1453.* Fair Lawn, NJ: Essential Books, 1956.

Chartier, Jean. *Chronique de Charles VII, Roi de France.* Paris: Chez P. Jannet, 1858.

Chronique de Jean Le Févre, Seigneur de Saint-Remy: 1420-1435. Vol. II. Org. por François Morand. Paris: Librairie de la Société de l'Histoire de France, 1881.

Chronique du Religieux de Saint-Denys, publiée en latin et traduite par M. L. Bellaguet, 1842. Paris: Éditions du Comité des Travaux Historiques et Scientifiques, 1994.

Couldrette. *The Romans of Partenay, or of Lusignen: Otherwise Known as the Tale of Melusine; Translated from de French of La Couldrette (before 1500 A. D.).* Revisto pelo Reverendo Walter W. Skeat. Rye Brook, NY: Elibron Classics, 2005. Fac-símile integral da edição publicada em 1866 por Kegan Paul, Trench, Trübner, Londres.

Dickinson, Joycelyne Gledhill. *The Congress of Arras, 1435: A Study in Medieval Diplomacy.* Nova York: Biblo and Tannen, 1972.

Evans, Joan. *Dress in Medieval France.* Oxford: Clarendon Press, 1952.

Famiglietti, R. C. *Royal Intrigue: Crisis at the Court of Charles VII, 1392-1420.* Nova York: AMS Press, 1986.

Favier, Jean. *Gold and Spices: The Rise of Commerce in the Middle Ages.* Nova York: Holmes & Meier, 1998.

Fraioli, Deborah A. *Joan of Arc: The Early Debate.* Woodbridge, Suffolk, UK: Boydell Press, 2000.

France, Anatole. *The Life of Joan of Arc: A Translation by Winifred Stephens in Two Volumes.* Nova York: John Lane Company, 1908.

Freeman, Margaret B. "A Book of Hours Made for the Duke of Berry". *Metropolitan Museum of Art Bulletin,* Nova Série, 15, nº 4 (dezembro de 1956): pp. 93-104.

Froissart, Sir John. *Chronicles of England, France, Spain and the Adjoining Countries from the Latter Part of the Reign of Edward II to the Coronation of Henry IV.* Tradução inglesa de Thomas Jones, 2 vols. Edição revista. Londres: Colonial Press, 1901.

Furlong, Monica. *Visions and Longings: Medieval Women Mystics.* Boston: Shambhala, 1996.

Gibbons, Rachel. "Isabeau of Bavaria, Queen of France (1385-1422): The Creation of an Historical Villainess: The Alexander Prize Essay." *Transactions of the Royal Historical Society,* 6ª série, 6 (1996): pp. 51-73.

Hay, Denys. *Europe in the Fourteenth and Fifteenth Centuries.* Nova York: Holt, Rinehart and Winston, 1966.

Hillgarth, J. N. *The Spanish Kingdoms: 1250-1516.* 2 vols. Oxford: Clarendon Press, 1976-1978.

Hookham, Mary Ann. *The Life and Times of Margaret of Anjou, Queen of England and France; and of Her Father, René the Good*. Vol. I. Londres: Tinsley Brothers, 1872.

Jacob, E. F. *The Fifteenth Century, 1399-1485*. Oxford University Press, 1993.

Jones, Michael, org. *The New Cambridge Medieval History*, vol. VI, *c. 1300-c. 1415*. Cambridge: Cambridge University Press, 2000.

Journal d'un Bourgeois de Paris de 1404 à 1449. Texte français moderne de Jacques Mégret. Paris: Horizons de France, 1944.

Kekewich, Margaret L. *The Good King: René of Anjou and Fifteenth-Century Europe*. Nova York: Palgrave Macmillan, 2008.

Kibre, Pearl. "The Intellectual Interests Reflected in Libraries of the Fourteenth and Fifteenth Centuries." *Journal of the History of Ideas*, p. 7, nº 3 (junho de 1946): pp. 257-97.

Kieckhefer, Richard. *European Witch Trials: Their Foundations in Popular and Learned Culture, 1300-1500*. Berkeley: University of California Press, 1976.

Kitchin, G. W. *A History of France*. 2ª ed. Vol. I. Oxford, Clarendon Press, 1881.

La Marche, A. Lecoy de. *Le Roi René: Sa Vie, Son Administration, Ses Travaux Artistiques et Littéraires*. Vol. I. Paris: Librairie de Firmin-Didot Frères, Fils et Cie, 1875.

Lang, Andrew. *The Maid of France: Being the Story of the Life and Death of Jeanne d'Arc*. Londres/Nova York: Longmans, Green, 1908.

Lavisse, Ernest. *Histoire de France depuis les Origines jusqu'à la Révolution*. Vol. IV, *Charles VII, Louis XI et les Premières Années de Charles VIII (1422-1492) par Ch. Petit-Dutaillis*. Paris: Librairie Hachette et Cie, 1902.

Leff, Gordon. *Paris and Oxford Universities in the Thirteenth and Fourteenth Centuries: An Institutional and Intellectual History*. Nova York: Robert E. Krieger Publishing, 1975.

Léonard, Émile G. *Les Angevins de Naples*. Paris: Presses Universitaires de France, 1954.

Les Deux Procès de Condamnation, les Enquêtes et la Sentence de Réhabilitation de Jeanne d'Arc. Vol. I. Paris: Henri Plon, Imprimeur-Éditor, 1868.

Lettres Historiques des Archives Communales de la Ville de Tours depuis Charles VI jusqu'à la Fin du Règne de Henri IV, 1416-1594. Tours: Imprimerie ad Mame et Cie, 1861.

Lewis, P. S. *Later Medieval France: The Polity*. Nova York: St. Martin's Press, 1968.

_____. *The Recovery of France in the Fifteenth Century*. Nova York: Harper & Row, 1971.

McKenna, J. W. "Henry VI of England and the Dual Monarchy: Aspects of Royal Political Propaganda, 1422-1432." *Journal of the Warburg and Courtauld Institutes* 28 (1965): pp. 145-62.

Maddox, Donald e Sara Sturm-Maddox, orgs. *Melusine of Lusignan: Founding Fiction in Late Medieval France*. Atenas: University of Georgia Press, 1996.

Miron, E. L. *The Queens of Aragon: Their Lives and Times*. London: Stanley Paul, 1913.

Miskimin, Harry A. *Money and Power in Fifteenth-Century France*. New Haven, CT: Yale University Press, 1984.

Monstrelet, Enguerrand de. *The Chronicles of Enguerrand de Monstrelet: Containing an Account of the Cruel Civil Wars between the Houses of Orleans and Burgundy*. 2 vols. Tradução inglesa de Thomas Johns. Londres: Henry G. Bohn, 1853.

Munro, John H. "An Economic Aspect of the Collapse of the Anglo-Burgundian Alliance, 1428-1442." *English Historical Review* 85, nº 335 (abril de 1970): pp. 225-44.

Murray, T. Douglas. *Jeanne d'Arc, Maid of Orleans, Deliverer of France: Being the Story of Her Life, Her Achievements, and Her Death, As Attested on Oath and Set Forth in the Original Documents*. Nova York: McClure, Phillips, 1902.

O'Callaghan, Joseph F. *A History of Medieval Spain*. Ithaca, NY: Cornell University Press, 1975.

A Parisian Journal, 1405-1449. Tradução inglesa do anônimo *Journal d'un Bourgeois de Paris* por Janet Shirley. Oxford: Clarendon Press, 1968.

Partner, Peter. *The Papal State under Martin V: The Administration and Government of the Temporal Power in the Early Fifteenth Century*. Londres: British School at Rome, 1958.

Pastor, Ludwig. *The History of the Popes, from the Close of the Middle Ages*. Vol. II. Londres: John Hodges, 1891.

Pedro IV de Aragão. *Chronicle*. Tradução inglesa de Mary Hillgarth. Toronto: Pontifical Institute of Mediaeval Studies, 1980.

Pernoud, Régine. *Joan of Arc: By Herself and Her Witnesses*. Lanham, MD: Scarborough House, 1982.

Pernoud, Régine e Marie-Véronique Clin, *Joan of Arc: Her Story*. Revisão e tradução inglesa de Jeremy duQuesnay Adams. Nova York: St. Martin's Griffin, 1999.

Perroy, Edouard. *The Hundred Years War*. Nova York: Capricorn, 1965.

Pirie, Valérie. *The Triple Crown: An Account of the Papal Conclaves from the Fifteenth Century to the Present Day*. Wilmington, NC: Consortium Books, 1976.

Quicherat, J., org. *Procès de Condamnation et de Réhabilitation de Jeanne d'Arc*. 5 vols. Paris: Société de l'Histoire de France, 1841-1849.

Ramsay, Sir James Henry. *Lancaster and York: A Century of English History, A. D. 1399-1485*. Oxford: Clarendon Press, 1892.

Revue Historique, Littéraire et Archéologique de l'Anjou, Publiée sous les Auspices du Conseil Général, Huitième Année. Vol. XV. Angers: Imprimerie-Librairie de E. Barassé, 1876.

Russell, Jeffrey Burton. *Witchcraft in the Middle Ages*. Ithaca, NY: Cornell University Press, 1972.

Senneville, Gérard de. *Yolande d'Aragon: La Reine Qui a Gagné la Guerre de Cent Ans*. Paris: Perrin, 2008.

Seward, Desmond. *The Hundred Years War: The English in France, 1337-1453*. Nova York: Penguin, 1978.

Smith, John Holland. *Joan of Arc*. Nova York: Charles Scribner's Sons, 1973.

Spufford, Peter. *Money and Its Use in Medieval Europe*. Cambridge: Cambridge University Press, 1988.

Stevenson, Joseph. *Letters and Papers Illustrative of the Wars of the English in France during the Reign of Henry the Sixth King of England*. Elibron Classics, 2007.

Vale, M. G. A. *Charles VII*. Berkeley: University of California Press, 1974.

Vaughan, Richard. *Philip the Good: The Apogee of Burgundy*. Woolbridge, Suffolk, UK: Boydell Press, 2002.

Villeneuve Bargemont, F. L. de. *Histoire de René d'Anjou, Roi de Naples, Duc de Lorraine et Comte de Provence*. Vol. I. Paris: Chez J. J. Blaise, 1825.

Waugh, Scott L. e Peter D. Diehl, orgs. *Christendom and Its Discontents: Exclusion, Persecution, and Rebellion, 1000-1500*. Cambridge: Cambridge University Press, 1996.

Waurin, John de, Lorde de Forestel. *A Collection of the Chronicles and Ancient Histories of Great Britain, Now Called England, from A. D. 1422 to A. D. 1431*. Tradução inglesa de Edward L. C. P. Hardy. Londres: Published by the Authority of the Lords Commissioners of Her Majesty's Treasury, Eyre and Spottiswoode, 1891.

Willard, Charity Cannon. *Christine de Pizan: Her Life and Works*. Nova York: Persea Books, 1984.

Wirth, Robert, org. "Primary Sources and Context Concerning Joan of Arc's Male Clothing." Historical Academy for Joan of Arc Studies, 2006. http://primary-sources-series.joan-of-arc-studies.org/PSS021806.pdf.

Wood, Charles T. *Joan of Arc and Richard III: Sex, Saints, and Government in the Middle Ages*. Oxford: Oxford University Press, 1988.

Créditos das Ilustrações

19   *Retrato de Joana d'Arc empunhando sua espada e estandarte.* Miniatura desenhada na margem de um registro do levantamento do cerco de Orléans, 8 de maio de 1429, pelo escrivão Clemente de Fauquembergue, séc. XV. Paris, Archives Nationales. Crédito da foto: Luisa Ricciarini/Leemage.

23   *A rainha distribui prêmios ao vencedor no torneio.* Barthelemy d'Eyck, miniatura do manuscrito 2695, "Le Livre des Tournois de René d'Anjou", 1460. Paris, Bibliothèque Nationale. Crédito da foto: Josse/Leemage.

35   *Raimundino espia sua esposa Melusina no banho.* Gravura do fólio 142, "Histoire de Melusine", de João de Arras, 1478. Paris, Bibliothèque Nationale. Crédito da foto: Josse/Leemage.

46   *Retrato de Luís I de Anjou (1339-1384), rei de Nápoles e conde da Provença, e Maria de Blois (1345-1404), condessa da Provença.* Aix-en-Provence, Musée Arbaud. Crédito da foto: Jean Bernard/Leemage.

60   *A Loucura de Carlos VI (1368-1422).* Extraído de *Chroniques de Enguerrand de Monstrelet* (1400-1453). Paris, Bibliothèque Nationale. Crédito da foto: Josse/Leemage.

72   *Luís II de Anjou e Iolanda de Aragão saúdam seu futuro genro, que se tornou Carlos VII.* Miniatura extraída de *Chroniques de Jean Froissart*, fólio 321v, séc. XV. Paris, Bibliothèque Nationale. Crédito da foto: Josse/Leemage.

80   *A batalha de Azincourt.* Miniatura extraída do manuscrito "Vigiles du roi Charles VII", por Marcial d'Auvergne, 1484. Paris, Bibliothèque Nationale. Crédito da foto: Josse/Leemage.

93   *A Guerra dos Cem Anos: massacre dos Armagnacs pelos borguinhões durante a guerra civil.* Miniatura extraída do manuscrito "Vigiles du roi Charles VII", por Marcial d'Auvergne, 1477-1483. Paris, Bibliothèque Nationale. Crédito da foto: Josse/Leemage.

99   *Retrato de Joana d'Arc empunhando sua espada e estandarte.* Desenho na margem de um registro do levantamento do cerco de Orléans, 8 de maio de 1429, pelo escrivão Clemente de Fauquembergue. Miniatura, séc. XV. Paris, Archives Nationales. Crédito da foto: Luisa Ricciarini/Leemage.

111 *Retrato de Carlos VII, rei da França.* Pintura de João Fouquet, 1444. Paris, Musée du Louvre. Crédito da foto: Josse/Leemage.

143 *Joana d'Arc diante do rei Carlos VII.* Miniatura extraída do manuscrito "Vigiles du roi Charles VII", por Marcial d'Auvergne, 1477-1483. Paris, Bibliothèque Nationale. Crédito da foto: Josse/Leemage.

159 *Os franceses levantam o cerco de Orléans e entram na cidade a 8 de maio de 1429.* Miniatura extraída do manuscrito "Vigiles du roi Charles VII", por Marcial d'Auvergne, 1484. Paris, Bibliothèque Nationale. Crédito da foto: MP/Leemage.

170 *Coroação de Carlos VII pelo arcebispo de Reims.* Miniatura extraída do manuscrito "Vigiles du roi Charles VII", por Marcial d'Auvergne, 1477-1483. Paris, Bibliothèque Nationale. Crédito da foto: Josse/Leemage.

184 *A Guerra dos Cem Anos: Joana d'Arc é feita prisioneira em Compiègne.* Miniatura extraída do manuscrito "Vigiles du roi Charles VII", por Marcial d'Auvergne, 1484. Paris, Bibliothèque Nationale. Crédito da foto: Josse/Leemage.

207 *Joana d'Arc é amarrada à estaca.* Miniatura extraída do manuscrito "Vigiles du roi Charles VII", por Marcial d'Auvergne, 1484, fólio 71. Paris, Bibliothèque Nationale. Crédito da foto: Josse/Leemage.

209 *A Guerra dos Cem Anos: a batalha de Formigny.* Miniatura extraída do manuscrito "Vigiles du roi Charles VII", por Marcial d'Auvergne, 1484. Paris, Bibliothèque Nationale. Crédito da foto: Josse/Leemage.

217 *Retrato do rei Renato de Anjou, também conhecido como Renato I de Nápoles e Renato da Sicília, em seu gabinete.* Gravura em miniatura do séc. XV. Crédito da foto: Selva/Leemage.

230 *Retrato de Filipe III da Borgonha, conhecido como Filipe, o Bom.* Ilustração de Wavrin, Mastre de Londres, 1481-1486. Shelfmark Harl 6199, fólio 57v, British Library. Crédito da foto: Heritage Images/Leemage.

239 *A Guerra dos Cem Anos: Carlos VII, rei da França, entra em Paris após a reconquista da cidade, das mãos dos ingleses, em novembro de 1437.* Miniatura extraída do manuscrito "Vigiles du roi Charles VII", por Marcial d'Auvergne, 1484. Paris, Bibliothèque Nationale. Crédito da foto: Heritage Images/Leemage.

253 *Iolanda de Aragão.* Vitral da catedral de Saint-Julien du Mans, séc. XV. Crédito da foto: Selva/Leemage.

269 *Retrato de Joana d'Arc.* Miniatura extraída de "Poesies of Charles d'Orléans", séc. XV. Paris, Archives Nationales. Crédito da foto: Josse/Leemage.

PRÓXIMOS LANÇAMENTOS

Para receber informações sobre os lançamentos da
Editora Seoman, basta cadastrar-se no site:
www.editoraseoman.com.br

Para enviar seus comentários sobre este livro,
visite o site
www.editoraseoman.com.br
ou mande um e-mail para
atendimento@editoraseoman.com.br